KB089900

생활 속의 풍수, 그 진리를 탐구하다

생활 속의 풍수, 그 진리를 탐구하다

주재민

뱅크북

서문

　풍수를 처음 접했을 때, 음택(무덤)풍수가 주(主)를 이루었으며 현상의 깨달음에 의한 논리보다 책을 통한 논리만 주창(主唱)하는 이들을 보면서 실망을 하게 되었다. 옛글을 통해 알 수 있는 것은 한계가 있기 마련이다.

　그 한계를 극복하기 위해 물리학, 건축학, 부동산학, 지리학 등, 다방면의 책을 보고 전국의 문화재와 사찰, 무덤, 항상 손님이 북적대는 식당, 천연기념물 등을 찾아다니면서 풍수를 통해 사람들이 좀 더 행복을 찾을 수 있는 방법들을 연구했다.

　풍수지리학(風水地理學)은 모든 학문의 결집체로서 시대의 변천에 따라 공감할 수 있도록 끊임없이 공부하면서 현실에 접목하여 사람에게 환영받는 학문이 돼야 한다. 하지만 현실은 그렇지 못한 것이 사실이다.

　일본 서적을 번역한 한국의 현실에 맞지 않는 책이 나오기도 하고 그것을 읽은 독자들은 그대로 따라하다가 효과가 없으니 "풍수는 믿을 수 없다"는 고정관념을 가지기도 한다.

풍수를 모르는 사람도 수맥(水脈)이 흐르는 곳에 생활하면 건강을 해친다는 것은 알고 있기에 일명 수맥전문가들은 '특허'받았다는 미명아래 자신들이 개발한 수맥파 차단제를 꽤 비싼 가격으로 팔고 있다. 하지만 수맥파는 어떠한 것으로도 막을 수 없다.

　다행히도 수맥이 흐르는 곳은 그 폭이 그리 넓지 않으므로 정확한 지점을 찾아서 화장대나 장롱 등의 가구나 기타 물건을 두고, 사람이 그곳에 생활하거나 잠을 자지 않으면 된다. 그러나 지푸라기라도 잡는 심정으로 비싼 돈을 주고 수맥차단용품을 사서 효과를 보지 못하자 풍수 전체를 불신하는 것을 보면서 정확히 진단해서 처방을 해줄 필요성을 절감했다.

　'풍수지리학'은 통계를 바탕으로 한 자연과학적인 학문이다. 사례를 분석하고 수많은 연구를 통해 최종 결론을 도출해야만 실수를 범하지 않게 되는 것이다.

　풍수사는 묘지(음택풍수)나 건물(양택풍수)을 감결(勘決·

잘 조사하여 결정함)할 때, 의뢰인에게 혹세무민(惑世誣民)한 다면 반드시 그 대가를 치르게 된다는 것을 명심하면서 감결에 응해야 한다. 그러나 아직도 현실은 적지 않은 풍수전문가들이 정확한 진단을 하지 못하면서도 자신만이 최고인양 말만 앞세우는 것이 사실이다. 또한 필자는 전국을 다니면서 우리의 문화재나 천연기념물 등을 담당하는 주무관청의 관리 소홀과 지역주민들의 무관심에 실망과 놀라움을 크게 느꼈다.

지역주민들에게 문화재에 대한 자부심을 가지게 하는 것도 주무관청이 해야 할 중요한 임무라 생각한다. 문화재의 실태에 대한 파악조차 하지 못하고 있는 담당자들을 만나볼 때면 그저 한숨만 나올 뿐이다.

이제부터라도 우리의 문화재, 우리의 천연기념물, 우리의 옛 것들을 소중히 관리하여 오래도록 잘 지켜나가야 민족의 자긍 심을 더욱 더 공고히 다져나갈 수가 있을 것이다. 전국을 다니면서 문화재의 풍수적 해석에 대한 글을 쓰기위해 험지(險地)

를 다닐 때, 힘든 마음에 '그만 포기하자'는 생각을 여러 번
했지만, 항상 내 옆에서 조수 역할을 하며 용기와 격려를 아끼
지 않았던 인생의 동반자이자 동지인 아내에게 지면으로나마
진심으로 감사의 말을 남긴다. 그리고 필자가 전국을 다니며
답사한 유적을 연구한 것과 실제 감정한 것을 토대로 적었으
므로 독자들이 참고하여 실천하면 반드시 큰 도움이 될 것으로
굳게 믿는 바이다.

목차

1. 풍수 인테리어

1) 바람길과 물길이 건강의 핵심이다

주택, 점포, 공장 등의 모든 건물은 바람이 직접 치는 곳에 위치하면 안 된다. 특히 건물의 옆면보다 향(向·앞면)과 마주하면 더욱 흉하므로 대문은 반드시 건물과 마주보지 않도록 설치해야 한다. 빠른 유속으로 내려가는 물줄기를 바라보는 방향의 대문은 생기(生氣)가 빠져나가 거주자의 건강과 재물을 짧은 기간 내에 잃게 한다. 유속이 느리다면 서서히 패가망신(敗家亡身)하는 경우도 많기 때문에 대문의 위치 선정은 대단히 중요하다. 고택(古宅)의 경우, 솟을대문과 사랑채가 마주보고 있다면 그 사이에 연못을 두거나 흙을 높게 쌓고 나무를 심어서 직접 부는 흉풍을 막도록 했으며, 사랑채와 안채 사이엔 '내외벽'을 두고 중문을 설치하여 직접 치는 흉풍을 막고 안채의 공간이 외부에 드러나지 않도록 함으로써 사생활을 보호했다.

<창녕군 성씨고가 솟을대문과 사랑채 사이 정원>

<창녕군 성씨고가 사랑채 앞에 흉풍을 막기 위해 흙을 돋운 정원>

경주에는 병자호란 때 순국한 정무공(貞武公) 최진립(1568~
1636)장군이 기거하던 고택인 충의당이 있다.
솟을대문에서 곧장 안을 보면 집의 측면이 약간 보이는데,

바람이 치는 무방비 상태의 이곳에 언제부터인지는 모르지만 바위 한 개를 벽 가까이에 두어 흉풍을 대신 맞으며 집의 측면을 보호하는 기묘한 형상의 비보석(裨補石)을 볼 수 있다.

<최진립 장군 고택(충의당) 비보석>

<고택을 치는 흉풍을 막고 있는 초가>

대문 밖의 도로는 직선도로이지만 측면 일부만 보이며 도로를 가로질러 있는 초가는 충의당으로 부는 흉풍(계곡 바람)을 막아주는 역할을 하고 있다.

대개의 고택들은 협문(대문 옆의 작은 문)과 뒷문을 두어 기(氣)의 소통이 원활하도록 해 거주자의 건강을 고려했으며 생기가 들어오는 문인 솟을대문을 가장 크게 하고 그 외의 문들은 작게 해서 생기가 오랫동안 집안에 머물도록 했다. 그러나 만일 살기(殺氣)가 들어오거나 집안에서 솟아날 수도 있으므로 생기가 있는 집인지 살기가 있는 집인지를 정확히 아는 것이 무엇보다 중요하다.

풍수에서 바람은 대단히 큰 역할을 한다. 바람이 너무 거세게 집안을 휘저으면 생기가 흩어지고 바람이 전혀 없다면 생기가 없는 집이 됨으로 더더욱 안 된다. 따라서 순화된 적정한 양의 바람이 있는지와 '바람길'을 알고 있어야 한다. 만일 집안에 바람과 부딪칠 수 있는 가재도구가 너무 많거나 어질러져 있다면 생기바람이 흉풍으로 변해 거주자의 건강을 크게 해칠 수도 있음을 유의해야 한다.

불필요한 가구는 없애거나 정리정돈을 하고, 뒷문(또는 옆문)을 통해 바람의 소통이 잘 되도록 하여 음식 냄새나 화장실 냄새 등이 바깥으로 속히 빠져나가게 해야만 쾌적한 환경을 유지할 수 있다.

이때 거실 창문과 현관 출입문이 뒷문과 일직선이 되면 오히려 생기가 쉽게 빠져나가므로 주의해야 한다. 대문(門), 안방(主), 부엌(火土)의 위치와 책상이나 침대 등의 가구 배치는 '양택삼요'의 이론을 바탕으로 하지만, 가장 중요한 것은 '양택삼요'가 아니라 생기가 있는 지점을 정확히 아는 것이다.

좋은 기운이 흐르는 곳에 대문, 안방, 부엌, 침대, 책상을 배치해야만 공부가 잘 되고 잠도 잘 자며 의사결정도 잘 하게 되어 건강과 재물을 얻게 된다. 고로 안전하고 쾌적한 거주 환경은 필수적인 조건이며 냄새가 역한 곳이나 굉음이 들리는 곳은 정신적, 육체적 건강을 잃을 수 있는 곳이 된다.

최근 함안군 가야읍과 산인면에 대형 양돈장의 악취로 인해 그 주변 일대의 아파트와 단독주택의 주민들이 두통을 앓을 정도라고 한다. 함안면은 면민들의 꾸준한 민원 제기와 양돈업자들의 적극적인 악취제거의 노력으로 줄어드는 양상을 보이는 반면, 기업형 돈사를 운영하는 가야읍과 산인면의 양돈업자들은 악취제거를 위한 투자에 인색하다고도 한다.

'함안'이란 다 함께 화합하여 안가태평(安家太平)을 기원하는 뜻에서 다 함(咸)과 편안할 안(安)을 사용한 것으로 유래된다. 함안은 남쪽이 높고 북쪽이 낮아 물이 역류(逆流)하는 특이한 지세이다. 즉, 남에는 여항산(艅航山), 서에는 방어산(防禦山), 동에는 청룡산(靑龍山 · 大山)이 솟아 있어 함안천, 서천, 남강이 정북으로 흐르다가 낙동강과 합류해 북동으로 흘러간다. 이러한 역류지형(逆流地形)은 지기(地氣)가 뛰어나며 인재가 많이 나고 사람 살기에 더없이 좋은 곳이다.

2) 생기를 발산하는 실내 풍수인테리어

얼마 전 50대 중반의 남성이 여기저기 흩어져 있는 부친부터 고조부모까지의 무덤을 자신이 살아있을 때, 한 곳에 모아 관리하기 편하게 하고 싶다면서 방법을 의뢰한 적이 있었다. 소유하고 있는 산은 꽤 면적이 넓은 편이었으나 좋은 자리의 면적은 얼마 되지 않아서 매장을 하여 봉분을 하기에는 무리가 있었다.

산등성이의 맥(脈)을 찾아 최종적으로 자리를 정해주면서 고조부모는 봉분을 사용하여 매장(埋葬)하고 그 후손들은 화장(火葬)을 하여 평장으로 안치하도록 권하자 얼굴이 환해지면서 그렇게 하겠다고 답하였다.

적은 면적이나마 땅이 있든지 또는 저렴한 비용으로 땅을 구입할 수 있다면 분골(粉骨)을 납골당에 안치하는 것보다 화장을 해서 평장으로 하거나 자연장(自然葬·수목장, 잔디장, 화초장, 정원장)으로 하는 것이 훨씬 좋다. 음택(陰宅·무덤)과 양택(陽宅·산 사람의 활동 공간)은 유사한 점이 상당히 많다.

음택의 절을 하는 자리(氈脣)는 양택의 현관에 해당하는데, 너무 넓어도 좋지 않으나 너무 좁아도 흉하므로 음택에서는 혈장(穴場·무덤을 포함한 주변 장소)의 면적을 참고하면 되며 양택은 대지와 집 내부 공간의 넓이를 참고하여 적절한 면적으로 하면 된다.

음택의 상석(床石)에는 걸방석과 함께 월석이나 병풍석이 있어야 무덤 앞에서 치는 바람과 흉살을 막을 수 있다. 허나 흉풍과 흉살이 치지 않으면 굳이 갖출 필요는 없다. 마찬가지로 주택의 현관과 주택 내부 사이에는 중문이 외부의 바람과 흉살을 막아준다. 또한 무덤 가까이에 큰 나무가 있으면 지기(地氣)가 쇠약해지듯이 아파트나 단독주택도 큰 나무가 주택과 가까운 곳에 있으면 지력(地力)이 약해진다.

<생기를 품은 곽재우 의병장 생가와 거리를 둔
수령 600년 된 은행나무 (천연기념물 제302호)>

일반적으로 광중(壙中 · 무덤구덩이)은 장방형이며 무덤은 둥근 형상인데, 사각형(직사각형이나 정사각형)은 땅을 의미하고 둥근 형상은 하늘을 뜻한다. 주택 또한 몸체는 사각형이 좋으며 지붕은 둥근 형상이 이상적인데, 지붕이나 건물의 형상이 모서리가 많으면 화형(火刑)건물로 각살(角殺)이 발생하여 거주자나 주변에 거주하는 사람에게 해를 줄 수 있다.

근래에 와서 조형미를 살리기 위해 건물의 아랫부분보다 윗부분을 넓게 하거나 모서리가 지나치게 많은 건물 등을 볼 수 있는데 풍수적인 측면에서 볼 때 흉한 건물에 해당한다. 신축주택의 내부나 리모델링한 주택 내부는 새집증후군으로 인해 자칫 건강을 잃거나 우울증을 겪는 수가 있다. 새집증후군이란 집과 건물을 새로 짓거나 리모델링한 경우, 사용한 건축자재나 벽지 등에서 나온 유해물질로 인해 유발되는 질병을 일컫는다. '유전자, 당신이 결정한다'는 책의 내용 중 '당신이 어떻게 살아가느냐, 어디에 사느냐, 어떤 스트레스에 맞닥뜨리느냐, 무엇을 먹느냐에 따라 DNA를 바꿀 수 있다'는 구절이 있다.

　　여기서 '어디에 사느냐'하는 문제는 주택 내부와 외부의 환경과 밀접한 관련이 있다고 볼 수 있다. 긍정적이며 행복한 삶을 살아가기 위한 방편으로 주택 내외부의 흉한 파(波)를 제거하거나 피해서 생활하는 것도 매우 중요하다.

　　현관은 밝아야 하며 전등이 어두워지면 즉시 교체를 해야 한다. 현관과 발코니에는 분진을 제거하는 팔손이나무, 시클라멘, 산세비에리아를 두면 좋다. 안방은 고택의 안채와 같으므로 가장 안쪽에 배치를 하여 기(氣)를 순화시키고 주방과 화장실은 가까이 있으면 흉하기 때문에 거리를 두어 배치하되, 현관과 화장실은 가깝게 배치해도 무난하다. 그러나 건강이 좋지 않은 사람은 서향 창문이 있는 방이나 문간방을 사용하지 않도록 해야 한다.

　　새집증후군을 최대한 줄이려면 천연재료로 만든 벽지, 한지벽지를 사용하고 원목가구와 친환경 바닥재, 친환경 접착제를 사용해야 한다. PB와 MDF목재 같은 판상제품(나무목질 섬유를 배합기에 접착제와 함께 넣어 압착하여 만든 제품)은 포름

알데히드와 휘발성 유기화합물을 배출하여 건강에 해를 끼치므로 사용하지 않도록 한다.

집안의 천연재료 중에 단연 흙과 원목재를 사용하면 생기를 얻게 되며 흙과 볏집을 배합한 벽돌은 습기 조절을 해주는 친환경 재료로서는 단연 으뜸이다. 포름알데히드를 제거하는데 탁월한 식물로 아이비, 보스턴고사리, 인도고무나무가 있다.

3) 한국 노인들의 마음 치유 방법

OECD(경제협력개발기구) 회원국 중에서 한국이 노인들에게 신경안정제인 벤조디아제핀계 의약품을 가장 많이 처방했다고 한다. '가슴이 답답하거나 우울하다'고 할 때 이 약을 많이 처방한다고 하는데, 65세 이상 한국 노인 환자에 대한 벤조디아제핀계 의약품 처방률은 1000명당 205.4명으로 OECD 국가 중 1위였다. 그러면 가슴이 답답하거나 우울한 증상을 줄일 수 있는 방법을 찾아보자.

노인들은 하루 중 가장 생기가 있는 햇볕이 들어오는 '동향 창문의 방'에서 자는 것이 좋다. 일반적으로 밝은 색과 강렬한 에너지를 발산하는 색, 즉 '진동(색채의 파동)이 많은 색'은 더욱 긍정적인 마음을 갖게 한다. 하지만 칙칙한 황갈색이나 흐릿한 색, 검정과 회색은 기분을 우울하게 만드는 경향이 있다.

방의 커튼이나 벽지, 장판, 이부자리 등의 색은 노란색(기억력을 높이고 불안을 해소하는 힘이 있음), 초록색(마음을 가라앉히는 효과와 신선함을 일으키는 효과가 있음)이 좋다. 하지만 호랑이나 말들이 제각기 뛰는 그림은 위압감을 주고 생기(生氣)를 교란시키므로 좋지 않다.

발코니에는 관엽식물을 두거나 마사토에 나무나 채소를 가꾸어 생활하면 우울증을 극복하는데 도움이 될 것이다. 단독주택의 경우 대문과 담장을 나무와 흙으로 만들고 처마 끝에는 생동감 있는 소리가 나는 풍경(붕어 모양의 쇳조각을 달아놓은 작은 종)을 달아 두면 생기가 넘치는 집이 된다.

마당은 시멘트를 사용하는 대신 잔디를 심거나 관리가 어려우면 흙벽돌을 군데군데 묻고 잔디를 사이사이에 자라도록 하면 지기(地氣·땅의 기운)가 있는 마당이 된다. 풍수에서는 갱년기 우울증을 극복하는데 부부가 함께 여행을 하는 것을 적극 권장한다.

새롭고 신선한 산과 물, 그리고 공기를 접하면 세로토닌과 멜라토닌호르몬의 원활한 분비로 인해 삶에 대한 의욕과 애착이 더 생겨나며 가족에 대한 사랑도 새로이 느끼게 된다. 몇 년 전, 서유럽에 갔을 때 지상에 전봇대가 없었으며 발코니 바깥쪽에는 화분을 주렁주렁 달아놓은 것을 보고 상당히 신선한 충격을 받은 적이 있었다.

지하에 전선을 매설하면 전압살의 피해를 없앨 수 있으며 화분을 발코니 바깥쪽에 달아두면 보기도 좋거니와 열기와 소음, 그리고 외부로부터의 살기를 막을 수 있다. 한국인도 점점 전원주택으로 주거지의 변화를 꾀하고 있으며 심지어 아파트도 산과 가까운 곳에 짓는 것을 쉽게 볼 수 있다.

언젠가 산은 앞면과 뒷면이 있으며 뒷면보다 앞면에 주택을 지어 살아야 생기를 잘 받아서 건강하게 오래 살 수 있다고 한 적이 있다. 산의 뒷면은 가파르기 때문에 'ㄴ'자로 절개하여 집을 지으면 도로보다 지붕이 더 아래에 위치한 집이 있다. 이런 집은 음기가 차츰 집 전체를 뒤덮어서 거주인은 몸이 아프고 삶의 의욕을 잃게 되어 종래에는 집을 버리고 떠나기도 한다.

어떤 곳은 집은 온데간데없이 사라지고 대나무가 빽빽이 자리 잡고 있는 것을 볼 수 있다. 대나무가 길목(吉木)이긴 하지만 대나무가 자라는 땅은 척박한 땅이 많고 습기와 돌이 많다. 습기가 많은 곳은 대나무가 물을 빨아들여서 습한 기운을 줄이는 역할을 한다.

터가 나빠서 비어있는 땅을 대나무는 뿌리를 내리고 지기를 북돋우려고 한다는 표현이 맞을 것이다. 따라서 좋은 집은 집 뒤에 대나무가 있으며 집 앞에는 소나무나 향나무가 있어 앞쪽에서 부는 흉풍과 도로살을 막아주는 집이다.

<곽재우 장군 생가 뒤 대나무>

<목포 이문동 정원>

도심에서는 산등성이와 계곡에 위치하는 집의 구분은 사실상 쉽지 않다. 오래전 계곡이었던 곳에 위치한 집은 흉한 파의 영향을 받아서 장기간 거주하면 건강을 해치게 되지만 일반인들이 쉽게 알 수가 없는 것이 문제다.

기감(氣感 · 기를 느끼는 감각)이 뛰어난 사람은 한 집에 살아도 나쁜 기운이 있는 방은 피해서 자지만 그렇지 않은 사람은 누적된 흉한 파의 영향으로 갑자기 쓰러져서 반신불수가 되는 경우도 간혹 있다.

기감이 예민한 사람의 말을 들으면 손해 볼 일이 전혀 없다. 어떤 집에 갔을 때, 온몸에 소름이 돋으면서 한시라도 있기 싫은 집이 있는가하면 포근하게 감싸주어 오래 머물고 싶은 집이 있다.

4) 바람 통로와 햇볕

단독주택, 전원주택, 별장 등의 풍수 상담 또는 감결(勘決 · 잘 조사해 결정함)을 할 때 종종 듣는 질문이 창을 어느 곳에 내는 것이 바람직스러운지, 그리고 어느 정도의 크기로 하면 합당한지에 대한 것이다.

현대풍수는 바람(風)과 물(水)에 대한 자연과학적인 접근방법과 연구를 통해 인간에게 최상의 정신적, 육체적 컨디션을 유지하면서 생활하도록 하는 것이 무엇보다도 중요하다하겠다.

그런 점에서 바람이 드나드는 창문의 위치와 크기는 매우 중요하다. 필자는 동향 창은 반드시 내는 것이 좋으며 다른 창보다 크게 내는 것이 좋다고 역설하는 편이다. 동향 창 즉 동창은 다른 방위의 창에 비해 바람과 햇볕 등이 우리의 몸과 조화를 잘 이루어 건강을 유지할 수 있도록 해 준다.

특히 서향 창과 비교해보면 동이나 서나 햇볕이 드는 양은 별반 차이가 없지만 동창은 얼어붙는 겨울 아침과 선선한 여름 아침, 즉 햇볕이 가장 긴요할 때 드는데 반해 서창은 햇볕이 별로 긴치 않는 여름의 가장 온도가 높은 시간에 드는 별로 반갑지 않은 손님이다. 그리고 동쪽 창의 바람은 여름에 시원하게 불어오지만 서쪽 창의 바람은 겨울에 살풍이라고 말하는 매서운 바람이 친다. 그런데 북창은 일년 중 거의 볕이 안 든다. 물론 남향이 주택에서 가장 좋은 방향임은 말할 나위가 없다. 오죽하면 속담에도 삼대가 적선(積善)을 해야 남향집을 구할 수가 있다고 하지 않던가! 하지만 주의해야 할 것은 지맥(地脈)을 거스르면서 까지 남향집을 고집해서는 절대로 안 된다는 것이다.

또한 반드시 서쪽에 창을 낼 경우에는 격자로 된 가리개를 설치하는 것이 좋으며 북창을 낼 때에는 채광과 환기를 목적으로 하기 때문에 면적이 너무 넓으면 오히려 거주자의 생기를 빼앗기고 집안의 온기를 빼앗기는 역효과가 생기므로 최소한도의 크기로 하는 것이 좋다.

아울러 북창은 이중창으로 하거나 이중커튼을 쳐서 방한의 효과를 높이면 기밀도·결로현상의 문제도 해결할 수가 있다. 창의 위치는 집안의 통풍을 고려해 정하는데 서향집은 남쪽에 큰 창을 내서 양기를 충분히 받는 동시에, 북쪽에 창을 내서 바람이 남북으로 통하게 하는 것이 이상적이며 북향 창은 있어나

남쪽이 막혀 있으면 대단히 습해서 흉하지만, 남과 북 양쪽에 출입문이 있는 경우에는 창과 같은 통풍역할을 하므로 굳이 창을 내지 않아도 된다.

바람은 입구가 있어도 출구가 없으면 들어오지를 못하며 방이나 거실 등에 드는 바람의 양은 작은 쪽의 창의 넓이에 좌우됨을 명심해야 한다. 예를 들면 남쪽벽면의 창은 넓게 트여 있고 다른 벽면은 막혀 있는 경우 겨울동안은 따뜻하겠지만 여름에는 바람 한 점 없는 한증막이 된다.

필자의 경험상 집이 완성된 다음에 추가로 없던 창을 내는 것은 상상을 초월한 비용이 들기 때문에 미리 방의 방위·넓이·기능에 따라 창의 위치·크기를 충분히 고려해야 한다. 창을 내는 방위는 여름 바람은 활개를 치며 들어오게 하고 겨울 바람은 되도록 주눅이 들어서 적게 들어오게 하며 동·남쪽의 햇볕은 잘 들게 하고 저녁 햇볕은 가능한 한 못 들게 하도록 해야 한다.

결론적으로 동에서 남쪽까지의 창은 크게 내고 서에서 북쪽으로 걸친 창은 작게 내도록 하면 된다. 며칠 전, 모 지역에 전원 주택지를 감결하러 갔었는데 집 가까이에 소나무를 여러 그루 식재할 예정이라고 해서 필자가 반대했는데 집 가까이에 심으면 소나무의 경우 높이가 10m인 경우 뿌리가 뻗을 범위도 대략 직경10m 가 된다.

<소나무와 거리를 둔 사랑채>

　　따라서 수목은 키의 성장과 비례해서 뿌리도 자라기 때문에 집을 지을 당시에는 지장이 없다 해도 뿌리가 자라면 집의 토대가 무너질 위험이 있으니 반드시 일정한 거리를 유지해 심는 것이 바람직하며 성인의 키보다 큰 나무는 그곳에 거주하는 사람·집·나무 모두에게 악영향을 주기 때문에 되도록 심지 않는 것이 좋다. 그리고 마당의 중앙에 연못을 만들면 보기에는 좋을지 모르나 집 전체가 습한 기운이 돌게 되어 거주자의 건강을 해치게 되며 돌물확(수조)을 집 안팎에 두면 먼지를 흡수하고 가습기 역할을 하니 두기를 권하고자 한다.

5) 부동산과 풍수1, 부동산과 풍수2, 부동산과 풍수3,
   부동산과 풍수4, 부동산과 풍수5

*부동산과 풍수 1

　시어머니가 대장군 방위로는 절대 이사를 가지 말라고 며느리에게 신신당부를 하고 며느리는 하필 그 방향에 마음에 꼭 드는 집이 있어서 이사를 하고 싶은데 어떻게 하면 좋으냐고 상담하러온 경우 필자는 참 난감하기만 하다.

　이런 경우 시어머니의 당부를 무시하고 가서 흉한 일을 당했을 때 어떤 원망이나 고초를 겪을 자신이 있으면 가도 되지만 그리하면 고부간의 갈등이 심각해지는 것을 수없이 봐왔기 때문에 며느리에게 어른의 말씀에 따르는 것이 곧 효도하는 길이며 가정도 화목해지지 않겠느냐고 조언을 한다.

　대장군 방위가 흉하다고 하는 것은 전장에서 대장군이 "돌격 앞으로"를 외치는데 부하들은 오히려 적의 기세에 눌려 공격을 하지 않고 대장군이 있는 방향으로 도망을 오니까 대장군이 격노하여 후퇴하는 부하들을 죽여 버린다고 해서 대장군 방향으로 가면 흉한 일이 생긴다고 하는 것이다.

　어떻게 생각하면 그럴듯하기도 하고 황당하기도 하다는 생각이 든다. 하지만 사주명리학에서 응용하는 12신살(十二神殺)도 제도권에서 가르칠 때는 모두 무시 하라고 가르치는 곳이 많지만 실전에서의 사주감정 시에는 완전히 무시를 하는 것보다 더욱 더 확률을 높이기 위한 수단으로 반드시 참고할만한 자료라고 생각하며 혹여 자신이 정신적으로 피폐하거나 육체적으로 허약한 상태인 경우라면 그 흉살을 맞을 수도 있기 때문에 조심할 필요가 있으며 대장군 방위 또한 이와 같은 맥락으로 생각했으면 한다.

추길피흉(趨吉避凶·길한 일에 나아가고 흉한 일은 피한다.)이 결코 그냥 흘려들을 말만은 아니라고 생각한다. 얼마 전 경남 거제시장 집무실에 0.01㎜ 두께의 종이처럼 얇은 동판(銅板)이 118㎡ 넓이에 걸쳐 깔려 있었는데 시멘트 바닥과 카펫 사이에 본드로 접착 돼 있었다고 한다.

항간에 수맥파를 차단하기 위해 점쟁이 말을 믿고 깔았다는 소문이 나돌고 있는데 정작 김 전 시장은 동판의 효력이 없었던지 비리에 연루돼 시장직을 떠났으며 동판을 제거하고 카펫으로 작업하는데 700여만 원이 들었다고 한다.

땅속에는 지하수가 분파(分派)되어 흐르는데 이러한 물줄기의 파동을 수맥파라고 하며 사람에게 유해한 파와 무해한 파로 나눌 수 있다. 하지만 여기선 수맥파를 논하는 것이 목적이 아니라 풍수의 본질(本質)적 문제의 하나로서 풍수는 천하에서 제일가는 명당을 쓴다한들 정작 본인이 부정부패를 일삼으며 권력과 치부를 위해서 온갖 악행을 저지른다면 과연 후손에게 발복(發福)이 제대로 일어날 것인가라는 문제에 봉착할 때 결코 그렇게 될 수 없다는 것을 강조하여 말하고 싶다.

이제부터 아파트의 4층 이하(저층), 5~9층(중층), 10~15층(고층) 그리고 16층 이상(초고층) 혼재 단지에 거주하는 거주자에게 일반적으로 미치는 정신적, 육체적인 영향을 언급해 보기로 하겠다. 일반적인 원칙에 해당하지 않는 예외적인 부분도 있을 수 있음을 독자들은 감안해서 읽어 주기를 바라는 바이다.

<고층 아파트와 주변 건물들>

"유아는 주어진 환경에 적응하면서도 자신의 환경을 적극적으로 형성하기 어렵다. 초고층 아파트는 많은 유아와 아동들에게 신경질, 피로감, 자연에 대한 무감각, 성급함, 감정의 빈곤, 공격성, 우울증 등과 같은 환경적 장애를 일으킨다는 것이 1970년대 Piperk와 Wien에 의해 입증됐다." '초고층 아파트 거주자의 주거환경 스트레스와 건강' 이라는 논문에 의하면 대상 주부들의 평균 주거환경 스트레스 값을 3.0으로 봤을 때 16층 이상의 경우 소음으로 인한 스트레스가 3.35였다. 구체적으로 층간소음과 하수파이프 소음, 창문 소음 등의 순이었으며 특히 승강기의 속도, 사고걱정, 범죄 우려 등 승강기 관련 스트레스 수치가 3.74로 가장 높았다. 주거환경 스트레스 결과를 보면 연령이 낮을수록, 거주 층이 높을수록, 알고 지내는 이웃이 적을

수록 스트레스는 높았다. 건강상태 분야에서는 1.36을 기준치로 잡고 거주 층별 지수를 비교해볼 때 16층 이상 거주자의 경우 감기에 잘 걸리고(1.73), 기관지염 및 두통(각각 1.44), 근육통 (1.41)을 상대적으로 많이 경험하는 것으로 나타났으며 특히 심리적 거부감과 승강기 등의 사고 우려, 주택구조 및 시설과 소음 등의 요인이 거주자의 건강에 영향을 주는 요인으로 파악됐다. 현대인에게 조망권과 햇빛의 정도가 아파트 가격에 영향을 주고 삶의 활력소인 세로토닌 호르몬의 왕성한 분비를 촉진하는데 중요한 역할을 하지만 그보다 더욱더 중요한 요소가 있음을 우리는 알아야 할 것이다.

* 부동산과 풍수2

전라남도 모 지역에서 멀리 외따로 떨어져 독산(獨山 · 연결된 조상 산이 없는 산)의 형상인 종중산(宗中山 · 종중의 조상의 무덤이 있는 산)을 보유한 집안에서 마침 할머니가 돌아가신 것을 계기로 모인 장소에서 개중 젊은 사람들은 더 이상 후손들을 매장할 장소가 없으니 모두 화장(火葬)을 하여 납골당에 봉안하자는 의견을 개진하였고 나이가 얼추 고희(古稀)가 넘으신 분들은 본래는 산환수취이용면(山環水聚而龍面 · 산이 돌아오고 물이 모이는 곳이 산의 앞면이다.)이라 하여 산의 뒷면을 산소로 쓸 수 없지만 그래도 조상들의 뼈와 살이 묻힌 종중산이니 화장을 하여 조상과의 연결고리를 끊어버리는 것 보다는 산의 뒷면이라도 계속 매장하여 조상으로부터 적은 기운이나마 받을 수 있도록 하는 것이 좋다는 주장을 굽히지 않았는데 이런 경우 대개는 집안 어른들의 의견을 따르지만 젊은 사람들은 시대의 흐름에 따라 화장 문화를 서서히 정착시켜 후손들에게 짐을 조금이나마 들어주기를 원하는 것이 일반적인 생각인 것이다. 또한 젊은 사람들은 종중산이 야트막하니 동산이어서 그것을 처분하여 장학금을 만들어서 형편이 어려운 자녀들에게 도움을 주기 바라지만 결국 집안 어른들의 강한 반대에 무산되고 할머니를 산의 뒷면에 매장을 하게 되었다. 그 이후 그 집안에서는 크고 작은 불행이 끊이지 않고 발생하고 있으며 지금도 그러하다고 한다. 풍수에서는 산무조악래(山無祖惡來·산이 근본이 없으면 흉하고 악함만 올뿐이다.)라 하여 독산(獨山)이나 산의 뒷면에 묘를 쓰는 것은 근본이 없는 곳에 묘를 쓰는 것이기 때문에 전혀 의미 없는 일이며 더군다나 조상으로부터의 후손에 대한 발복(發福)은 차치하고라도 흉사가 닥칠 수도 있으니 이런 경우에는 화장을 하는 것이 오히려 집안이 무득무해(無得無害·득도 없지만 해도 없다.)하니 훨씬 좋은 방법이라 생각한다. 경남 창원시는 창원통합시가 되면서 재개발과 재건축이 매우 활발하게 추진되고 있는 지역이다. 그래서 많은 사람들이 실거주의 목적인 내 집 마련과 재테크의 일환으로 부동산을 매입하려는 경향이 많으며 실제로 발품을 팔아서 열심히 찾다보면 기대이상의 좋은 물건을 매입하는 사례도 많이 볼 수 있다. 일반적으로 재개발이나 재건축은 안정성을 고려해볼 때 시행인가나 관리처분인가 단계에 매입하는 것이 좋다. 그런데 재개발, 재건축 가능성이 있는 부동산들 중에서 건설업체들은 분양을 원활하게 하기 위해 친환경적이고 친자연적인 입지에 위치한 곳을 선택하는 경향이 늘고 있기 때문에 사고자 하는 부동산의 주변에 산이 있거나 등산로 또는 맑은 하천 등 친환경적인 요소가 많으면 많을수록 유리하며 조합원분양이나 일반분양(비조합원)을 받을 때에도 가능하면 주변 산의 맥을 이어서 뻗어 내려온 동(棟)을 선택하면 건강과 재운이 같이 따를 뿐만 아니라 앞으로는 이러한 친환경아파트의 미래가치가 대단히 클 것으로 예상된다.

<안산(案山)이 알맞고 조망이 좋은 친환경 아파트>

풍수에서 거주자의 건강과 행운을 가져다주는 아파트의 적정평수는 만일 아버지나이가 33살, 어머니나이가 31살, 큰애가 6살, 작은애가 4살이면 33살+31살+6살+4살=74살인데 여기에 3.3을 나눈 22.4평이 된다. 가족 수에 비해 너무 작은 평형도 좋지 않지만 너무 큰 평형도 바람직하지 않으니 참고했으면 한다. 맥자는 수은어무체이미로어토외요, 기자는 무형무체하여 은어맥중자야라(脈者는 雖隱於無體而微露於土外요, 氣者는 無形無體하여 隱於脈中者也라·맥이란것은 비록 체가 없으나 숨어서 적게 흙 밖에 노출 되는 것이요 기는 무형무체 하여 맥중에 숨어 있는 것이다.)

집합건물인 아파트가 큰 평수에서 작은 평수로 선호도가 바뀌어 가는 것은 이젠 더 이상 아파트가 투기대상이 아니라 사는데 있어서 필요한 대상으로 되어 가고 있다는 증거이며 실질적인 선진국으로 가는데 있어서 꼭 필요한 과정의 단계라고 본다.

최근에는 자연으로 돌아가려는 회귀본능인지 아파트보다 단독주택이나 상가주택을 선호하는 경우가 많은데 주택을 단순한 주거의 용도에서 삶의 쾌적함과 여유로움을 얻을 수 있는 대상으로까지 여기며, 한편으로는 수익형 건물로 노후를 좀 더 여유롭게 보내면서 살고 싶어 하는, 그럼으로 인해서 세로토닌 호르몬 등의 분비를 촉진시켜(본인은 느끼지 못할 경우가 많지만) 스트레스를 좀 덜 받는 삶을 추구하려는 경향이 뚜렷이 나타나고 있다.

낡은 주택이나 상가주택을 리모델링하거나 나대지 상태에서 새로 건축 할 때 건축업자가 하는 대로 보고만 있을게 아니라 꼭 필요한 사항들을 틀리게 하거나 하지 않는 경우엔 반드시 지적해서 고치도록 해야 할 것이다.

가옥건축(家屋建築)에는, 재목을 거꾸로 세운 기둥을 쓰면 안 된다. 흔히 집을 짓는데 빈틈없이 완전하면 넘치고 차서 기우는 법이라고 나무를 거꾸로 세우거나 기둥을 이어 쓰는 일이 간혹 있다.

이런 편법을 쓰면 그 집안에 화와 해를 부른다. 그리고 일반주택에서 집이나 곳간 등을 만드는 용재(用材)는 물푸레나무·들매나무·밤나무·향나무·홰나무·등 모든 음목(陰木)이나 잡목을 사용해서는 안 된다. 오직 전나무·소나무·삼나무 등이 가장 적당한 용재이며 이러한 삼나무나 소나무·전나무 등을 양목(陽木)이라 하고, 이 양목으로 집을 짓는 것은 좋으나, 홰나무나 밤나무 등 음목(陰木)을 용재로 사용하는 것은 흉하니 사용하지 않는 것이 좋다.

가상(家相·집의 관상)에서 양목은 침엽수 즉 연재(軟材)를 뜻하는데 기둥·도리·들보 등에 적합한 목재이고, 음목이란 활엽수 즉 경재(硬材)를 뜻하며 다루기가 까다롭고 건조에 따른 변화도 커서 기둥이나 들보 등의 용재로는 적합하지 않는 나무이다.

이러한 기본적인 사항도 막상 본인이 직접 집을 지을 때는 미처 고려하지 못하다가 나중에야 알고서 낭패를 당하는 경우를 필자는 종종 보기에 참조하기를 당부 드린다.

새 건축재의 사용 시에는 주의할 점이 많은데 그 중에서 안전성은 가장 중요한 점으로 새로 나온 재료는 아직 개량할 여지가 많은데 고분자 재료로 만들어진 건축자재나 섬유 제품은 높은 열을 만나면 열분해를 일으킨다. 또한 유해가스를 발생하고 연기를 내는데 가스 중에는 인화성(引火性) 물질이 있어서 가연성(可燃性)의 물질에 불이 붙으면 순식간에 불바다가 될 개연성이 많다.

또 하나 주의할 점은 사용하게 된 지 몇 해가 지나서 충분히 안전성이 검증된 제품을 택해야 하는데 새 건축자재가 좋다고 건축전문가가 추천을 하더라도 새 자재는 건축전문가도 알지 못하는 부분이 너무나 많기 때문에 어떤 부작용이 따를지 알 수 없으므로 이미 많이 사용되고 경력이 많은 안전이 검증된 건축 자재를 주택용이나 상가건물용으로 택하는 것이 안전하고 현명한 방법이다. 필자는 오래전부터 건물(주택·점포주택·상가건물 등)의 지붕과 그곳에 거주 하는 사람과의 상관관계를 조사하고 있다.

흥미로운 것은 지붕의 형태가 기와 이은 것이 반듯하지 못하고 비뚤어지고 기울어져 있거나, 지붕 형상이 송곳처럼 뾰쪽하거나 서로가 균형이 맞지 않거나, 대칭을 이루어 서로 등을 지고 있는 등 날카로운 기운이 흐르고 서로 배신한 형상의 건물에 살거나 생활하고 있는 거주자들은 불화가 잦든지, 병자가 많이 나오든지 사업에 어려움을 겪는 등 별로 좋지 않은 일들이 많이 발생한다는 것이다.

<기와가 반듯하고 균형감이 있는 '울산 학성 이씨 고택'>

이러한 지붕의 균형이나 조화는 그 곳에 흐르는 바람의 방향을 바꾸기도 하고 지자기 교란을 일으키거나 전자파장애를 일으켜 거주자나 주변의 사람들에게 세로토닌, 멜라토닌, 토파

생활 속의 풍수, 그 진리를 탐구하다

민 등과 같은 호르몬분비를 억제시켜 일상생활을 하는데 있어서 많은 어려움을 겪게 한다. 위의 사항들은 앞으로 정작 우리가 관심을 갖고 살아야 할 것이 무엇인가를 한 번 더 생각하게 한다.

*부동산과 풍수4

필자는 오랜 기간 동안 풍수지리학의 관점에서 제조업과 금융업에 적합한 건물형태와 입지조건에 따른 길흉에 대해 많은 관심을 기울이며 연구를 했으며 지금도 꾸준히 하고 있다. 제조업은 공장과 본사가 서로 떨어져 위치하고(동일 장소에 위치한 경우도 포함), 일반적으로 본사는 도심의 빌딩에 사무실을 둔다.

제조업의 본사는 기획과 영업, 관리에 중점을 두는 사무공간으로 주로 결실을 거두어 관리하는데 치중한다. 따라서 풍수지리학도 결실을 관리하거나 부귀를 극대화하는 방안으로 사무실의 위치를 선정한다. 이러한 선정과정에서 기의 흐름과 강약 그리고 좋은 기운이 뭉쳐있는 곳 등을 조사하여 참고한다.

제조업은 건물의 좌향(坐向)에서 향 즉 방향은 서향이 좋다. 서향은 금(金)에 해당하고 양택삼요(陽宅三要)에서는 태방(兌方)에 속하고 계절로는 가을을 뜻한다. 즉 봄에 심고 여름에 영근 결실을 추수하는 방위이고, 풍성한 수확과 사업의 성공을 의미한다. 또한 건물 앞쪽에 여러 도로가 합쳐지는 평평한 터가 매우 길지가 된다.

그중에서도 사각 교차로의 코너가 상급 길지인데 이것은 모든 물이 교차로 부분인 명당 앞쪽으로 모여드니 이를 취면수(聚面水)라 하여 당대발복(當代發福)을 누리게 되며 기업은 영속적으로 사업이 번창할 것이니, 기업이 '터'를 택할 때에는 앞쪽에 사통팔방으로 도로가 많이 보일수록 대체적으로 좋다고 보면 된다.

<도로가 많은 공장>

기승풍즉산, 계수즉지(氣乘風則散, 界水則止 · 기는 바람을 만나면 흩어지고 물을 만나면 정지한다.) 건물의 형태는 외관 전체의 형상이 정사각형(1등급)이나 직사각형(2등급)형태로 토산(土山)이나 일자문성사(一字文星砂)가 길하다. 물론 내 건물 앞에 안산(案山) 역할을 하는 토산이나 일자문성사가 있으면 더욱 더 좋을 것이다. 토산과 일자문성사는 부귀가 쌍전(雙

牟)함을 뜻하며 고층이라면 위태로운 형태로 높게 짓는 것보다 凸형태로 건축하여 안정감과 토산을 함께 갖추는 것이 좋다.

금융업(은행, 보험사, 증권사 등)은 고객과의 신뢰와 접근성이 중요하다. 따라서 고객들이 쉽게 찾아와 일을 해결할 수 있는 곳에 위치해야한다. 건물 내의 위치도 출입이 용이하며 본질이 돈을 매개로 사업하여 수익을 올림으로 돈의 유통이 쉽고, 또 돈이 모이는 곳에 자리를 잡아야 한다.

풍수지리학에서는 돈이 모이는 곳을 물길과 주변의 사봉(砂峰 · 주변의 산 또는 건물) 그리고 건물이 앉은 방향인 좌향(坐向)으로 판단한다. 양택풍수에서 이러한 사항은 매우 중요하며 투자에서도 반드시 고려해야만 하는 사항이다.

도심에서 배산임수의 임수는 하천이고 이 하천은 오염된 공기의 배출구가 된다. 서울의 한강이 대표적인 예가 되는데, 서울의 오염된 공기가 한강의 낮은 지대를 통해 물의 흐름을 쫓아 서해로 빠져나가기에 일천만이 넘는 인구가 공기를 오염시키고 있음에도 항시 공기가 정화되고 있어 대도시 임에도 불구하고 비교적 청정한 공기를 유지하고 있는 것이다.

지금도 하천은 사람들에게 온도와 습도의 조절을 해주는 자연의 시스템인 것은 변함없는 사실이다. 우리가 여기서 깨달아야 하는 것은 산(건물)이란 물을 만나야 비로소 살아서 숨 쉬며 생동감이 넘치는 자연이 된다는 것이다.

가급적이면 점포를 구할 때 코너 각지가 좋은 것은 주지의 사실이나 점포에 접한 도로가 자신이 하고자 하는 업종에 맞는 차선의 도로인지를 세밀히 살펴야 한다. 고객이 쉽게 접근을 할 수 있는 차선도로 파악이 매우 중요한데 내 점포앞 도로가 2

차선 도로가 적합한지, 4차선 도로가 적합한지, 그리고 도로가 좁아도 살풍(殺風)이 심하게 부는 곳은 아닌지, 도로 중앙 분리대에서 유턴을 하는 곳(필자가 매우 중요하게 생각하는 사항임)이 내 점포에서 가까운 곳에 위치하고 있는지를 정확히 분석해야 한다.

고객의 입장에서 건너편 도로에 구입하고자 하는 제품을 판매하는 점포가 있는데 유턴할 수 있는 곳이 없어서 그냥 가는 경우가 허다하다는 사실을 알고서 필자도 유턴 도로가 어디에 위치하는가에 따라 매출에 꽤 많은 영향을 미친다는 것을 새롭게 알게 되었다.

   풍수는 이제 더 이상 이현령비현령(耳縣鈴鼻縣鈴)이 아니 며 그렇게 되어서도 안 된다. 그러나 아직도 이런 사고를 가지 고 현장 감결을 하거나 지식을 가르치고 있다면 풍수에 대한 서민의 긍정적인 인식을 위해서라도 반드시 자기 성찰(省察) 이 필요하다고 본다. 필자가 많은 곳을 감결하면서 항상 느끼 는 것이지만 풍수에서는 생기(生氣)가 머무는 땅을 찾는 것이 가장 핵심임을 알아야 한다.

   살아있는 사람은 땅으로부터 생기를 받아야 건강하게 살 수 있으며 하는 일도 자연스럽게 풀려나가고, 죽은 사람 또한 생 기를 받아야 후손들이 발복(發福)을 할 수가 있다. 기(氣)의 몸 은 땅 즉 흙이므로 길지(吉地)에서만 생기가 있다고 보며 풍수 적으로는 좋은 흙에서 좋은 기운이 나오기 때문에 흙이 빈약하 고 생기가 없다는 것은 곧 좋은 터가 되지 못한다고 보면 된다.

   토질은 수기(水氣)토질 · 조기(燥氣)토질로 대변할 수도 있 고, 암석(巖石)토질 · 점토질(粘土質) · 사토질(砂土質)로 구분 해서 볼 수도 있는데 이 중에서 가장 좋은 토질은 그 토질의 특 성이 지나치지 않고 고루 갖춘 곳이 제일 좋다고 본다.

   다시 말하면 사토와 점토가 섞이어 알맞게 습기를 함유할 수 있으면 좋은 토질인 것이다. 그러나 땅이 대단히 귀한 시대 에 살고 있는 우리로서는 이런 것을 모두 세세히 따질 수는 없 고 단지 한 가지 주의해야 할 점은 매축지(埋築地 · 매립지)와 침수지(浸水地)였던 땅인지 아닌지는 꼭 따져서 같은 값이면 피하는 것이 좋다. 그리고 택지 조성 시 성토지(盛土地)인지,

절토지(切土地)인지는 꼭 확인해 봐야 한다.

　필자가 현장 감결 때 지세(地勢) 못지않게 중요하게 보는 것이 지형인데 지형 판단은 기본적으로 집이 들어서 있거나 들어설 자리와 대지의 형태를 보는 것이다.

　며칠 전 모 지역에 나대지의 상태에서 집을 짓기 위해 풍수 감결의뢰가 들어와 현장 방문을 한 적이 있는데 대지의 형상이 반듯하지는 않았지만 도회지에서 그만한 땅이면 나쁘지는 않았기에(도회지에서 반듯한 대지를 구하기는 현실적으로 어려움이 많음) 다소 대지 형상의 부족한 부분을 집을 반듯하게 짓도록 설계하게끔 설계 소장과 협의하여 대지의 부족한 점을 상쇄 시켰다.

　그리고 하수구의 위치, 대문의 위치, 담의 높이 등을 정해 주었으며 가족의 방 배치는 물론 각자의 잠을 자는 위치와 책상 위치의 선정, 각자의 개운(開運 · 운수가 트임)색깔 등을 정해 주었는데, 의뢰인은 풍수적으로 의뢰를 하였지만 단순히 수맥만 보거나 길지인지 흉지 인지만 판단해줄 거라고 생각 했는데 매우 세세한 부분까지 상담을 받을 줄은 생각도 못했다며 상담을 받고나서 만족해하는 모습을 본 필자는 서구에 널리 퍼져서 적용하고 있는 풍수가 한국에도 조속한 시간 내에 정착이 될 수 있도록 풍수인들이 한마음 되어 많은 홍보와 노력을 해야 한다고 생각한다.

　그런데 풍수에서 개운을 하는 가장 좋은 방법은 자신에게 좋은 방향과 좋은 색깔을 택하는 것임을 이번 기회에 독자들께서는 확실히 알았으면 한다. 그뿐만 아니라 주변 환경 중에서 가장 주의 깊게 감결해야 하는 것 중의 하나가 도로인데 도로는 사람이 다니는 곳이기도 하지만 바람과 물이 지나가는 통로

역할도 하기 때문에 자기 집에서 볼 때 특히 앞면은 집을 배곡하면 안되며 측면과 후면도 가능하면 배곡하지 않고 유정하게 환포를 해야 한다.

　이러한 간단한 원리는 일반인들도 조금만 신경을 쓰면 얼마든지 구별이 가능하므로 실천 해보길 권유한다. 마지막으로 물의 들고 나는 출입처가 어떠한지가 대단히 중요한데, 이 부분은 전문가의 도움이 필요하며 도로는 물이요 물은 곧 재물로 보기 때문에 재물의 정도를 가늠할 수 있는 중요한 척도가 된다. 재물을 모으려면 물의 향방을 알아야만 할 것이다.

<흉풍과 소음을 막아주는 밀폐형 목재대문>

<흉풍과 소음을 막아주는 밀폐형 목재담장>

<흉풍과 소음을 막아주는 밀폐형 기와담장>

생활 속의 풍수, 그 진리를 탐구하다

6) 건강을 품은 풍수설계

　신축 아파트의 앞 발코니는 대체로 확장이 된 상태에서 분양을 하는 것이 일반화되어 있다. 그러나 앞 발코니의 경우, 확장을 한 곳에는 '흉한 파(波 · 기운)'가 지속적으로 바닥에서 올라오기 때문에 확장된 발코니에 아이를 놀게 하거나 아기를 실은 유모차를 두면 안 되며 반려동물도 그곳에 집을 두어 키우면 좋지 않다. 확장을 한 발코니에는 '비보(裨補 · 도와서 모자라는 것을 채움)풍수'의 일환으로 천연목재로 만든 나무판을 깔아두면 살기(殺氣)에 의한 피해를 상당히 줄일 수 있다.

　아파트나 단독주택에 수맥파, 전자파, 철근파 등이 있다면 민감한 체질은 즉시 유해한 기운을 감지하지만 둔감한 체질은 심각한 질병에 걸려 돌이킬 수 없는 상황까지 가는 사례들을 종종 본다. 특히 '흉한 파'가 만연한 집안에 수석(水石)을 가득 모아두거나 벽면과 바닥의 마감재로 대리석을 하게 되면 엎친 데 덮친 격이 된다.

　하지만 빈 공간에 산세비에리아, 아레카야자, 안스리움 등과 같은 식물을 두면 중화가 되어 좋다. 아파트나 단독주택에 들어섰을 때, 먼저 원활하고 효율적인 동선(動線 · 움직이는 방향을 나타내는 선)과 동상(動像 · 움직이는 흐름의 형상)을 관찰하여 생기(生氣)의 유무와 흐름을 파악하는 것이 중요하다.

　생기가 있는 곳에는 거실과 침실을 배치하고 사기(邪氣)가 있는 곳에는 드레스 룸이나 장롱, 화장대 등과 같은 가구류를 두어야 한다. 찬 기운이 치거나 머무는 주택과 점포의 경우, 목재현관문을 하고 철재현관문이라면 안쪽에 목재를 덧대는 것이 좋으며 목재중문을 설치하고 전등을 밝게 하면 생기가 흩어지지 않는다.

 아파트는 벽과 천정을 황토로 마감하더라도 흙이 흘러내리지 않도록 하기 위해 먼저 철망을 설치하기 때문에 찬 기운(고기압)이 항상 머무는 벽 하단에 1m 높이의 천연목재를 붙이면 건강에 큰 도움이 된다.

<목재로 마감한 집>

 현관문과 마주 보는 곳에 비상계단이나 엘리베이터가 있으면 직접 때리는 흉풍과 전자파(전압살)를 고스란히 받으므로 파티션이나 관엽식물을 사이에 두어 '중간벽' 역할을 하게함으로써 살기를 차폐시킬 수 있다.

 신축 또는 기존주택의 매입 시에 적절한 동선과 동상, 바람의 경로 파악에 따른 주방과 창문 배치, 냉기가 도는 화장실의 위치, 건물 외부의 위해를 가하는 시설에 대한 분석만 잘 해도 건강한 삶을 누릴 수 있다. 아파트라면 정문 출입구 근처에 위치한 동(棟)보다 안쪽으로 들어간 동이 좋으며 양옆에 동이 있어서 좌청룡, 우백호 역할을 해주는 중간동이 더 좋다.

아파트 정문 출입구인 수구(水口ㆍ기운이 들고 나는 곳)옆에 위치한 동은 '조롱박 형상'의 길목이여서 안쪽 깊숙이 위치한 동보다 '기의 교란 현상'이 발생하기 쉬울 뿐만 아니라 생기를 받는 측면에서도 상당히 불리하다.

인물이 나는 마을(박사, 장관, 장군 등을 많이 배출하는 마을)이나 유명 고택을 자세히 살펴보면 주산(뒷산)이 감싸고 조롱박 형상을 갖춘 마을의 입구를 좁혀 생기가 빠져나갈 수 없도록 했다.

'수구막이(수구를 좁히거나 살기를 막는 도구)'로 쓰인 비보물(裨補物)은 목(석)장승, 노거수(老巨樹ㆍ수령이 오래된 나무), 연못, 돌탑, 정려각(충신, 효자, 열녀를 정표한 집) 등이 있으며 입구를 좁혀줌으로써 좋은 기운이 마을 안에 머물도록 했다.

<목장승>

생활 속의 풍수, 그 진리를 탐구하다

<마을 입구를 좁혀 생기를 머물게 한 비보목(裨補木)>

<정려각>

경남 밀양시 초동면 모처에 '갈봉음수형(渴鳳飮水形·목마른 봉황이 물을 마시는 형상)'의 마을이 있다. 마을로 진입하는 도로는 두절사행(斗折蛇行·꼬불꼬불한 도로의 모양)으로 생기가 마을 밖으로 쉽게 빠져나가지 못하도록 되어있으며 주산과 청룡(좌측 산)과 백호(우측 산)는 마을 전체를 감싸고 있다. 또한 산의 형태가 마치 봉황이 물을 마시는 형국과 같으며 봉황의 머리에 해당하는 산 아래에는 저수지가 있다.

<집 뒤의 산이 봉황의 머리에 해당함>

형국론(形局論)으로 볼 때, 혈처(穴處·좋은 자리)는 봉황의 '눈과 부리'가 된다. 닥나무가 많은 땅이라 하여 옛 지명이 저대(楮垈)인 이곳은 산형이 빼어나며 소원을 비는 민(부채)바위, 굴바위, 통바위, 꽃새미 약수터, 저수지가 다수 있는 청정지역이다. 예로부터 석·박사와 경제인들이 많이 배출된 곳으로 풍수지리학적인 연구가치가 많은 곳이다.

7) '물'은 '재물'을 뜻한다

예로부터 물에 관련된 공간 즉 수변공간(水邊空間)은 동서양을 막론하고 인간의 정서(情緒)와 생활환경으로서 중요한 의미를 가져 왔다. 홍만선의 산림경제(山林經濟) 제 일편 복거(卜居)를 보면 "집터에서 왼쪽에 물이 흐르면 청룡(靑龍)이라 하고 오른쪽으로 긴 도로가 있으면 백호(白虎)라 하고, 앞에 연못이 있으면 주작(朱雀)이라 하고 뒤에 구릉이 있으면 현무(玄武)라 하여 이 4가지 조건이 구비된 곳이 제일 좋은 집터"라고 하면서 왼편에 물이 흐르고 앞쪽에 고인 물이 있는 못이 있으면 집터조건은 물론 생활에도 상당히 도움이 된다고 지적하고 있다.

그는 나아가 "모든 물은 집과 같아서 법칙(法則)에 의하여 복을 받게 되고 그 법대로 얻어지지 않으면 화를 당한다."라고 경고하고 "집 근처의 물은 해롭고 좀 떨어져 있는 곳이 좋다."고 하여 주택과 물과의 관계를 가르쳐 주고 있다. 도랑을 뚫고 우물을 파거나 우물을 고칠 때는 길일(吉日)을 택함이 좋다.

우물은 집의 앞뒤, 방앞, 대청 앞에 파는 것을 피하고 우물과 부엌이 서로 마주 보지 않게 한다.

남녀가 문란해지기 때문이다. 전원주택에서 우물을 팔 때 참조하기 바라며 도심의 주택에선 우물을 큰 수조나 어항으로 생각하면 된다. 우리가 존재하는 모든 공간은 각기 다른 기운(氣運)의 흐름이 있다는 것을 알 수 있다. 예를 들면 화장실 변기 뚜껑은 열어두면 좋지 않다고 한다.

<뚜껑을 덮어 우물의 냉기(冷氣)를 막음>

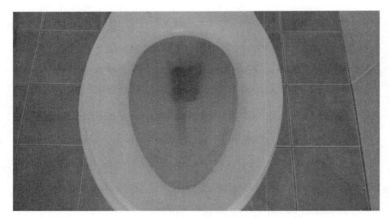

<빠져 나가는 물>

　풍수에서는 물은 재물이라고 본다. 물이 빠져 나가는 것을
보면 재물이 빠져 나가는 것처럼 여기기 때문에 변기의 물을
내릴 때는 반드시 변기뚜껑을 닫아 내려가는 물을 보지 않는게
좋다. 또한 화장실은 대부분 가족들의 씻는 공간도 되므로 변

기는 그 공간의 좋은 기운(氣運)이 빠져나가는 수구(水口:물이 빠져 나가는 출구)역할을 변기가 한다고도 볼 수가 있다. 미국, 캐나다, 유럽등 에서는 인테리어 풍수의 한 부분으로 중요시 여긴다고 한다.

앞서 언급하기를 물은 재물로 본다고 했는데 서울의 경우 한강의 물길을 기준으로 해서 구이동, 압구정동, 동부이천동은 한강물의 흐름이 환포(環抱:감싸주는 형상)하고 있는 금성수(金星水)로 계속적인 성장과 발전을 하고있는 곳으로 알려져 있으며 잠실동, 금오동, 반포동은 반궁수(反弓水: 물과 등지고 있는형상)로 돈이 모이지 않으니 발전이 늦다고 한다.

여기서 참고로 혈(穴:주택 또는 묘의 기운氣運의 중심점) 앞에 흐르는 길(吉)한 물의 흐름과 흉(凶)한 물의 흐름을 알아보자.

길(吉)한 물의 흐름은 *선저수 (「渚水: 혈 앞쪽에 자연스럽게 고인 연못이나 저수지를 말한다. 열에 아홉은 부귀하고 곡식이 창고에 가득하다.) *암공수(暗拱水:안산案山 너머의 큰 강으로 작은 안산에 가려서 혈穴에서는 보이지 않는다.

한강은 경복궁의 암공수에 해당하고, 강직한 성품에 부자가 되며, 식록과 오복을 갖추고 벼슬이 정승에 오르며 오래도록 번성한다.) *구곡수(九曲水:玄字처럼 근원을 알수없는 곳에서 구불구불 굽어 오니 벼슬이 높은 귀인이 나온다.

옛말에 구곡수이면 방위의 길흉을 논하지 않는다고 하였다.) *취면수(聚面水: 모든 물이 혈穴 앞쪽으로 모여들어 완만하게 흘러가면 자손의 부귀가 천추에 족足한다. 취면수는 산에선 보기가 어렵지만 도심의 사면이 맞닿는 도로에서 간혹 볼수가 있다. 반면 흉(凶)한 물의 흐름 중에서 *반궁수(反弓水:혈穴

을 외면하는 물로 가장 꺼린다.

　재물은 흩어지고 객지에서 나도는 신세가 되며 자손 중에 도적이 생긴다.) *견우수(牽牛水: 용호가 무정하게 물이 곧게 흘러 나간다. 인정과 재물은 모두 패한다. 재주는 있으나 곤고(困苦)하다.

　필자가 물을 다시 한 번 자세히 언급 한 것은 풍수(風水)는 자연현상을 연구하는 학문이며 그중에서도 물과 바람이 제일 중요한 요소이기 때문이다. *풍수지법 득수위상 장풍차지 風水之法 得水爲上 藏風次之 (풍수의 법에 물을 얻음이 첫째요 장풍의 보국은 다음이다.)

8) 고택에 숨겨진 건강의 비결

"제주도는 명당입니까"라는 질문을 받은 적이 있다. 제주도는 화산섬이라 생기가 왕성한 땅도 아니고 지맥이 대륙과 연결된 땅도 아니다. 물론 제주도 전체를 명당이라 단정할 수도 없으며, 땅의 길흉을 판단할 때는 독립된 크기로 구분해서 감결(勘決 · 잘 조사하여 결정함)해야만 정확한 판별을 할 수가 있다.

지기(地氣 · 땅의 기운)의 길흉을 판별키 위해 최소 범위의 구역으로 나누는데, 이것을 풍수에서는 국(局)이라 한다. 즉 자연은 무수히 많은 작은 땅이 모여 이루어진 것으로 국으로 갈라놓고 지기의 길흉을 판단해야 한다.

만일 창원시에 위치한 지기가 좋은 아파트를 매입하려면 '창원시가 명당'인지를 알려고 할 것이 아니라 주소지와 주변의 주어진 여건을 분석하면 길한 아파트를 매입할 수 있다.

그러나 주소지와 관계없이 산등성이에 위치한 아파트라면 맑은 공기와 조망권은 확보할 수 있지만 찬바람이 사방에서 불기 때문에 흉하며 특히 노인의 경우, 건강을 빨리 해칠 수 있다. '고택(옛집)'은 솟을대문과 쪽문이 있고 문간채(대문간 곁에 있는 집채)와 사랑채가 있으며 내외벽으로 연결된 중문을 통해 안채로 들어가는 구조가 가장 이상적이다.

또한 고택에서 중요한 우물의 위치는 사랑채의 뒤쪽이면서 안채의 부엌 주변이 적절한 배치라 할 수 있다. 솟을대문은 기(氣)가 드나드는 수구(水口)지만 수구는 작은 배 한 척이 드나들 정도로 좁아야 생기가 쉽게 빠져나갈 수 없기 때문에 평상시에는 쪽문을 사용함으로써 설기(泄氣·기운이 빠져나가서 날아감)를 막았다.

<학성 이씨 근재공 고택 사랑채 옆 중문>

<솟을대문>

공동주택(아파트 · 연립주택 등)이나 단독주택의 중문은 고택과 마찬가지로 현관문을 통해 들어오는 찬 기운을 막는 장풍의 역할을 한다.

중문을 들어서면 대체로 입구 좌우측에 방이 있는데, 고택으로 본다면 문간채로써 손님이 머무는 방이나 탈의실로 사용하는 것이 좋으며 안방은 고택의 안채와 같으므로 가장 안쪽에 배치하면 생기가 오랫동안 머물 수 있다.

화장실은 입구에서 약간 떨어져야 냉기를 피할 수 있으며 북향 화장실은 햇빛이 들지 않아서 몹시 춥고 습하여 건강을 해치기 쉽다. 일본의 경우, 간방(艮方 · 북동 방향)과 곤방(坤方 · 남서 방향)은 '귀신방위'라 하여 화장실과 주방을 두지 않는다. 간(艮)과 곤(坤)은 오행(五行)중에서 토(土)에 해당되며 '토극수(土剋水)'가 되어 물이 흘러가지 못하게 흙이 막음으로 인해 흉한 기운이 집안에 머물기 때문일 것이다.

한국의 현대주택과 고택, 그리고 일본의 주택을 살펴보면 풍수적인 사항들을 고려하여 배치한다는 것을 알 수가 있다. 최근에 대로변에 자리 잡은 미용실이 손님이 너무 없어서 점포를 감결한 적이 있다. 점포입구 바로 앞에는 버스 정류장이 있는데, 큰 나무와 전봇대 그리고 버스 정류장이 입구의 정면에서 점포입구를 막고 있으면 생기의 통로를 차단시켜 점포에 나쁜 영향을 미친다.

또한 대로변은 기운이 머물지 않는 곳으로 통행자가 목적지를 향해 스쳐지나가는 곳이다. 하지만 대로변이라 하더라도 점포 앞에 주차할 수 있는 넓은 공간이 있다면 여기(餘氣 · 남아 있는 기운)가 있는 전순(氈脣 · 산소 앞에 절을 하는 지점)에 해당하는 곳이므로 상관없다. 감결한 미용실은 전순이 없는 곳이어서 지나가는 사람이 쳐다보게 하기위해 입구 앞을 대단히 밝게 했고 눈에 띄는 돌출간판을 달게 했다.

점포내부에는 기존 걸려있는 그림 일부를 떼어내고 생기가 있는 그림을 걸게 했다. 점포 안의 가장 기운이 좋은 곳에 있는 의자를 지정하여 그 의자에 손님이 앉도록 유도하라고 했으며 나쁜 기운을 내뿜는 장식품들은 치워버렸다.

점포면적이 좁아서 효율적인 동선 확보에 어려움이 있었지만 최대한 생기를 품을 수 있도록 배치를 했다. 경남 양산의 모처에 위치한 사무실 임대차계약을 하기 전에 감결을 한 적이 있다. 사무실을 향해 구불구불하게 뻗어있는 작은 도로는 구곡수(九曲水)로서 구곡수가 있으면 갑작스러운 경사가 있으며 하는 일마다 어려움이 없다. 주산(主山)의 지맥에 순행하여 좌향(坐向)이 나 있으며 전순도 넓고 땅속의 기운도 길하여서 사업이 번창할 사무실이었다.

2. 아파트풍수

1) 실천하면 돈을 버는 아파트

경북 안동 하회마을의 벼랑바위인 부용대 건너편에 심어놓은 소나무숲(만송정·萬松亭)은 부용대 바위를 가리도록 심어놓은 것인데, 바위에서 나오는 살기(殺氣)를 막기 위해 불견(不見)처리를 한 것으로 이를 동수비보(洞藪裨補·나무를 심어 살기를 막음)라 한다. 경남 의령군에 위치한 구인회 회장 생가의 뒷마당에는 대나무가 무리를 이루어 멋지게 식재되어 있다.

대나무는 길목(吉木)으로 땅의 기운을 단단하게 하고 외부로부터 불어오는 미세먼지나 황사 등을 막아주는 비보(裨補·부족한 것을 채움)역할을 하기도 한다.

<구인회 회장 생가 뒷담 안쪽의 대나무>

전국을 다녀보면 큰 부잣집의 뒷산이나 뒷마당에 대체로 대나무가 식재되어 있는 것을 많이 볼 수 있는데, 부잣집과 대나무는 통계적 확률(경험적 확률)로 볼 때, 상당한 연관성이 있다고 여겨진다.

<창녕 석리 성씨 고가 뒷마당의 대나무>

생활 속의 풍수, 그 진리를 탐구하다

봉황(鳳凰)은 성스러운 전설의 새로서 수컷은 봉(鳳)이라 하고 암컷은 황(凰)이라고 한다. 봉황은 오동나무에 살면서 감천(甘泉)의 물을 마시고 대나무열매를 먹고 산다고 한다. 우리 선조들은 높은 관직에 오르고 큰 부자가 되기 위해 길조인 봉황과 항상 함께 하기를 원했다. 봉황을 머무르게 하려면 봉황의 먹이가 되는 대나무가 풍부해야만 한다. 그래서 행세깨나 하는 양반들이나 부잣집의 뒷산이나 뒷마당에 대나무를 의도적으로 많이 심어놓았는지도 모르겠다. 그러나 좋은 터를 얻으려면 오랫동안 좋은 일을 베풀거나 덕을 쌓아야 한다는 풍수의 가르침은 무시하고, 풍수의 조건만 갖추면 된다는 어리석은 생각 때문에 어쩌면 풍수가 미신으로 취급당하는 주된 원인이 되지는 않았을까 하는 의구심이 든다.

아파트 주변에 설치한 석축(石築)이나 토압력을 극복하여 흙이 무너지지 못하게 만든 벽체인 콘크리트옹벽은 거주자의 건강을 해치는 주범이므로 판벽시설(판자로 만든 벽의 시설)로 비보하는 것이 좋다. 아파트 단지 내에 설치한 연못은 살기를 막기도 하지만, 습하거나 냉한 곳이면 오히려 건강을 해칠 수 있다. 또한 동과 동 사이에 사나운 바람이 부는 곳에는 제법 큰 나무를 심어 흉풍을 막아야 한다.

아파트의 정문이 수구(水口·기운이 들어오고 나가는 곳)가 되며, 수구의 위치와 동·호수의 위치, 그리고 부속건물 등이 어느 곳에 위치하고 있는가에 따라 거주자의 건강 상태에 많은 영향을 끼친다. 정문의 경비실과 입구 양쪽에 해태상이나 돌사자상 등을 설치하면 자동차를 천천히 진입하게 할 수 있으며, 외부의 흉한 기운이 들어오는 것을 막는 역할을 할뿐만 아니라 수구막이 역할을 하여 단지 내에 생기를 오래 머물게 한다. 사찰의 출입구나 대웅전 입구 양옆에 해태상을 설치해둔 것도 그러한 맥락으로 보면 될 것이다.

<살기(殺氣) 제압용 해태상을 설치한 양산 통도사>

아파트의 동을 선택할 때는 도로가 환포(環抱), 즉 감싸고 있는 동을 선택하여야 하며, 주산(主山)에서부터 내려오는 용맥의 연장선상에 있는 동을 선택해야 한다. 또한 앞 발코니에서 볼 때, 전자파를 포함한 유해지자기파를 발산하는 건물 또는 시설이 있거나 사거리가 있으면 생기(生氣)가 흩어지거나 살기(殺氣)가 모여서 흉한 기운을 받게 된다. 이때는 동수비보의 일환으로 관엽식물을 두거나 커튼을 사용하여 흉한 기운을 막으면 된다. 현관바닥의 신발은 앞부분이 현관문을 향하게 하여 정돈을 해두면 문을 열 때 생기가 교란되지 않으며 신발 안쪽의 거북한 냄새도 줄일 수 있다.

입구에 관엽식물이나 꽃을 두는 것도 입구를 좁혀서 생기가 빠져나가는 것을 막으며, 입구에 거울을 설치하지 않도록 하거나 둥근 형상의 작은 거울을 설치하게 하는 것도 흉한 파(波)의 교란을 막기 위함이다.

거실의 소파는 다른 문제가 없다면 (氣)가 소통되는 수구인 현관문을 향하도록 하여 사람이 들어오거나 나가는 것을 볼 수 있도록 하는 것이 좋다. 만일 앞발코니의 전면에 안산이 있거나 건물이 있으면서 층수가 높아 그 뒤의 바다와 강이 보이면 조망은 좋을지 모르겠지만 정신적, 육체적 건강에는 해롭다.

방과 거실 등에서 잠이 잘 오지 않거나 공연히 화가 나고 우울하면 반드시 원인이 있으므로 자신을 탓하지 말고 주변 환경과 자신이 살고 있는 집의 길흉을 살펴볼 필요가 있다.

2) 막혔던 운을 트이게 하는 방법

논산시 상월면에 위치한 주곡마을은 마을로 들어서는 입구부터 예사롭지 않다. 대로(大路)를 꺾어 마을 가까이에 접어드는 길이 꽤 넓어서 마을의 생기(生氣)가 새는 것과 흉풍을 막기 위해 길 중앙에 큰 나무를 두었다.

<비보목(裨補木)>

길 양쪽에는 장승 여러 개를 새끼줄로 묶어 마을의 수호신으로 삼고 있으며, 여기에는 재미있는 일화가 있다.

연산 4년(1498)에 청주 양씨 9세손 첨정공(僉正公) 양춘건이 낙향해 마을의 안녕과 주민 화합을 도모하기 위해 마을 어귀에 장승들을 세워 두었다.

<마을 어귀 장승들>

<도로 우측 장승들>

<도로 좌측 장승들>

　이후 선조 25년(1592) 임진왜란이 발발하여 왜군이 마을을 야습했는데, 마을 어귀에 있는 장승들을 사람으로 오인하고 총을 아무리 쏴도 쓰러지지 않자 가까이 다가가 확인한 결과, 사람이 아닌 장승임을 알고 마을로 쳐들어갔으나 주민들은 이미 총소리에 피신을 하고난 후여서 모두 무사했다고 한다.

　이를 계기로 선조 32년(1599) 전쟁이 끝난 후 문무백관에게 "장승을 마을의 수호신으로 위하라"는 어명을 내려 오늘날까지 전국 각 지역의 마을 어귀에 장승을 세워 마을을 지키는 비보물(裨補物·흉한 기운을 막는 물체)로 쓰고 있다.

　생기가 뭉쳐진 곳에는 인물이 나게 마련이다. 주곡마을에는 조선시대 이삼 장군의 고택(현 백일헌 종택)이 있다.

<백일헌 종택>

훈련대장으로 영조 3년(1727) 이인좌의 난을 평정한 공으로 영조에게 하사받은 가옥이다. 'ㄷ'자형의 안채와 'ㄴ'자형의 사랑채가 이어져 집 전체가 'ㅁ'자형의 형태를 이루고 있으며 사랑채와 안채 모두 민도리(기둥이 직접 보를 받도록 한 목조 구조)집이다. 'ㅁ'자형의 구조는 사방의 흉풍과 살기(殺氣)를 막을 수 있으며, 안산(案山·앞산)은 잠두형(蠶頭形·누에머리 형상)으로 누에는 뽕잎을 먹고 실을 생산하기 때문에 재물 복이 많음을 의미한다.

단정한 봉우리에서 이어져 '산줄기 끝의 평탄한 곳에 위치한 집'으로 음택(무덤)보다 양택(주택을 포함한 건물)으로 더 알맞은 터이며, 구불구불한 마을길은 생기가 새지 않도록 하고 있다.

<솟을대문 너머 잠두형(蠶頭形) 안산(案山)>

<교통섬>

만일 아파트 정문에서 외부로 연결된 도로가 일직선으로 길
게 뻗어있는 것이 보이면 '생기가 새는 아파트'이므로 '교통섬'
을 조성해 생기 이탈도 막고 보행자의 안전도 확보하는 것이

생활 속의 풍수, 그 진리를 탐구하다

좋다.

정문이 그리 넓지 않다면 정문 양옆에 나무를 심거나 상징적인 비보물(사자상, 해태상, 석장승, 돌하르방 등)을 설치해 흉풍과 흉살의 진입을 차폐시킴과 동시에 친환경 아파트임을 홍보하는 것도 좋은 방법이다. 단독주택의 경우, 마당에 나무를 심으려면 건물과 최소 15m 이상 떨어져야 지기(地氣)의 손상을 막을 수 있다. 통상 나무가 성장하는 평균 높이를 15m 정도로 보며 뿌리 또한 15m 정도까지 뻗기 때문이다.

만일 자신의 사주(四柱·팔자)에서 나무가 부족하면 마당에 나무를 심거나 관엽식물을 실내에 키우는 것이 좋으며, 물이 부족하면 어항을 두거나 입구에 물확이나 연못을 조성하면 막혔던 운이 트이게 된다. 사자상과 해태상은 무덤에도 비보물로 많이 쓰이고 있다. 터의 어느 방향에서 흉한 바람이 무덤으로 분다면 그 위치에 이러한 석물을 둠으로써 '바람길'을 바꾸어 무덤속의 시신(屍身)을 보호할 수 있다.

매장(埋葬)보다 화장(火葬)이 대세이긴 하지만, 아직도 후손 발복을 위해 매장을 원하는 경우가 종종 있는 것이 사실이다. 김해시 모처에 가묘(살아있을 때 미리 조성한 묘)라고도 하는 '신후지지(身後之地)' 터를 감정한 적이 있다.

일반인이 묏자리를 잡을 때, 주변에 무덤이 많이 있거나 주변보다 볼록한 산줄기의 중심 부분에 해당하는 곳이면 적어도 후회는 없을 것이다. 그러나 일맥일혈(一脈一穴·하나의 산줄기에는 혈이 하나만 존재함)이므로 혈(穴)이 아닌 자리는 생기를 약간 받는 것으로 만족할 수밖에 없다.

의뢰인의 터는 산줄기 끝의 평탄한 곳에 있어서 무해지지(나쁘지도 좋지도 않은 보통의 땅)였다. 같은 산줄기의 '좋은 자리'는 이미 묘가 있었는데, 그 후손들은 모두 잘 돼 있다고 한다. 무해지지의 터는 나쁜 터가 아니지만, 터 바로 앞의 고속도로로 인한 압혈(壓穴 · 혈을 압박함)과 달리는 차량의 흉풍과 소음은 터를 훼손시킬 것이다.

3) 길흉화복의 조건

당나라 때에 증문천이 제자 황공(黃公)에게 말하기를 "때로는 거스르는 물이 있고, 때로는 물과 산의 흐름이 자연스러운 것도 있는데, 각각 곡식 창고 모양의 산, 재물 곳간 모양의 산, 재물을 주관하는 산, 벼슬을 주관하는 산 등이 있어야 하며, 혈처 앞에 안산(案山). 조산(朝山)들이 분명하게 응대하고 있어서, 각자 마땅히 있어야 할 곳에 있어야한다"고 가르쳤다.

황공은 요금정에게, "무릇 용(龍)을 찾음에 있어서, 때로는 벌의 허리(蜂腰)와 말의 목(馬領)같은 모습, 크게 엎드렸다가 살짝 일어나는 듯(大頓小起)이 하고 있는 모습, 휘감아 도는 빼어난 물은 진룡을 분별해주는 것인바, 그 달려오는 산능선의 모습을 자세히 살펴보아 진룡을 찾아냈을 때, 비로소 부귀의 땅이 된다"고 가르쳤다. (호순신 지리신법 · 김두규 역해)

그러나 가장 중요한 것은, 혈을 형성하게 하는 주산(主山)에서 뻗어 내려온 용의 진위 여부를 정확히 판별하는 것이다. 그 외에 갖추어진 모든 것은 진룡인 경우에 한하여 논해야만 한다. 얼마 전 모처에서 아파트를 계약하기 위해 계약금을 은행에서 찾아와 마지막으로 풍수를 보고 계약하려던 의뢰인의 급한 연락을 받고, 하던 일을 대충 마무리한 후 현장을 방문한 적이 있었다.

의뢰인은 이미 마음을 결정했으니 얼마나 좋은지만 말해달라고 재촉해서 필자 또한 좋은 말만 할 생각으로 감결을 했는데, 아뿔싸! 몇 가지 심각한 문제가 발견되었다. 그래서 계약을 포기하라고 단호히 말하자, 화까지 내면서 그 이유를 설명해

달라고 채근을 하였다. 첫째, 그 건물은 앞 베란다를 남향으로 할 목적으로 산을 향해 지맥을 역행하여 건축함으로써, 불행을 자초하고 말았다. 건물은 반드시 지맥을 따라 지어야만 자연의 순리에 따르게 되는 것으로써, 이를 두고 '지리지여물리(地理之與物理 · 지리는 물리와 같은 것이다.)'라고 하는 것이다.

둘째, 배산임수와 전저후고의 기본을 전혀 고려하지 않은 점이었다. 셋째, 계곡의 가운데에 있음으로 인해 항상 음기가 가득한 곳이었다. 넷째, 안산(案山 · 혈 앞에 있는 산)과 건물의 거리가 너무 협착하여 거주자의 가슴을 답답하게 하는 곳이었다.

필자의 설명을 들은 의뢰인은 아쉽지만 계약을 포기하고 다른 곳을 찾겠다고 했다. 최근에 자식들을 출가시킨 부부가 전원주택을 구해서 출 · 퇴근을 할 요량으로 보아둔 마당이 꽤 넓은 촌집과 시골에 건축한 빌라의 감결을 최근에 의뢰받은 적이 있었다.

마당이 넓은 촌집은 대문을 들어서자 흙도 축축하였고 주변 공기도 습기가 많았는데, 일반인들은 식별이 어렵겠지만 이런 곳은 대체로 계곡사이에 위치하고 있기 때문에 발생하는 현상이다. 또한 끊임없이 계곡풍이 부는 지점이기 때문에 바람맞는 집으로 거주자의 건강을 해치는 집이므로 매우 흉하다.

주산을 비롯하여 청룡 · 백호 · 안산 · 조산 등의 사격(沙格)을 볼 것도 없이 흉한 '터'임을 말해주고 곧장 나와 버렸다. 다음으로 본 빌라의 경우는 예상을 뛰어넘는 생기가 넘치는 터에 지어져 있었다. 우선 빌라 뒤쪽의 주산은 '주산봉지원미, 복록겸이장수(主山峯之圓美, 福祿兼而長壽 · 주산의 봉우리가 둥글고 아름다우면 복록과 장수를 겸할 것이다)'라 하여 복을 주는 길한 산이었다. 좌·우측의 청룡과 백호는 의뢰인의 집을 감싸고 있어서 좋은 기운이 흐르는 생기터이며, 빌라 앞의 안산은 유정하였고 玄字처럼 구불구불 굽어 오는 구곡수(九曲水)가 있었는데, 구곡수는 벼슬이 높은 귀인이 배출되거나 뜻하지 않은 행운이 오는 길수로 여긴다. 따라서 해당 빌라는 풍수적으로 길한 집임을 최종 결론지어 주었다. 오랜 경험에 비추어 볼 때, 산도 좋고 물도 좋으며 원하는 모든 것을 다 갖춘 곳은 없다.

하지만 공장 터나 집터 등을 구할 경우 자칫 흉한 터를 구입해서 낭패를 본다면 그야말로 인패와 재패로 이어질 것이다. 좋은 터의 선택은 자연현상에서 흉한 곳은 피하거나 차폐를 하여 사전에 불운을 막자는데 그 의의가 있다. 이른바 '탈신공개천명(奪神功改天命·하늘이 내게 주신 운명을 바꾸어 봄)'을 위해 자연이 가진 무한한 에너지를 탈취하자는 것이다.

<골이 많아 계곡풍이 심한 곳>

4) 놀라운 기운의 아파트1

아파트 단지에 담이 둘러쳐 있으면 외부에서 불어오는 바람(殺風)을 막고, 단지를 둘러싼 청룡과 백호의 역할이 되어 기를 보호한다. 나아가 도로에서 들어오는 소음, 먼지, 오염물질 등을 차단하는 효과도 있다. 그러나 담장높이가 1.5m를 넘으면 아무리 높게 쌓아도 더 이상의 좋은 효과는 없으며 일조량과 통풍만 나빠지게 된다.

따라서 아파트 시공 시에는 반드시 밀폐형 담장을 설치해야 하고, 만약 담에 구멍이 났거나 허물어지면 그 쪽을 통해 바람이 세차게 불어와 단지 내의 생기를 흩어지게 한다. 아파트 동의 배치는 생기(生氣)와 살기(殺氣)유입을 결정하는 중요한 기준이 되는데, 동의 배치가 <日 目> 형태는 눈을 뜨고 해를 바라보는 형국이라, 건강과 사업 운이 좋지 않게 된다. <明>자 배치가 길하며 <尸 月> 형태는 달빛아래에 사람이 죽은 형태로 끔찍한 일이 일어날 수 있다.

대단위 아파트단지의 동의 형태 중에서 <用> 자형을 가장 이상적인 건물배치로 보는데, 생기의 흐름이 단지내부로 끊임없이 들어오기 때문이다. 정문의 진입로는 미로 같지 않으면서 완만한 곡선을 이룬 길이어야 좋다. 그러나 올가미 형태의 도로에 둘러싸인 건물, T자형 길의 끝에 위치한 건물, Y자 형의 두 팔에 둘러싸여 조여드는 형상의 땅에 위치한 건물은 피해야 한다.

단지 내의 도로유형은 어느 아파트 동을 선택하느냐에 중대한 영향을 미친다. 풍수에서 도로는 물이며, 물은 곧 재물이라고 하는 것은 도로를 잘 살펴서 동을 선택해야만 재물과 행운을 가져다준다는 뜻이다. 특히 여러 채의 건물로 나누어진 아파트 단지의 경우에는 더욱 더 중요하며, 대로와 가까워 교통량이 많은 곳에 인접한 동은 소음과 진동 그리고 공해 등의 살기에 노출되어 입지가 대단히 불리한 곳이 된다.

정문에서 조금 들어와서 환포된 도로에 속한 동은 살기로부터 보호를 받으며, 하는 일도 대체로 잘 풀리며, 구부러지는 길의 바깥쪽인 반궁수 도로에 속한 동은 흉한 압박을 받고 동시에 급하게 굽은 길로 인해 발생하는 도로살을 받아 흉하다.

정문에서 떨어져 있고 완만한 곡선 도로 내에 속해있으면서, 교통량이 적고 본인이 거주하는 동의 좌우에 청룡의 역할을 하는 동과 백호의 역할을 하는 동이 있으면 가장 이상적인 동이라고 보면 된다.

<좌측과 우측에 동이 있는 이상적인 중간동>

땅은 하나의 커다란 자석으로 지표면에서 가장 자성이 강하

다. 따라서 오랜 세월동안 땅을 밟고 생활한 인간은 유전적으로 지기에 적응하는 체질을 가지고 있다. 고층의 콘크리트 건물에 살면 지기를 정상적으로 전달받기 어려운데, 현대인에게 나타나는 여러 성인병 즉 어깨와 등, 목덜미의 뻣뻣함, 요통, 가슴의 통증, 두통, 불면증, 습관성 변비와 같은 질병과 직접적인 연관성이 있다. 풍수적으로 땅의 기운을 받을 수 있는 적정한 높이는 바닥과 천장 사이의 높이에 따라 차이는 있지만 6~7층 이하로 보면 된다.

만일 고층(8층 이상)에 거주하는 경우 지기를 보충하는 방법은 집안에서 키우는 화초의 화분흙을 생토로 화분갈이를 해주면 생기가 북돋워져 지기가 보충이 되어 쇠약했던 아파트가 건강한 공간으로 변하게 된다. 또한 베란다의 양지바른 쪽에 합판이나 스티로폼박스 등을 이용해 화단을 만들고, 생토를 채워서 야생화나 채소류를 키우면 지기가 보충되어 생기가 충만한 집이 된다. 단지 내에서 흉한 공간이 있는 곳은 비보풍수의 일환으로 조경수를 식재하거나, 생태적 동산을 조성하여 흉한 기운을 차폐시키도록 해야 한다. 아파트의 현관은 밝고 깨끗해야 복이 들어오며, 현관문은 안쪽으로 열리도록 해야 집 내부의 노출이 안 되며 비상시에도 대처가 용이하다.

현관과 일직선상의 침실과 화장실은 흉하며, 현관에 거울은 작은 것이 길하며 양쪽 옆에 작은 화분을 두면 좋다. 발코니 확장을 하는 경우에는 천장 높이와 바닥 높이를 층이 지지 않도록 한다. 집안에 노출된 콘크리트구조물은 반드시 천으로 가려야 하며, 베란다를 통해 시야가 완전히 트인 곳은 고독감과 우울증에 사로잡힐 수 있으니 거실과 베란다 사이는 커튼을 달고 관엽식물로 베란다의 중간부분을 가리도록 한다.

생활 속의 풍수, 그 진리를 탐구하다

5) 놀라운 기운의 아파트2

아파트가 같은 층이라 해도 과거에 산등성이었는지, 계곡이었는지, 평야였는지는 반드시 확인할 필요가 있다. 고층이라 해도 산등성이와 계곡과 평야는 실제높이의 차이가 현저히 나기 때문에 산등성이와 계곡이었던 곳보다는 평야였던 곳이 가장 좋다.

아파트 한 개 층의 바닥에서 천정까지의 높이는 2.2m~2.3m인데, 나무가 지기(地氣)를 가장 많이 받을 수 있는 최대의 높이가 15m~16m 정도 된다. 따라서 7층까지가 지기를 가장 많이 받을 수 있는 아파트의 층으로 보면 된다. 하지만 현실은 조망권이 좋고, 높은 층일수록 가격이 더 비싸기 때문에 풍수적인 측면의 거주자 건강과 개운(開運)이 현실적인 선호도와는 다를 수가 있다.

아파트의 앞쪽 발코니에서 넓은 바다나 강 등이 보이면 거주자의 몸을 무방비 상태로 살기(殺氣)와 흉풍(凶風)에 노출시키는 것이다. 설사 답답하더라도 앞에 다른 동(棟)이 있으면 그 동이 안산(案山·무덤의 앞에 있는 산)역할을 하게 됨으로써 거주자를 보호해준다. 같은 동이라도 거주자의 아파트 양옆에 다른 호(號)가 있거나 다른 동이 좌측과 우측에 있다면 좌청룡과 우백호로서 흉살과 흉풍을 차폐시켜 보호를 해주게 된다.

가장 좋은 동은 'ㄷ'자의 형태이면서 중앙에 위치한 동이다.

언젠가 높이가 같은 층인데, 어떤 아파트는 너무 높다고 하고 어떤 아파트는 보통의 높이라서 괜찮다고 했을 때 모 의뢰

의뢰인이 그렇게 감정하는 이유를 물은 적이 있었다. 왜냐하면 같은 고층인 경우, 해발고도(海拔高度)가 낮고 평야였던 땅과 그렇지 않은 땅은 동일한 층이라 하더라도 실질적인 높이에 있어서는 차이가 많이 나기 때문이다.

부산 모처에 위치한 아파트의 길흉에 대해 감결(勘決·잘 분석하여 판단함)한 적이 있었다. 시어머니가 며느리의 박사학위를 받을 수 있는 소위 '명당'에 해당하는 아파트인지를 의뢰하였는데, 고부(姑婦)간의 따뜻한 정을 느낄 수 있었다. 집안에 들어서니 편안하고 아늑한 느낌(인간의 동물적 감각)이 들어서 1차는 합격이었다. 2차 감결은 땅속의 기운인 지기(地氣)와 땅위의 기운인 집주변과 집안의 기운을 판단하는 것이다.

땅속에서 올라오는 흉한 파(波)는 안방의 일부를 제외하고는 없었으므로 부부의 잠을 자는 방을 바꾸고 침대의 위치와 방향을 정해주었다. 아파트내의 도로는 감결하는 동을 환포(環抱)하고 있어서 '생기가 넘치는 터'였으며 좌.우측에 다른 동이 있어서 바람살을 막아주었다. 특히 낙동강이 앞에 있지만 앞에 위치한 동에 의해 가려져 있었는데, 이렇게 가려진 물을 암공수(暗拱水)라 하여 '강직한 성품에 부자가 되며, 식록과 오복을 갖추고 벼슬이 정승에 이르며 오래도록 번성하는 길한 물'로 본다.

간혹 기(氣)의 감각이 둔한 사람은 흉한 파동(波動)에 노출되어도 전혀 느끼지 못하다가 어느 날 갑자기 무릎과 어깨, 그리고 머리의 통증을 호소하거나 쓰러져서 반신불수가 되는 경우가 있으므로 항상 작은 조짐에도 신경을 써야만 한다. 양산 모처에 위치한 아파트를 감결하기 위해 입구 가까이에 도착했는데, 아파트에서 약간 거리가 있는 뒤쪽의 주산(主山)이 밝으면서도 날카로운 각이 전혀 없는 네모난 형상의 돌들이 박혀 있었다. 소위 '기도발'이 받는 진산(鎭山·도읍지나 각 고을에서 그곳을 진호하는 주산으로 정하여 제사하던 산)이라 할 만한 주산이었다. 조선시대에는 진산으로 동쪽의 금강산, 남쪽의 지리산, 서쪽의 묘향산, 북쪽의 백두산, 중심의 삼각산을 오악(五嶽)이라 하여 주산으로 삼았다.

아무튼 아파트와 그리 가깝지 않으면서도 든든하게 아파트를 받쳐주는 뒤쪽에 위치하여서 살기와 흉풍을 막아주고, 근본이 되는 정기를 연결하는 용맥(龍脈)이 뻗어있으며 양명한 돌로 인해 '생기를 지속적으로 뿜어주는 산'이었다. 감결하려는 동(棟)의 좌우측에 있는 동이 청룡과 백호의 역할을 하고 있으며 앞면에 있는 동은 안산으로 살기를 막아주고 있었다. 하지만 앞면에 있는 동과 동사이의 간격이 좁아서 요풍(凹風)이 강하게 불기 때문에 발코니에는 관엽식물을 나란히 두어 안산의 역할을 하게하고 커튼을 설치하도록 조언했다.

6) 福을 부르는 건강 아파트 조건

노만 포스터는 홍콩 상하이은행본점을 풍수원리를 도입하여 설계한 영국의 건축가다. 도널드 트럼프는 뉴욕의 거대한 리버사이드 사우스 프로젝트를 풍수이론에 따라 추진한 미국의 부동산 개발업자다. 그들은 무슨 까닭으로 최첨단 건물에 풍수의 원리를 근간으로 하여 설계하고 건축한 것일까. 미국 캘리포니아공대의 커시빙크박사는 1992년 인간의 뇌 속에는 자철광물질이 들어있어 자기장을 감지하는 능력이 있다고 했다.

미국 육군의 신물질 개발국 고문이자 생물물리학자인 하발리크(E · Havalik)박사는 "인체는 10억분의 1 가우스(Gauss)의 미세한 자기장에도 반응 한다"고 했다. 또한 인간의 뇌 속에는 70억 개의 자철광 결정이 있다고 하였는데, 이 말인즉슨 사람은 기감(氣感)에 대한 정도의 차이는 있지만 외부의 기(氣)를 느낄 수가 있다는 뜻이다.

땅이나 집을 구입하고자 할 때, 먼저 30분정도 바닥에 앉아 동 · 서 · 남 · 북의 방향을 보면서 포근하게 다가오는 느낌이 드는지, 아니면 거부감이 와서 빨리 그 곳을 떠나고 싶은지 인체를 통해, 정확히 말하면 뇌를 통해 느껴보기를 바란다. 물론 기감이 약한 사람은 느낌이 없을 수도 있지만, 2~3일 정도 그 곳에 가서 편안한 마음으로 정신을 집중하면 대부분 느낄 수가 있다.

'지처은복, 무유거의'(止處隱伏, 無有去意 · 머무는 것은 기운이 차분히 엎드려서 가고자 하는 의사가 없어야 한다)란 글귀는 땅과 집 등은 생기(生氣)가 머물고 있어야 거주자에게 복을 주며, 만일 설기(洩氣·생기가 새어나감)된다면 화가 닥침을 암시한다. 생기가 머물면 거주자에게 복을 주지만 살기(殺氣)가 머물면 재앙(災殃)을 맞게 된다.

아파트 매매계약을 하기 전에 그 집에 가서 좋은 기운이 충만한지를 확인해보고, 이전에 살았던 사람이 잘 되어서 더 좋은 곳으로 이사를 갔는지도 탐문 조사를 통해 알아볼 필요가 있다.

한편 일차적인 기운은 외부에서 현관문과 베란다의 창문을 통해 거실로 들어와서 최종적으로 사람의 코와 입으로 들어간다. 생기가 들어오면 방문을 열어두는 것이 좋으며, 좋지 않은 기운이 들어오는 경우에는 방문을 닫고 생활하는 것이 좋다.

이차적인 기운은 아파트 내부에서 발생하는 기운으로 생기와 살기를 명확히 감결하여 살기는 비보(裨補)를 하면 된다. 아파트는 신발장의 내부도 깨끗하고 정리정돈이 잘 되어있어야 하지만, 바닥의 신발정리가 더 중요하며 출입구의 생기가 꼬이지 않게 하는 비보책(裨補策)이다.

우주의 기운은 흐트러지거나 어지럽거나 균형과 조화를 깨트리는 것이 있으면 흉한 살기로 변하게 되지만, 조화로운 기운은 생체리듬과 잘 어울리면서 거주자에게 무한한 복을 준다. 그러므로 집안의 전화선이나 꼬여있는 나뭇가지 등은 기운을 흩어지게 하거나 꼬이게 하는 원인이 되므로 주의해야 한다.

간혹 자녀가 군대나 유학 등을 가면 빈방이 생기는데 집안의 비어있는 방은 음기(陰氣)가 생기기 때문에 하루에 한두 번정도 반드시 드나들면서 음기, 즉 습한 기운이 생기지 않도록 해야 한다. 특히 베란다는 우리 몸에 유해한 파(波)가 많이 발생하는 곳이므로 앞 베란다를 거실과 방으로 확장하는 것은 대단히 흉하다. 실제 우리 주변에는 확장한 곳을 유모차에 아기를 실은 채 재우거나 놀이공간을 만들어서 아이들을 상시 놀게 하거나 차를 마시는 공간으로 활용하거나 심지어 개집을 두어 개를 키우는 곳으로 사용하는 경우를 종종 볼 수 있는데, 하지 말아야 한다.

확장한 장소는 관엽식물이나 가구 또는 장식용품 등을 두는 장소로 활용하기를 권유한다. 확장한 곳의 천장과 바닥의 턱은 바람길을 틀게 하여 기운을 흐트러지게 하기 때문에 턱을 주지 말고 평평하게 하는 것이 좋다.

폐암을 유발하는 1급 발암물질인 라돈은 다른 계절보다 실내·외 기온차이가 큰 겨울에는 쉽게 집안으로 침투하기 때문에 전문가들은 라돈 피해를 줄일 수 있는 가장 효과적이고 손쉬운 방법은 '환기'라고 말을 한다. 라돈은 창문을 닫고 5시간 정도 지나면 고농도로 높아지지만 자기전과 일어나서 즉시 환기시키면 농도를 크게 줄여 피해가 거의 없도록 할 수 있다.

3. 단독주택풍수

1) 집 뒤로 이동하여 신축하면 우환이 들까?

산을 접하고 있는 집은 배산임수(背山臨水·산을 등지고 물을 바라보는 지세)가 가장 이상적이다. 간혹 남향으로 집을 앉히기 위해 산을 바라보고 지은 집이 있다. 이러한 집은 지맥(地脈)에 역행할 뿐만 아니라 밤에는 계곡 바람을 정면으로 받기 때문에 건강을 해치게 된다.

지맥에 역행한다는 것은 산등성이는 높은 곳에서 낮은 곳으로 내려오며 물 또한 그러한데, 자연의 흐름을 거스름으로 인해 생기(生氣)가 흩어지고 음습한 기운이 모이는 곳으로 된다는 뜻이다. 계곡의 연장이 되는 드러난 하천이나 복개를 해서 도로로 사용하는 하천의 연장선에 집을 지으면 음기(陰氣)가 항상 감돌아서 거주자의 건강이 서서히 나빠지게 된다. 또한 산등성이 위에 집을 지으면 자칫 흉한 파에 노출되기 쉽다.

따라서 산등성이가 끝나는 평지에 가까운 곳을 택해 거주하고 집 앞(마당 포함)은 산소 앞의 절을 하는 자리에 해당하는 곳인 전순(氈脣)으로 넓을수록 좋다. 집 앞에 하천이 있으면서 전순에 해당하는 부분이 너무 좁으면 냉한 기운이 집안에 항시 머물게 된다. 대체로 나이가 지긋한 사람들은 '현재 위치한 집을 허물고 집 뒤쪽으로 이동하여 짓는 것'을 단호히 반대한다.

그들은 현재 집의 위치에서 집 뒤쪽으로 이동하여 지으면 건강을 해치거나 재물을 잃거나 자손이 잘 되지 않는다는 막연한 불안감이 관습(오랫동안 지켜 내려와 널리 인정하는 풍습)으로 굳어져 있다. 하지만 집 뒤쪽으로 물러나 새 집을 짓는다고 해서 반드시 우환이 생기는 것은 아니다. 그러나 현 위치에 있는 집 뒤로 물러나서 지을 때는 '터의 길흉'을 살피고 '산등성이와 계곡의 형상에 대한 길흉'을 파악한 후 결정하는 것이 좋다.

또한 집 뒤의 공간은 배수로를 내고 물이 중앙에 고이지 않도록 물매(수평을 기준으로 한 경사도)를 주며 잔디를 심거나 뿌리 짧은 나무를 심으면 지기를 북돋우거나 회복시킬 수가 있다. 터의 용도는 음택(陰宅·무덤)과 양택(陽宅·산 사람이 생활하는 곳이나 집)으로 분류하고 양택은 주택지, 기도원부지, 암자부지, 요양원부지, 공장부지 등으로 나누며 각각의 용도에 맞는 '터의 선정'은 대단히 중요하다.

'집 뒤쪽에 대나무가 있으면 흉사(凶事)가 생긴다.'고 믿는 사람들이 의외로 많다. 필자 또한 그러한 질문을 종종 받곤 한다. 한국에서는 봉황을 신조(神鳥)라 여겨 신성시해 왔으며 머리는 태양, 등은 달, 날개는 바람, 꼬리는 나무와 꽃, 다리는 대지에 해당한다 하여 우주를 상징하기도 한다.

봉황은 오동나무에 둥지를 틀고 '대나무의 열매'를 먹는다고 전해진다. 대나무는 상서로운 나무로 집 뒤쪽이나 옆면과 앞면에 있으면 경사가 겹치며 재물을 가져다준다. 간혹 시골이나 교외에 주택을 짓거나 전망을 가리거나 바람이 세차게 불면 음산한 소리로 여겨 잘라버리는 곳을 볼 수가 있다.

들어오는 복을 차버리는 어리석은 행위를 볼 때면 안타까울 따름이다. 대나무는 곧게 자라며 항상 푸름을 유지하는 특성과 흔들려도 부러지지 않기 때문에 '절개와 지조'를 상징한다.

마당에는 '부귀와 생명의 찬양'을 뜻하는 모란을 심으면 좋다. 복숭아나무는 '이상세계의 상징'이며 소나무는 '모든 생명의 상징'이다. 하지만 복숭아나무는 털이 날리고 귀신(조상신)을 쫓는 나무라 여겨 집 바깥에 심는 것이 좋으며, 소나무는 길목(吉木)으로 집과 일정한 거리를 두고 집안에 심으면 행운을 가져다준다.

<지기(地氣)를 보호하기 위해 거리를 두고 심은 소나무>

함안 모처에 산을 매입하여 필지 분할을 하고 도로와 석축, 하수도 등의 기반시설을 설치한 후, 매도하는 전원주택 터 중에 가장 좋은 터를 선택하고자 감결을 의뢰했다. 산을 분할한 주택지는 대개 석축을 쌓을 수밖에 없는데, 석축이 주택에 너무 가까이 있으면 안 되며 형상이 날카롭거나 틈새가 있으면 거주자에게 해를 끼칠 수 있다.

계곡에 가까운 곳보다는 산줄기의 중심에 해당하는 필지를 선택하는 것이 좋지만 땅속의 흉한 파(破)가 나오는 곳은 피해야 한다. 또한 도로를 환포(環抱 · 사방으로 둘러쌈)한 터를 선택해야 생기가 달아나지 않고 모이게 된다. 좌 · 우측의 산과 앞산이 너무 높으면 압혈(壓穴 · 집의 기운을 눌림)을 가하므로 적정한 높이의 터를 선택해야 한다. 기본이 되는 이러한 점과 상세한 부분까지 고려하여 필지를 선택해 주었다.

<석산과 석축의 냉기(冷氣)를 차폐시켜야 함>

2) 건물이 몸살하면 돈이 나간다

아파트와 같은 공동주택이나 단독(전원)주택, 공공기관 등의 건물형상이 하부보다 상부가 더 넓은 가분수형이거나 쌍둥이 건물이 서로 외면한 형태이거나 날카로운 각이 많은 기형적인 건물은 풍수적으로 흉하다. 불안하게 보이거나 기이한 형태의 건물은 예술성을 띤 건물로 인정받을지는 몰라도 그 속에서 생활하다보면 좋은 컨디션을 유지할 수 없는 경우가 종종 있다.

예를 들면 '서울시청'은 마치 쓰나미가 몰려오는 것 같은 느낌을 주며, '서울중앙우체국'은 한 건물을 도끼로 쪼개놓은 형상처럼 보이며 건물과 건물 사이의 틈새로는 흉풍이 치는데, 마치 형제끼리 반목하여 등을 돌린 듯한 느낌을 준다.

'용산구청사'는 상부가 넓은 가분수형으로 보는 이가 불안할 뿐만 아니라 위에서 아래로 누르는 형상이어서 직원과 민원인에게 나쁜 기운이 미칠 수도 있겠다. 최근에 본 건물 중에서 가분수형으로 리모델링을 한 '동사무소'가 있는데, 활짝 웃으며 반가이 맞이하진 않더라도 미소를 띤 직원을 본적이 별로 없기에 압혈(壓穴 · 건물이 생기를 누름)의 영향이 아닐까하는 생뚱맞은 생각을 한 적이 있다.

집이 기울면 사람의 마음도 기울고 집이 어수선하면 사람의 마음도 불안해지고 집에 요철이 많으면 구설이 끊이질 않고 뾰족한 형상의 물건이 많으면 사람도 예민해져 신경질적인 성격으로 변하게 된다. 집을 포함한 건물은 인간과 함께 조화로울 때, 가치가 있으므로 항상 쓸고 닦으며 정리정돈을 잘 해야 그

곳에 사는 사람들의 하는 일도 잘 풀리며 마음의 안정 또한 얻게 된다. 간혹 건물 주인이 세를 주면서 임차인에게 못질은 되도록 하지 말 것을 요구하면 기분나빠할 것이 아니라 집에 상처를 주지 않음으로 인해 거주자(임차인)의 건강과 복을 누리는데 일조(一助)를 한다고 생각하는 것이 바람직하다.

<가분수 건물>

마당에 큰 돌을 많이 두거나 큰 나무를 많이 심거나 큰 대문을 설치하거나 담장이 너무 높거나 뾰족한 형상의 물체를 박아두면 땅이 몸살을 하듯이 집안에 가구들이 심할 정도로 어지럽게 놓여있거나 못을 많이 박거나 환기를 잘 시키지 않으면 집도 시름시름 앓게 되며 그것은 곧 거주자의 건강을 해치게 되는 원인이 된다. 아파트 현관문 손잡이에 우유, 요구르트, 신문 등을 넣을 수 있도록 헝겊 주머니나 비닐봉지를 걸어두면 마치 동냥주머니와 같아서 점차 가세가 빈곤해지므로 문 옆에 작은 나무상자를 두어 넣도록 하는 것이 좋다. 현관문에 광고 전단이 덕지덕지 붙어있거나 얼룩 등으로 인해 현관문이 지저분하면 "내 집은 어수선합니다."라고 동네방네 떠들고 다니는 것과 같다. 쓰지 않는 신발은 신발장에 넣고 바닥에 둔 신발은 신발코가 현관문을 향하도록 하여 가지런히 정돈하며 우산은 완전히 말린 후에 보관해야 한다. 방문과 방문이 서로 마주 보고 있다면 문설주 상단에서 1/3정도의 길이로 방문 가리개 커튼을 설치하는 것도 좋은 방법이다. 숙면을 취하지 못하고 방에서 거실로, 거실에서 방으로 옮겨 다니면서 잠을 설치는 경우에는 방에서 동서남북의 각 방향으로 머리를 두어 잤을 때, 가장 편하게 느끼는 방향으로 머리를 두고 자면 된다.

　필자는 '풍수설계'를 할 때, 실내 통풍을 대단히 중요시 여긴다. 바람이 들어오는 창문과 나가는 창문을 마주 보거나 대각선 방향으로 두어 원만한 통풍으로 환기가 잘 될 수 있도록 해야 한다. 실내 통풍이 되지 않아서 환기가 불량하면 음기(陰氣)가 가득 찬 흉가가 된다. 아파트는 거실 바닥과 벽을 대리석으로 마감하는 곳이 많으며 심지어는 방바닥과 벽까지 마감재를 대리석으로 하는 곳도 있다.

　'후나세 순스케'의 '콘크리트의 역습'이라는 책에는 콘크리트 집에 사는 것이 목재로 된 집에 사는 것보다 평균 9년의 수명이 단축된다고 한다. 물론 사람마다 차이는 있겠지만 해로운 것만은 분명하다. 게다가 콘크리트로 포장한 바닥과 벽면위에 대리석을 붙이면 건강에 더욱 더 해로울 것은 자명한 이치다. 따라서 바닥과 벽면 및 기둥 마감재로는 목재가 제일 좋으며 이미 대리석으로 된 벽면은 바닥에서 1m 정도만 천연 목재를 붙여두어도 효험이 있다.

3) 트럼프가 한국의 '진인'인가

주한 미군 사령관을 지낸 버웰 벨 전 사령관은 미국은 한국에 주둔하지 않은 자체 군사 자산으로 북한을 타격하는데 한국의 승인을 필요로 하지 않는다고 했다. 주한 미 특수전사령부출신인 데이비드 맥스웰 조지타운대학 전략안보연구소 부소장은 미국 헌법에 자국 방어를 위해 필요한 조치를 취할 때, 동맹(한국)의 승인을 받아야 한다는 조항은 없다고 말했다. 또한 도널드트럼프 미국 대통령은 군사 옵션을 행할 수 있다고도 했다.

역사적으로 볼 때, 제33대 미국 대통령을 역임한 트루먼은 6·25전쟁이 일어나자 의회의 자문도 받지 않고 미군의 파병을 결정했다. 옛날부터 이 땅에는 나라의 앞날을 예언하는 예언서가 많았는데, 고대의 예언서로 '고려비기', '고경참'이 있으며, 중세의 예언서로는 '삼한회토기', '삼각산명당기'가 있다.

근세의 예언서로는 조선후기의 '정감록'을 비롯하여 '도선비기', '격암유록', '율곡비기', '송하비결' 등이 있다. 흥미로운 것은 '정감록'에 나오는 예언의 골자로 정씨(鄭氏·정도령) 진인(眞人)이 와서 새 왕조를 연다는 것과 나라가 망했을 때, 또는 전쟁이 일어났을 때, 복된 피난처로 가야만 살 수 있다는 것이다. '정감록' 예언에 대한 여러 가지 재미있는 풀이 중 하나로 6·25전쟁 발발 시, 의회의 승인을 받기도 전에 즉각 파병으로 대처한 트루먼 미국 대통령을 진인으로 해석했다는 것이다. 트루(true)는 참 진(眞), 먼(man)은 사람 인(人)으로 풀어보니 진인으로 영락없이 트루먼이 된다. 하지만 트럼프가 한국의

'진인'이 될지는 두고 볼 일이다.

'정감록'에 나오는 말세(전쟁·질병 등)에 찾아가는 복된 피난처서의 '십승지'가 있다.

①풍기군 차암의 금계촌 ②花山 소령 古基로 청양현 ③보은의 속리산 사증암 근처 ④운봉의 행촌 ⑤예천의 금당실 ⑥공주의 계룡산 ⑦영월 정동쪽의 상류 ⑧무주의 무봉산 북쪽 ⑨부안의 곤암 아래 ⑩합천 가야산의 만수봉이 그곳이다. 하지만 지금의 시대는 '십승지'가 별 의미가 없다. 어느 곳이든 길한 터에서 좋은 기운이 흐르도록 대문, 현관문, 집의 방향과 방의 위치 및 주방 등을 정하여 건강한 삶을 누릴 수 있으면 족하다고 본다.

최근 경기도 안산시 모처에 위치한 아파트 감결(勘決·잘 조사하여 결정함)을 한 결과 거실·안방·주방이 모두 수맥파가 흐르고 지자기파의 결핍이 심하였다. 그래도 그중에서 현관문 옆의 작은 방이 무난하기에 당분간 생활하면서 되도록 빠른 시일 내에 이사하기를 권유했다. 실제 2년 동안 거주하면서 심신이 쇠약해져서 병원을 수시로 드나들었고 우울증도 심해져서 삶에 대한 의욕이 점점 없어진다고 토로했다.

며칠 후 다른 아파트매물을 알아보다가 마음에 드는 전원주택매물이 있다면서 감결을 의뢰하기에 기대반 걱정반의 마음을 안고 현장으로 갔다. 도심에서 얼마 떨어지지 않은 전원주택이었지만, 고속도로 IC와 인접하면서도 공기가 맑은 곳이었다. 집터는 지맥(地脈·땅속의 정기가 순환하는 줄)에 순행하면서 '생기가 뭉쳐진 좋은 터'였다.

　　복층구조이며 천창(지붕에 설치한 창)으로 인해 집안이 밝고 지기(地氣)가 아주 좋기에 이사하면 건강을 회복할 것이라고 했다.

<천창>

마당에는 자갈이 깔려있어서 말끔히 치우고 마사토를 깔고 나서 '땅다짐'을 한 후, 잔디를 심어 지기를 북돋우라고 했으며 대문에서 현관문까지는 일정한 간격으로 디딤목을 설치하도록 했다. 디딤돌을 까는 경우도 많이 있지만 하중으로 인해 주변 땅보다 꺼지므로 빗물에 의해 항상 습기를 머금은 땅이 되어 음기가 모이게 된다.

　고택의 정원수로 소나무를 흔히 볼 수 있는데, 소나무는 피로나 우울 등 기분을 개선시키는 효과가 크지만 집과 너무 가깝게 있으면 지기를 약화시키므로 최대한 집과 멀리 떨어진 마당에 심도록 했다. 그 외 수종으로 석류와 대추나무가 유실수로는 좋지만 복숭아나무는 가는 털이 날려서 좋지 않다.

　향나무의 향은 벌레를 퇴치하고 담장으로는 쥐똥나무와 측백나무가 무난하다. 담장은 방부목재보다는 합성목재가 좋지만, 천연목재가 가장 좋다. 대문의 높이는 담장보다 높아야 도로에서 치는 살기(殺氣)를 막을 수 있다.

4) 재수있는 집과 사계고택(沙溪古宅)

　필자에게 현장감정이 아닌 전화를 걸어 주택과 점포, 공장, 터 등에 대한 길흉을 묻는 경우가 많아졌다. 현장 감정을 통해 길흉을 판단하는 것이 최선이지만, 사정상 그렇게 하지 못하는 이들이 차선책으로 묻는 것이라 신중을 기해 답변을 해준다.

　실제 건축업자들은 지기(地氣)가 뛰어난 부지선정과 함께 건강한 건물을 지어 거주자가 부와 명예를 얻게 되면 '행운이 가득한 집', '재수 있는 집'이라는 소문이 퍼지면서 건물을 지은 업자에게 의뢰가 많아지는 선순환이 이루어지게 된다.

　아파트나 전원주택(또는 부지)을 분양할 때 '명당'임을 강조하면서 홍보하는 업체가 많은데, 명당의 근거는 밝히지 않고 분양을 위한 수단으로만 악용하는 업체도 있다. 부지를 매입하면 대체로 성토(盛土)를 하기마련인데 일부 양심 없는 업자들은 깨진 돌, 나무 조각, 쇳조각, 플라스틱, 비닐 등과 같은 것을 넣고 흙을 덮기도 한다. 이런 땅은 유해가스 발생과 공극현상, 수맥으로 인한 지기 손상으로 건강을 잃기 쉽다. 적불선지가필유여앙(積不善之家必有餘殃)이란 글귀가 있다.

　남에게 적악(積惡)을 하면 앙화(殃禍·징벌)가 자손에게까지 미친다는 뜻이다. 양심 없는 업자들이 명심해야할 글귀이다. 도시 근교에 주택을 지어 살거나 투자용 땅을 매입하면 한국의 경우, 수요가 공급을 따라가지 못하는 '땅 부족 현상'이 심화되면서 가격이 오를 가능성이 높다. 게다가 용도지역이 관리지역이면 향후 빠른 시간 내 개발이 될 가능성이 높으므로 더욱 그러하다. 관리지역이라도 전답(田畓)인 곳은 도로보다 상당히 낮기 때문에 주변 도로보다 높거나 거의 같은 높이까지 성토를 해야만 한다.

매수인은 전답을 성토한 부지라면 땅을 메운 내용물을 원주민이나 공사관계자 등을 통해 알아보는 탐문조사나 공사 중이면 직접 현장 확인을 하는 것이 좋다. 하지만 개발 형태 중에서 매입 시 가장 신중을 기해야하는 것은 산을 절개해서 석축을 쌓아 분양하는 부지이다.

한국의 산은 대체로 일정부분 절개를 하면 토층 아래에는 바위층이 나온다. 바위층을 깨어 부지 조성을 하면 깨진 곳의 날카로운 바위층에서 냉기와 살기가 계속적으로 새어나오므로 반드시 후속 조치를 취해야 한다. 또한 산을 깎아 부지로 조성한 곳은 산 아래의 도로보다 낮은 주택이 찬 공기와 바위층으로 인해 습한 땅이 되면서 서서히 거주자의 건강을 잃게 한다.

생기(生氣)가 넘치는 집이 되게 하려면 적절한 높이(1.5m)의 담장을 갖추되 '일자형'보다 '물결형'이 정서순화에 좋다. 마당에는 최소한의 시멘트 포장과 돌을 두어야 하며, 잔디를 심어 지력(地力)을 돋우고 특히 뿌리가 넓게 퍼지는 대추나무와 아카시아는 심지 말아야 한다.

안개나 연우(煙雨·안개비)가 많거나 하천에 접한 곳의 마당에 디딤돌을 많이 두면 습기로 인해 돌 밑에 개미가 서식하면서 '생기 없는 집'이 된다. 바람이 틈새로 들어올 수 없는 밀폐된 담장을 설치하는 이유는 바람이 집으로 치는 것을 막고 먼지와 소음을 최대한 줄이며 사생활의 보호를 위해서이다.

생기는 바람과 먼지와 소음 등이 없는 곳에 있으며, 그중 바람은 모든 생기를 흩어지게 함으로써 생기가 없는 집으로 만드는 중추적 역할을 한다. 이것이 고택에 밀폐된 담장을 철저히 두른 이유이며, 옛글에는 이를 기승풍즉산(氣乘風則散 · 기는 바람을 만나면 흩어진다)이라 한다. 계룡시에 사계고택이 있다.

<사계 김장생(沙溪 金長生) 선생 고택>

사계고택은 사계 김장생(沙溪 金長生, 1548~1631) 선생이 말년에 돌아가실 때까지 살았던 고택이다. 넓은 대지에 안채와 사랑채, 곳간채, 광채, 문간채, 행랑채 등이 원래의 모습을 비교적 잘 유지하고 있다. 이 중에 사랑채는 전면 4칸, 측면 2칸의 '一'字형 평면에 홑치마 우진각지붕의 기와집으로 단아하고 수수한 자태가 특징이다. 기단석을 높게 쌓아 지은 집으로 집 전체에 배수로를 설치해 습함을 방지했다. 마당은 높낮이가 평탄해 울퉁불퉁 함이 없으며 물이 빠지기 쉬운 구조로 되어있고, 네 모퉁이가 반듯하여 비틀어짐이나 구부러짐이 없어서 기의 소통이 썩 잘 된다. 볼수록 마음을 편하게 하는 집, 사계고택이 그러한 집이다.

4. 전원주택풍수

1) 운명을 바꾸게 하는 전원주택

여행을 하다보면 의외로 다양한 터에 위치한 전원주택과 고택(古宅), 그리고 여러 종류의 비보물(裨補物·흉한 살기나 액운 등을 막아주는 물건)을 볼 수 있다. 계곡 사이나 그 주변에 있는 전원주택은 그늘이 지고 축축한 기운이 머물기 때문에 살다보면 육체적 건강을 해치게 되고 정신이 산만해질 뿐만 아니라 부정적인 생각으로 인해 정상적인 생활을 하기 어렵게 된다. 또한 산등성이에 우뚝 솟은 형태로 있거나 석축(石築), 특히 날카로운 형상의 석축이 많은 곳이거나 석산(石山) 주변에 위치한 집도 흉한 기운을 받게 된다.

뿐만 아니라 집의 위쪽이나 좌·우측에 포양산(돌무더기가 많이 있는 산)이 있으면 하루빨리 이사를 하는 것이 상책이다. 주변에 산이 너무 가깝지도, 멀지도 않은 곳에 있으면서 산등성이의 가장 아래쪽 평탄한 곳에 위치한 전원주택이 제일 좋다.

물론 수구(水口·마을의 입구)가 좁고 생기(生氣)가 뭉쳐있는 곳이라면 더할 나위가 없다. 종종 전국을 다니다보면 수구가 너무 넓어서 설기(泄氣·기운이 새어나가 흩어짐)되는 것을 막기 위한 비보의 일환으로 나무를 심어 입구를 가리거나 장승을 세워두거나 돌을 쌓아서 입구를 좁힌 곳을 보게 된다.

<흉풍과 살기를 막기 위한 수구막이용 쌓은 돌>

　기승풍즉산(氣乘風則散·기는 바람을 맞으면 흩어진다)되
지 않기 위함이다. 아파트, 호텔, 리조트 등의 경우에는 건물 앞
의 넓은 공간을 통해 부는 흉풍(凶風)을 차폐시키기 위해 원형
도로의 중앙에 흙 둔덕을 쌓고 나무를 심은 조산비보(造山裨
補)를 한 곳도 많이 볼 수 있다. 오늘날 이러한 방법은 다수의
건물이나 큰 건물을 건축할 때, 설계도에 참고함으로써 매우
긍정적인 효과와 반응을 얻고 있다.
　충북 음성군 원남면에 반기문 유엔 사무총장 생가가 있다.
생가의 뒤쪽에 있는 주산(主山)인 삼신산(三神山)의 정기가
워낙 강하게 뭉치고 뻗어있는데다 산 주변이 살구꽃으로 온통
아름답게 뒤덮여 있으며 삼신(天神, 地神, 明神)이 살았던 곳이
라 하여 삼신산이라 부르기도 하고, 여러 번의 난리에도 마을
사람들이 다치거나 희생된 사람이 없었던 것이 뒷산의 큰 덕이
었다 하여 보덕산(普德山)이라 부르기도 한다. 주산인 삼신산

생활 속의 풍수, 그 진리를 탐구하다

은 용맥(龍脈)이 뚜렷하고 좌우요동과 상하기복을 하는 생룡(生龍)으로 산등성이에는 묏자리로 쓸 수 있는 길지(吉地)도 있으며, 실제 봉분을 한 곳도 있었고 '납골당'도 있었다. 반기문 생가는 산등성이의 끝을 맺은 평지에 위치하고 있는데, 생가의 터는 감정결과 온화한 생기가 머무는 길지였다. 이러한 곳을 당의 복응천이 지은 설심부(雪心賦)에는 '인걸은 산천의 기운을 받아 태어나는데, 산천이 생기롭고 형상이 좋으면 훌륭한 인재가 배출된다.

산이 수려하면 귀인이 나고, 물이 좋으면 부자가 난다.'라고 하였다. 이것을 '인걸지령론(人傑地靈論)이라고 한다. 경기도 이천시 율면에 위치한 조선 후기의 어재연 장군 생가 또한 반기문 생가와 유사한 산등성이 아래의 평탄한 곳에 있는 생기가 뭉쳐진 좋은 터였다.

경기도 용인시 해곡동에 위치한 와우정사(臥牛精舍)는 대한 불교 열반종의 총 본산으로 1970년 실향민인 해곡 삼장법사가 민족 화합의 염원을 담아 남북평화통일을 기원하기 위하여 창건한 사찰이다. 절 옆의 계곡 주변에 정성스레 돌을 쌓아 만든 여러 개의 돌탑과 불교연구회 수도장의 건물 입구에 놓여있는 앞산을 바라보는 코끼리 한 마리는 사찰의 안녕(安寧)을 기원하는 비보의 일종으로 볼 수 있었다.

<사찰 내 돌탑>

<살기(殺氣) 제압용 코끼리상>

생활 속의 풍수, 그 진리를 탐구하다

경기도 이천의 쌀밥한식식당은 정면에 넓은 계단을 설치해 놓고 입구 유리문에는 '출입구 옆 계단(건물 정면의 계단보다 훨씬 좁음)을 이용해주세요'란 글귀의 안내문을 화살표와 함께 3장을 붙여 놓았다.

<줄을 서야 밥을 먹을 수 있는 식당>

그것도 모자라 옆 계단의 벽에도 자세하게 적은 안내문이 또 있었다. 건물 정면의 넓은 계단으로 들어가면 카운터가 일직선으로 마주보고 있기 때문에 나쁜 기운을 피하기 위하여 측면의 계단을 사용한 것으로 보였다. 그리고 입구에는 매우 환하게 밝은 전등이 있는 것을 볼 때, 풍수적인 조언을 받은 것으로 추정되며 게다가 장사가 주변에서 제일 잘 되는 점포라고 주위 사람들이 귀띔을 해 주었다.

2) 풍수상담, '터 선정' 전에 받자

영국 에든버러대 심혈관연구소 아눕샤 박사는 미세먼지와 초미세먼지 농도가 높아질수록 뇌졸중 및 사망위험이 증가한다는 사실을 확인했으며 또한 대기오염에 '단기간' 노출되어도 건강에 치명적인 위험을 줄 수 있다고 했다. 도심이나 전원주택 등 어느 곳에 거주하더라도 이러한 위험성을 배제할 수 없으며 몽골사막과 중국에서 불어오는 황사와 미세먼지 그리고 초미세먼지는 철저히 차폐시켜야 한다.

특히 동북방과 서북방에서 불어오는 인체에 유해한 먼지를 막을 수 있도록 밀폐형 담장을 하거나 나무숲을 조성하는 것이 바람직하지만 사정이 여의치 못하면 창고나 건물의 뒷면으로라도 막는 것이 좋으므로 설계도를 작성할 때, 참고를 하면 훌륭한 비보(裨補)가 될 것이다.

간혹 풍수 감결문서를 보면 조종산들을 장황하게 나열하면서 마치 모든 산이 혈(穴 ·용맥의 정기가 모인 자리)을 정하는데 지대한 영향을 미치는 것 같이, 태조산인 백두산을 필두로 하여 중조산과 소조산을 나열하고 주산을 적는다. 그러나 산을 넘고 물을 건너 존재하는 산은 별 의미가 없기 때문에 산소나 집 등에 직접적으로 영향을 미치는 가장 가까운 주산의 정확한 분석이 중요하다.

고서에 '산무조악래(山無祖惡來 · 산에 근본이 없으면 흉하고 악함이 온다)'의 '근본'은 주산을 말하는 것이다. 그러면 음택(무덤)과 양택(무덤외의 터와 건물 등)은 둘 다 산등성이 즉 용맥 위의 혈을 잡아야 되는 것일까. 무덤자리는 산등성이의

생기가 뭉쳐있는 입자가 미세하고 단단한 흙이 있는 곳에 잡아
야만 뼈가 적절하게 삭아서 후손에게 복(福)을 주기 때문에 반
드시 산등성이에 안장(安葬)하는 것이 좋다.

<여흥민씨 할머니 묘>

<여흥민씨 할머니 묘 능선 전경>

하지만 양택의 경우 땅속의 기운이 좋으면 100점 만점에 50점은 확보했으므로 나머지 50점에 대한 부분만 잘 선택하면 건강과 행운을 잡을 수 있다. 경남 고성군 모 지역에 현재 살고 있는 주택을 헐고 그 자리에 신축(新築)을 하는 것과 주택과 접하고 있는 빈터에 신축을 하는 것 중, 어느 것이 좋을지에 대해 감정의뢰를 받고 현장을 갔던 적이 있었다.

현재 살고 있는 집은 주산(뒷산)이 집의 옆면을 보게 하여 남향으로 자리를 잡고 있었다. 주산의 앞이면서 집의 옆면에는 큰 하천이 있지만 유속이 너무 빨라서 만일 집의 앞면이 큰 하천을 보고 있다면 하천의 찬 기운과 물소리 등으로 인해 거주자의 건강이 좋지 않았을 것이다.

따라서 주산을 옆면으로 하여 남향을 보고 있는 의뢰인의 집은 대단히 현명하게 좌향(坐向)을 잡았다고 볼 수 있다. 뒤에 산이 있고 앞에 물이 있는 배산임수(背山臨水)의 형세가 좋지만 유속이 빠르고 소음이 울리는 큰 하천은 풍수에서 뜻하는 길수(吉水 · 좋은 물)가 아니라 흉수(凶水 · 나쁜 물)이므로 하천 방향을 집의 옆면으로 하는 것이 좋다.

집 앞에 접한 빈터는 터의 기운이 약해서 현재 살고 있는 터에 신축을 하도록 권했다. 특별한 경우가 아니면 거주하는 집을 헐고 새로 건축할 때는 현재의 집이 앉은 자리에서 뒤로 나가지 않는 것이 좋다. 의뢰인의 집도 뒤쪽은 도로가 있고 약간의 공간이 있으며 도로 사이에 담장이 설치되어 있지만 현재 위치에서 뒤로 더 나가서는 안 됨을 주지시켰다. 얼마 전 창녕의 모 처에 새로 집을 짓고 난 후, 건강이 많이 나빠졌다면서 집에 대한 감정을 의뢰받았다. 다행히 다랑논에 집이 위치하고 있어서 생기가 있는 터였다. 하지만 옆면에 접한 도로보다 낮은 마당의 집이어서 찬 공기가 항상 마당에 머물고 있었다.

집주인인 노인은 항상 앉거나 허리를 굽혀서 농작물들을 처리했다고 하는데, 이런 경우 차고 습한 공기가 머리나 양어깨와 무릎을 상하게 하면서 건강을 잃기가 쉽다. 또한 집 주변에는 꽤 큰 돌이 둘러싸여 있어서 냉기가 더 심했고 대문이 없어서 동향에서도 흉풍이 집을 치고 있었다.

밀폐형 담장을 집의 앞쪽과 도로와 접한 곳에 반드시 설치하고 가능한 한 나무를 많이 심도록 했으며 집 주변에 둘러싸인 돌 사이에는 애기맥문동을 심고 마당은 잔디를 심을 것을 조언했다. 집을 짓기 전에 조언을 구했으면 건강도 잃지 않고 비용도 절감했을 것이다.

<하천의 찬 기운과 큰 물소리>

3) 전원주택과 터, 이렇게 구하자1

'신후지지(身後之地)'란 '살아 있을 때에 미리 잡아두는 묫자리'를 말한다. 미리 자리를 잡아 두면 건강하면서 장수(長壽)할 수 있다는 믿음과 함께 막상 초상(初喪)을 치를 때, 당황하지 말고 잘 지내라는 후손들에 대한 배려이기도 하다. 매장(埋葬)이나 화장(火葬), 또는 자연장(自然葬) 등을 할지에 대한 대비가 전혀 돼 있지 않은 상황에서 '큰일'이 닥치면 누구나 당황하기 마련이다. 부친이 갑자기 돌아가시자 지인(知人)의 말을 듣고 골분(骨粉 · 뼛가루)을 산에 흩뿌렸다가 얼마간 세월이 지나자 후회를 하면서 방책을 묻는 이가 있었다.

그에게 골분을 뿌렸던 장소에 가서 고운 흙을 담아 알맞은 장소에 묻으라고 했다. 참고로 일본의 경우, 거주하고 있는 주택정원에 골분을 묻기도 한다. 우리의 정서가 아직 거기까지 미치지는 못하지만, 골분이 아닌 흙이라면 정원에 묻는 것도 좋은 방법이라 생각한다. 특히 안치할 수 있는 적당한 땅이 없다면 더욱 그러하다.

자연장을 포함한 매장이나 화장 후 평장은 '장사 등에 관한 법률'의 제약으로 인해 땅을 구하기 힘들 뿐만 아니라 용케 땅을 구해도 '민원'이라는 큰 산을 넘기가 어려운 것이 오늘날의 현실이다. 게다가 후손 발복(發福 · 운이 틔어서 복이 닥침)을 위해 '길지(吉地 · 좋은 터)'를 찾아 다년간 동분서주하며 애를 쓰는 이들을 보면 안타까움과 함께 길지를 얻는 것이 얼마나 어려운가를 필자 또한 새삼 느끼곤 한다.

음택(묫자리) 뿐만 아니라 양택(집이나 집터)을 구하는 것도 어렵긴 매한가지다. 전원에서 살기를 갈망하던 필자가 '전원주택'이나 '집터'를 구하기 위해 수년간 발품을 팔다가 얼마 전에 전원주택을 매입했다. 일반인도 신중을 기해 사는 것이 집이며 땅이거늘 하물며 '풍수'를 도입해 매입하려다보니 숱한 우여곡절을 겪지 않을 수 없었다. 먼저 주택과 터의 감결(勘決·잘 조사하여 결정함)을 위해 안사람과 필자의 사주(四柱)를 참고했다. 안사람은 사주에 물이 없기 때문에 저수지나 하천이 있는 곳을, 필자의 사주에는 나무가 없어서 집 뒤쪽에 제법 큰 산이 있거나 하다못해 동산이 있는 곳을 택하기로 했다.

<하천과 접한 주황색 지붕 목조주택 (필자의 집)>

실제 사주에 물이 없으면 물 가까이에서 살거나 여행을 자주 하면서 바다와 강을 보면 우울증과 스트레스를 풀 수 있으며 '건강수명'도 늘게 된다. 사주에 나무가 없거나 부족하면 목조주택에 사는 것이 좋으며 전원에 살면서 나무를 가꾸고 나무 공예 등을 한다면 더욱 좋다. 그런데 현실은 달랐다. 감정을 통

해 집터가 좋다싶으면 주변 산이 살기(殺氣)를 내뿜는 '돌산'이 아니면 축사와 철탑 같은 '비선호시설'이 있었으며 주택이 마음에 들면 집터의 형상이 반듯하지 않고 지기(地氣)가 좋지 않았다.

주변의 산이 유정하고 주택과 지기가 좋으면 저수지의 물이 고여 썩은 물이거나 수량이 적어 '건기'에는 바닥이 말라 갈라졌다. 필자가 원하는 곳은 '건기'나 '우기'에 상관없이 물이 항상 흐르는 하천이나 고인 물의 저수지가 아닌 흐르는 물의 저수지가 있는 곳이다.

약간이나마 흐르는 물은 '생기가 있는 물'로 여기지만, 고인 물은 '기가 죽은 썩은 물'로서 풍수에서는 흉수(凶水)로 여긴다. 집터는 흙의 색깔이 밝아야하며 화강암 가루인 마사토가 잔디와 나무를 심고 텃밭을 가꾸는데 제일 무난하다. 만약 황토라면 '구배'를 잘 주고 '배수로'를 철저히 만들어야 집 안팎에 습한 기운으로 인한 해를 입지 않게 된다.

집 앞에 빈터가 있다면 향후 집이 들어서서 '조망'을 막는지도 살펴야 한다. 필자가 함안군 모처에 구입한 전원주택은 배산임수(背山臨水·산을 등지고 물을 바라봄)의 형세를 갖춘 집으로 마을 입구엔 두 그루의 제법 큰 나무가 양쪽에 있음으로써 마을의 생기가 쉽게 빠져나갈 수 없도록 수구(水口·기운이 드나드는 곳)를 최대한 좁혀 놓은 곳이다.

특히 나이 들어 전원에서 생활하는 것인 만큼 차로 5분 거리에 병원이 있으며 재래시장과 상당히 큰 마트가 가까이 있어 생활에 불편함이 없는 곳을 택했다. 땅기운이 좋은 마당에서 아들과 딸이 일가친척이 참석한 가운데 자연과 함께 하는 소박한 결혼식을 올렸으면 하는 바람이다.

4)전원주택과 터, 이렇게 구하자2

    필자의 친구 중에 얼마 전 아내를 병으로 잃은 화가이자 교사인 이가 있다. '그림을 그리는 것'이 아내에 대한 그리움과 외로움을 잊게 해 준다면서 경남 창녕군 모처에 시골주택을 매입하여 수선을 거쳐 몇 년 째 살고 있다.

    친구의 집은 주산(뒷산)의 생기가 이어져 내려온 연결선상의 하단부에 있는데, 앞쪽에는 하천을 접하면서 지기(地氣·땅기운)가 뭉쳐있는 전형적인 배산임수의 형상을 갖추었다. 이러한 곳을 '산환수취이용면(山環水聚而龍面·산이 돌아오고 물이 모이는 곳이 면이다)'이라 한다.

    전원에서 사는 유형을 살펴보면 시골주택을 개량하여 사는 방식과 건축업자가 신축하거나 지은 지 얼마 안 된 전원주택에서 사는 방식, 토목공사 된 땅을 분양받아 손수 집을 짓는 방식, 인작(人作·사람이 만듦)을 전혀 하지 않은 땅에 손수 집을 짓는 방식 등이 있다. 그러나 어떤 방식을 택하든지 간에 산과 하천, 저수지, 강, 바다 등과 접하거나 가까이 있는 곳의 집은 산이 있는 곳을 향(向·집의 앞면)으로 하면 안 된다. 계곡풍(음풍)이나 흉석(凶石·날카롭거나 습한 돌)과 수맥으로 인한 피해를 입을 수 있기 때문이다.

    친구의 집은 작은 대문과 마당을 거쳐 본채가 있는데, 대문 옆에 문간채(대문간 곁에 있는 집채)를 두어 손님과 차를 마시거나 잠시 머물 수 있는 곳으로 활용하고 있었다. 그런데 친구는 몰랐겠지만 문간채가 본채를 향한 하천의 차고 습한 기운을 막아주는 비보(裨補)의 역할을 절묘하게 하고 있었다. 집 뒤에는 나무와 금석으로 만든 솟대와 장승 등의 조형물과 작품으로 만든 연이은 흙둔덕 2개가 있었는데, 마치 쌍봉(雙峰)같아서 공원묘원에 안치된 아내의 골분(뼛가루)을 가져와 그곳에 묻고 친구에게도 언젠가 세상을 뜰 때, 나란히 묻히기를 권했다. 사실상 '공원묘원에 안치된 골분'은 자연으로 돌아가지 못한 '어정쩡한 상태'로 있음을 우린 깨달아야 한다.

<골분이 담긴 도자기 : 글 내용은 개인정보이므로 볼 수 없게 처리했음>

참고로 일본의 경우, '죽음'을 우리처럼 저 멀리 밀어내지 않을 뿐만 아니라 '삶과 항상 함께 존재하는 것'으로 여겨서 도심이나 마을 안에 묘원을 조성하여 참배를 한다. 시골주택을 수선하여 살고 있는 친구는 주변에 인가(人家)가 별로 없는 곳에서 자신이 좋아하는 그림을 그리며 사는 것이 행복하다고 한다. 필자는 전원주택에서 살다가 사정상 도심으로 회귀하는 경우를 자주 본다.

젊을 때는 전원에서 다시 도심으로 돌아가더라도 전원생활의 실패 요인을 분석하여 재도전을 할 수 있지만, 나이 들어 은퇴를 하고 전원에서 생활을 하다가 적응하기 힘들어서 도심으로 회귀하는 경우에는 자칫 삶의 균형이 흐트러지기 쉽다. 중국의 사상가 양계초는 "살고 있는 그 땅의 바람을 듣고 그 땅의 물 흐름을 깨달아서 인생에 대한 하나의 실마리를 얻는다면 우뚝 자신을 세울 수 있으리라"고 했다.

전원에 살면서 그 땅의 바람과 물의 의미를 진정 깨닫는다면 삶의 행복을 누릴 수 있으리라 생각한다. 필자 또한 전원에서 살고자 전원주택이나 땅을 구입하기위해 여러 곳을 다니면서 아낌없이 발품을 팔았다. 집과 땅은 주로 현지에 있는 부동산이나 마을 이장을 통해 알아보았으며 마을의 자세한 상황(매우 중요함)은 마을 주민들에게 탐문을 했다.

참고삼아 면과 이(里), 그리고 마을 이름 중의 글자 한 자(字)라도 '곡(谷)'이 들어가면 물길과 바람 통로를 세밀하게 관찰할 필요가 있다. '곡'은 골짜기의 뜻을 함유하고 있어 대체로 주변 가까이에 계곡과 바위가 많고 파쇄대(단층을 따라 암석이 부스러진 부분)가 있는 곳도 있어서 생기가 부족할 수가 있다. 그러나 '봉(鳳)'과 '학(鶴)'의 글자가 들어있으면 '생기가 충만한 좋은 터'가 많으므로 유심히 살펴볼 필요가 있다.

시골주택은 집주인이 자주 바뀐 곳보다 오랫동안 같은 주인이 살던 곳이 좋다. 신축이나 지은 지 채 얼마 되지 않은 전원주택은 좋은 시설과 유해(혐오)시설의 유무에 대한 조사를 하고 향후 집 앞에 조망을 가리는 건물이 들어설지도 파악해야 한다. 필지 분양 터는 터마다의 길흉이 확연히 다르기 때문에 숙고해서 골라야하며, 지반이 강화되지 않은 땅에 지은 주택은 건강을 잃기가 쉽다.

5) '건강한 땅'을 찾는 방법

'묘'와 '재실' 주변이나 같은 산줄기의 연장선상에 있는 땅은 대체로 '좋은 터'라 생각해도 무방하다. 같은 산줄기로 묘의 끝 부분에 위치한 유석(維石) 조병옥 박사의 생가(충남 천안시 병천면 용두리 261-6)가 그러한 곳이다. 그는 항일 독립운동과 대한민국 건국 및 민주주의 발전을 위해 평생을 헌신했으며 한인회, 흥사단 등에 참여하여 독립운동을 하였고 내무부장관과 제3·4대 민의원을 지냈다. 안채와 부속사로 이루어진 생가는 일자형 초가로 대문의 위치가 부엌을 약간 비껴나 있어서 흉풍을 직접 맞지 않도록 되어 있었다.

야트막한 주산 아래로 좌우요동을 하고 상하기복을 이루는 용맥(龍脈·산줄기)과 함께 갓비석, 망주석, 문인석을 갖춘 위용이 넘치는 무덤이 자리하고 있었다. 생가는 마치 아래위의

집과 같이 무덤과 얼마 떨어지지 않은 아래에 있으며 서향집이
지만 지기(地氣)가 충만한 '생기터'였다.

<조병옥 박사 생가>

좀 다른 이야기지만 해가 갈수록 도심에서의 삶에 대한 피
로감이 증가하면서 전원의 삶을 추구하는 이들이 늘어나고 있
다. 전원주택에서 살려면 첫째, 땅을 구입해서 집을 짓는 방법
과 둘째, 집을 짓는 것이 엄두가 나지 않거나 시간을 낼 수 없어
서 지어져 있는 집을 구입하는 방법이 있다.

현지인이나 개발업자를 통하면 저렴한 가격으로 땅이나 집
을 구입할 것 같지만, 오히려 바가지를 쓰는 경우가 많기 때문
에 부동산중개업소를 통하거나 그렇지 않으면 시간을 두고 발
품을 팔면서 현지에서 거래되는 적정한 가격을 파악하여 구입
하는 것이 좋다. 중개업소를 통해 구입할 때는 동일한 물건(땅,
집) 가격을 다르게 말하거나 마음에 들었던 물건보다 좋으면
서 더 저렴한 가격에 내놓은 물건도 있으므로 한 곳만 가지 말

고 주변의 여러 업소를 방문하는 것이 좋다.

풍수에 대한 지식이 없어도 배산임수의 땅이 좋다는 것은 누구나 알고 있다. 그러나 주택 뒤에 산이 있어야 계곡 바람을 막을 수 있고 앞의 가까운 곳에는 바다나 큰 강이 아닌 저수지 정도의 크기이면서 오염되지 않은 물이어야 건강을 해치지 않는다.

'건강한 땅'이란 지기(地氣)가 좋은 땅을 말하는 것으로 주변 산에 날카로운 암석이 없어야 하고 '전압살'을 내뿜는 철탑은 직선거리로 200m이상 떨어져 있어야 한다. 하지만 철탑은 가까운 거리에 있어도 산의 반대편에 있어 보이지 않으면 무방하다.

지기(地氣)가 나쁜 땅이란 좌청룡과 우백호가 관쇄(關鎖·문을 잠금)되지 않고 배신하듯이 떡하니 벌어져 설기(泄氣·기운이 새어서 날아감)되는 곳을 말한다. 땅을 구입하여 집을 지을 때, 가장 우선적으로 고려해야할 것은 몇 년 후, 내 집 앞과 옆에 세워질 건물들로 인해 일조권과 조망권이 사라지는지와 주변에 신설도로와 혐오시설의 설치 여부에 관한 사항이다.

또한 싸구려 자재는 하자와 화재의 위험성도 크므로 선택에 신중을 기해야하며, 더 나아가 주변 공기를 정화시켜주는 건축 외장재와 자연친화적인 인공 석재를 사용하면 건강에 큰 도움이 될 것이다. 만일 '데크'를 나무로 한다면 지속적으로 관리(칠, 교체 등)를 해야 하는데, 그대로 방치를 하게 되면 흉한 집이 되어버린다. 간혹 땅의 형상 때문에 지맥에 순행한 방향으로 집을 짓지 않고 가까이 있는 암자나 요양원 등의 건물을 바라보는 방향으로 짓는 경우가 있는데, 그러한 건물이 주변에 있는 것은 괜찮으나, 바로 보는 것은 피하는 것이 좋다.

땅을 구입하여 집을 지을 때, 땅과 집에 대한 비용의 비율을 5:5로 하거나 6:4로 하면 적정하며 향후 매도를 할 경우에도 최적의 가격으로 손쉽게 넘길 수 있다. 만일 집 뒤에 산이 접해있다면 석축을 철저히 쌓아야 하며 쌓은 석축의 윗부분의 흙이 있는 곳이 경사가 급하다면 무너지지 않도록 방비를 철저히 해야 한다. 또한 산이 끝나는 지점인 용진처(龍盡處)와 평지간의 경사가 너무 가파르면 살기(殺氣)가 많은 곳일 가능성이 크다.

기(氣)가 충만한 '건강한 땅'이란 마을 입구는 좁고 진입로는 구불구불하며 성토하기전의 흙이 잔돌이 섞여있지 않으면서, 근본을 갖춘 주산과 좌청룡, 우백호, 안산, 조산이 잘 어우러져있는 곳을 말한다.

6) '윤달'과 '손 없는 날'

 2017년 양력 6월 24일~7월 22일(음력 5월 1일~5월 29일)은 '윤달'이라 하여 묘소와 관련된 일을 관장하는 신이 해코지를 하지 않고 모른 척하는 달로써 공(空)달이라고도 한다. 그러면 과연 이 날에만 사초(莎草 · 허물어진 묘소에 흙을 덮고 잔디를 심는 일)나 이장, 평장, 석물을 설치하는 등의 일을 할 때 아무런 탈이 없는 것일까. 오랫동안 내려온 관습의 일종으로 길일(吉日)을 택하지 않고 묘소를 건드리면 큰 화를 입을 수 있다는 일종의 근거가 없는 믿음이지만, 살아있는 사람의 마음이 편할 수 있다면 따르는 것도 나쁘진 않다.

 우리의 '전통적 가치관' 중에서 역장(逆葬 · 도장倒葬과 같은 의미로 조상의 묘 윗자리에 자손의 묘를 씀)을 하는 것은 절대적으로 꺼린다. 하지만 조선시대에는 역장도 '자연스런 장법' 중의 하나로 받아들였으며 오히려 사대부 집안에서 역장을 한 사례를 많이 볼 수 있다.

 최근 모 현장에서 조상의 무덤이 있는 옆쪽의 비어있는 길한 터에 화장(火葬)을 하여 가족묘를 조성하는 것 또한 역장이라 하여 활용하지 않는 것을 볼 때, 안타까운 마음을 금할 수 없었다. 우리의 관습 중에 '손 없는 날'에 이사를 하는 것 또한 귀신이 방해나 해코지를 하지 않는 날이라 하여 이사비용이 더 들어도 이 날을 반드시 고수하는 이들이 많다. 그러나 막연한 두려움은 '좋은 게 좋다'는 식의 생각을 하면서 오랜 관습과 전통을 따르지만 이치(理致)대로 하면 '손 있는 날'이라 해도 이삿짐 차가 큰 하천을 두 곳 이상 지나면 오히려 '손 없는 날'에 이사 하는 것보다 훨씬 낫다. 이것을 풍수에서는 '산(땅)은 물을 건너지 못하고 물은 산(땅)을 넘지 못 한다'라 하여 귀신이 더 이상 따라올 수 없는 이유를 명확히 설명한다.

꽤 많은 사람들이 자신만의 '사주'에 맞는 집이 있을 것이라는 확신에 찬 말을 하곤 한다. 미안하지만 그런 집은 있을 수 없다. '터의 기운'이 나쁜 집은 사람에 따라 정도의 차이는 있지만 어떤 사람이 거주해도 나쁜 결과를 초래한다. '터의 기운'이 나쁜 집이라도 좋은 기운이 있는 방과 거실을 찾아서 생활하도록 하거나 비보(裨補·나쁜 기운을 막거나 순화시킴)를 통해 예방할 수도 있지만 '집 전체의 터'가 나쁘다면 이사하는 것이 가장 좋은 방법이다.

우리는 언제부터인지 몰라도 듬성듬성 흩어진 수풀을 좋아하고 나뭇가지가 넓고 낮게 우거지고 몸통이 굵은 나무가 있는 자연속의 주택을 선호한다. 심리학자 캐플런 부부는 '자연의 경험: 심리학적 관점'에서 일상의 환경에서 벗어나 자연경관을 접하면 자연에 매료되어 말라버린 우물에 물이 다시 채워지듯이 기분이 좋아지고 신경계가 이완되고, 집중력과 주의력이 향상된다고 했다.

이유가 완전히 밝혀지진 않았지만 불안장애, 임상우울증, 조현병(정신분열증)의 진단율은 시골에 사는 사람보다 도시에 사는 사람들에게 더 높게 나타난다. 즉 대도시에서 성장하거나 거주하는 사람들이 시골에서 사는 사람들보다 불안을 촉발하는 사회적 요인에 뇌가 더 강하게 반응한다는 것이다.

이러한 연구 결과를 보면 자연과 더불어 생활할 수 있는 주택의 증가 추세는 당연한 현상이라 하겠다. 전원주택을 짓고자 터를 고르다가 재실이나 향교, 또는 고총(古塚·오래된 무덤)

주변은 '터가 흉한 곳'이 아닌가라는 질문을 종종 받게 된다. 재실과 향교와 고총은 기실 주변의 터 중에서 제일 좋은 곳에 위치하므로 이런 곳의 주변에 있는 땅의 기운은 좋다고 봐도 무방하다.

<향교>

전원주택의 형상도 요사이는 각양각색인데 아래층보다 위층이 더 넓은 가분수형과 모서리각이 두드러지게 많은 형상은 위에서 누르는 흉한 기운과 모서리살로 인해 풍수적으로는 바람직하지 않다. 인간은 곡선에 강한 친밀감을 느낀다. 잔잔한 물결 모양의 곡선이 들어간 형태에 끌리고 뾰족한 모서리가 나오는 형태를 싫어한다. 전원주택부지는 멀리 있든 가까이 있든 마을 뒷산(주산)의 형상이 험하고 뾰족하거나 날카로운 바위가 있거나 잔돌 무더기가 많으면 살기(殺氣)가 발생하여 거주자에게 나쁜 영향을 끼치므로 마을 뒷산의 상태를 유심히 관찰하는 것이 매우 중요하다.

7) '생기'가 모이는 곳과 흩어지는 곳

당나라 복응천이 지은 설심부(雪心賦)에 '인걸은 산천의 기운을 받아 태어나는데(인걸지령 · 人傑地靈), 산이 수려하면 귀인이 나고, 물이 좋으면 부자가 난다'라고 하였다. 살펴보면 한강을 비롯하여 세계적인 도시의 대부분이 강을 중심으로 하여 문명이 발전되어왔다.

미국은 허드슨강과 이스트강이 합수되는 지점에 뉴욕의 핵심 부분인 맨하탄이 위치하고 있으며, 영국의 수도인 런던은 뱀이 기어가는 형상의 템즈강이 환포(環抱 · 사방으로 둘러쌈)하고 있으며 독일 베를린은 슈프레강이 사행(蛇行 · 뱀이 나아가는 형태)하면서 시가지를 관통한다.

또한 이웃나라 일본은 여러 강물이 도쿄만에서 합수하는데, 물이 모이는 곳인 도쿄는 사람이 자연스레 몰리고 경제활동이 활발하여 재화가 쌓이는 '부의 도시'로 발전했다.

경남 창녕군 부곡면 모처에 위치한 '상주 주씨 집성촌'은 서출동류(西出東流 · 서쪽에서 발원하여 동쪽으로 흐름)하는 낙동강에 의해 감싸여진 부촌(富村)이다.

이 마을은 낙동정맥과 비슬지맥을 거쳐 천왕산을 소조산으로 하고 처녀봉(446.2m)을 주산(마을 뒷산)으로 하며 천마산을 안산(案山 · 마을 앞에 있는 산)으로 하고 있다.

낙동강은 사행으로 흐르면서 대체로 강이 감싸는 지역은 감싸지 않은(반궁수 · 화살의 바깥쪽)지역보다 발전을 했거나 마을이 형성되어 안정된 삶을 사는 곳으로 파악됐다. 강이 감싼 곳은 산줄기가 뻗어 내려온 산의 앞면이며 뒷면보다 앞면이 길하다. 사행천(蛇行川)은 좌우 굴곡이 심한 곳을 말하는데, 이러한 곳은 지기(地氣·땅의 기운)를 뭉치게 하며 물의 흐름, 즉 유속을 완만하게 함으로써 '기의 흐름'을 차분하게 한다.

창녕군 남지읍과 함안군 이룡리, 창녕군 증산리, 창녕군 노리와 학포리, 북면 외산리, 밀양시 하남읍이 이에 해당하는 지역이다. 반면 감싸지 않고 배곡한 지역은 상대적으로 사람들의 거주가 뜸하거나 발전이 더딘 곳이 많다.

창녕군 부곡면에 위치한 상주 주씨 집성촌은 '산의 근본'이 되는 주산의 늠름함과 깨끗함을 볼 때, 전반적으로 마을에 생기가 감돌긴 하지만, 마을의 모든 곳이 '좋은 터'는 아니므로 '터의 선택'에 신중을 기할 필요는 있다. 마을 입구를 수구(水口)라고 하는데, 좌측과 우측으로 돌아서 마을로 가는 도로와 마을의 중앙부분에 위치한 마을회관을 향하여 일직선으로 도로가 뻗어있다. 마을 입구는 우측 도로를 이용하면 생기가 반시계 방향으로 들어왔다가 빠져나가기 때문에 기의 흐름과 동선이 좋으나, 중앙의 도로는 마을회관을 직접 치는 바람이라 좋진 않지만 농사의 편리함을 위한 목적도 있기에 폐쇄할 수 없는 도로였다. 이때는 중앙도로의 입구에 벅수(장승)나 마을을 상징하는 석물을 두면 흉풍을 막을 수 있다. 더구나 마을의 좌측 산과 우측 산이 너무 벌어져있음으로 빠져나가는 생기를 모으려면 입구와 접한 도로변에 반드시 나무를 심어야 한다.

다행히 마을 앞의 안산(천마산)은 외부의 흉풍과 살기로부터 마을을 보호하며 낙동강은 '계수즉지(界水則止·물을 만나면 터의 기운이 흩어지지 않고 멈춘다)'하여 마을 터의 기운을 북돋우고 있다. 어느 마을이나 전체의 터가 좋을 수는 없으며 주씨 마을의 터 또한 좋고 나쁜 곳이 혼재되어 있지만 대체로 좋은 기운의 터가 많았다. 반시계 방향은 실내인테리어나 교차로 등에 응용할 수 있는데, 신호교차로(3색 신호등)보다 교차로 한가운데에 '원형 교통섬'을 두고 차량이 도는 회전교차로도 반시계 방향이다.

회전교차로는 진입 차량의 감속을 유도하여 사고를 줄이는데 큰 효과를 보고 있으며 반시계 방향은 운전자의 집중력을 높여 사고를 줄이는데 도움을 주고 있다.

<원형 교통섬>

점포의 경우에는 교차로에 접한 곳보다 약간 떨어진 곳이 도로살이 적어서 장사가 잘 되며 점포내의 효율적인 동선 또한 반시계 방향으로 손님이 움직이도록 유도하고 카운터의 위치도 반시계 방향의 끝나는 지점의 입구에 설치하면 좋다. 식당의 경우, 입구를 환하게 하고 입구의 좌측에 카운터를 두며 출입문(입구 문외의 출입문은 폐쇄해야 함)과 주방은 마주 보면 안 된다.

8) 전원주택부지 선정의 키포인트

요즈음 아파트를 비롯한 부동산 거래가 없어 불경기라고 아우성을 친다. 특히 지방의 경우, 더욱 더 심하다. 아파트 가격은 대로변에 위치하거나 터널 주변에 위치하는 등, 주위 환경이 상대적으로 나쁜 곳부터 하락하고 있으며 종래에는 물량 공급의 증가와 가계부채와 맞물려 더욱 떨어질 가능성이 높다.

물가는 상승하는 추세지만, 국민의 대표적인 보금자리인 아파트 가격의 하락은 정부의 경제 살리기와 부동산 정책이 그동안 얼마나 단순한 대처만 하고 있었나를 한 눈에 알 수 있다. 그러나 '도시 외곽의 땅값'은 좀체 떨어질 기미가 없을 뿐만 아니라 오히려 매물이 없어서 거래를 못 한다는 말까지 나돌고 있다.

'도시 외곽의 땅값'은 왜 지속적으로 상승하는 것일까. 사람끼리 부대끼면서 생기는 스트레스는 '세로토닌 호르몬과 멜라토닌 호르몬의 원활한 분비'를 억제시켜 우울증 등으로 인한 삶의 의욕을 저하시키기 때문에 그 치유책으로 자연을 좀 더 가까운 곳에서 보고 접하려는 갈망을 유도한다.

이러한 '바람의 산물'로서 전원주택이나 주말농장을 매입하여 자연과 함께 하기를 선호하는 추세가 매년 증가하고 있기 때문이 아닐까 한다. 전원주택의 붐으로 인해 점차 좋은 땅을 구하기가 어렵기도 하거니와 터의 성정은 무시하고 막무가내로 개발하여 분양하는 땅에 집을 짓고 거주하면서 오히려 건강을 잃는 사례를 볼 때면 안타까울 따름이다.

전원주택부지 선정에서 가장 키포인트는 마을 입구보다는

안쪽으로 들어가되 산줄기나 그 아래는 신중하게 선택해야 한다는 것과 주변에 있는 산이 너무 가까우면서 높으면 오히려 좋지 않다는 것이다.

산줄기에 집을 지으면 조망권은 좋으나 자칫 바위 위에 집을 지을 수 있기 때문에 신중을 기해야만 한다. 산기슭은 단층과 단층이 만나는 부분이 많아서 수맥이 있는 곳이 많으며 돌과 흙이 혼잡 되어있기 때문에 잘 보고 선택해야 한다. 또한 너무 높고 큰 산이 가까이에 있으면 산의 기세에 눌려 건강을 해치는 경우가 많다.

일반적으로 도로의 양쪽은 도로보다 높은 지대와 낮은 지대로 나누어지는데, 도로보다 낮은 터는 습기와 냉기로 인해 우울한 삶을 살 수 있다. 땅을 계약하기 전에 반드시 저수지의 위치를 파악하여 저수지보다 낮은 땅은 신중을 기해 매입해야하며, 저수지보다 위에 있는 땅은 주변 산과 계곡의 위치와 상태를 잘 파악하여 매입해야 한다.

마을 입구가 좁으면서 마을을 향한 도로는 곧지 않고 큰 나무(노거수)가 있으면 대체로 '터의 기운'이 좋은 곳이므로 당장 매물이 없더라도 부동산뿐만 아니라 마을 이장이나 주민들에게 부탁해서 매입하면 된다.

만일 땅을 사서 부자가 되고자 한다면 삼성의 이병철 회장이 행한 세 가지 방법인 운(運), 둔(鈍), 근(根)을 알고 실천해봐도 좋겠다. 운, 둔, 근이란 운을 잘 타고나야하고 그 운이 들어올 때까지 기다릴 줄 아는 둔한 맛이 있어야 하며 버티는 근성을 뜻한다. 경남 창녕군 영산면에 위치한 영산 향교, 신씨 고가1, 신씨 고가2는 조상산인 영취산(739m)과 병봉(650m)이 맥(脈)을 같이 하고 있다.

<신씨 고가1>

<신씨 고가2>

　가장 위쪽에 있는 영산 향교는 유생(儒生)이 학문을 연마하
는 명륜당과 일상생활을 하는 동·서재(東·西齋)는 교육 기
능을 하고 공자와 저명한 유학자의 위패를 모시는 대성전과

동·서무(東·西廡)는 제례 기능을 한다. 영산 향교의 건물은 교육 공간을 앞쪽에, 제례 공간을 뒤쪽에 두는 전형적인 '전학 후묘(前學後廟)'의 양식이다.

<영산 향교>

그러나 영산 향교는 거주가 목적이 아니라 교육과 제례가 목적이기 때문에 경사가 꽤 있는 '산줄기'에 있음으로 해서 오히려 좋은 기운을 받고 있다. 반면, 신씨 고가1과 신씨 고가2는 경사가 낮은 곳에 위치함으로써 '평지룡(平地龍)의 기운'을 받아 평온하고 복된 삶을 누릴 수 있는 지기를 품고 있다. 향교 아래에 위치한 신씨 고가1과 신씨 고가2는 안채와 사랑채 사이에 안대문을 달아 전통적인 내외법을 고수하였지만, 곳간채를 안으로 들이고 안마당을 넓게 잡아 집안 대소사와 작업 공간으로 두루 쓸 수 있도록 했으며, 벽장과 반침을 많이 달아 실용적인 면을 추구하였다.

9) 좋은 터와 발품

풍수 감결은 이기풍수(理氣風水 · 패철이 중요한 역할을 하는 풍수)와 형기풍수(形氣風水 · 지사의 눈이 중요한 역할을 하는 풍수)적인 면이 합치된 곳이면 가장 좋지만, 그러한 곳은 별로 없다. 이기와 형기풍수의 감결결과가 다르면 형기풍수를 우선적으로 고려하는 것이 올바른 감결방법이다. 어느 강연도 중 풍수에서 바람과 물은 좋은 역할을 하는지 나쁜 역할을 하는지에 대한 질문을 받은 적이 있다.

바람과 물 즉, 풍(風)과 (水)는 어떤 장소인가와 어떻게 사용하는가에 따라 사람에게 득(得)도 되고 해(害)도 될 수 있다. 고택(古宅)의 구조를 살펴볼 때, 솟을대문을 들어서면 사랑채가 있고 사랑채의 오른쪽이나 왼쪽에 내외벽을 만들어서 대문이라는 수구(水口 · 기운이 들고 나는 곳)를 통해 들어 온 흉풍(凶風)이 내외벽을 먼저 닿게 하여 살기를 다스린 후, 중문을 통해 안채로 들어가는 이상적인 구조로 되어 있다.

<내외벽과 안채로 들어가는 중문>

자연과 함께 공존하면서 자연의 좋은 기운을 받으려는 조상들의 지혜가 엿보인다. 그리고 물이 없으면 터(집터·점포터·공장터·묘터 등)가 생기를 간직할 수가 없다. 물이 터의 주변을 환포(環抱·사방으로 둘러쌈)했을 때 비로소 터가 생기를 품을 수 있기 때문이며 지기(地氣)가 강하고 좋은 터가 될 조건을 갖출 수 있다는 뜻이다.

옛글에도 '직탕괄대개흉'(直蕩活大皆凶·물이 환포하지 않고 나가는 모습이 곧으면 재물이 산지사방으로 흩어진다)이라 하였다. 며칠 전, 모처에 있는 병원 옆의 단독주택을 감결한 적이 있다. 터를 비롯한 주변여건과 그 외의 모든 것이 풍수적으로 합당하지 않은 곳이었다. 웬만하면 이사하기를 권유했지만, 재테크의 일환으로 매입하려는 생각을 가지고 있기에 매입 후 가능한 한 빠른 시일 내에 매도할 것을 주문했다.

이러한 곳은 일반인이 보더라도 흉택임을 한 번에 알 수 있는 곳이기에 사는 동안 최대한 피해를 입지 않도록 비보(裨補·흉한 것을 좋게 바꿈)하는 방법을 알려주고 왔지만, 마음 한 구석은 꺼림칙한 느낌이 들었다. 도심에 살다가 막상 전원주택지를 구하려면 마음에 드는 터가 별로 없다는 것을 금세 알게 된다. 거기다가 힘들게 구한 터를 필자가 흉하다고 하면 그 실망감은 이루 말할 수가 없을 것이다. 그러나 발품을 많이 판 후에 좋은 터를 구하게 되면 그간의 고생한 것에 대한 보상을 톡톡히 받게 된다.

필자가 미안할 정도로 많은 곳을 나쁜 터로 판정하여 계약을 포기한 의뢰인에게 마침내 엊그제 감결한 터는 좋은 터이니 매입하라고 한 터에 대한 감결내용을 언급할 터이니 참고하여 도움이 됐으면 한다. 마을 입구에 들어서니 수구(水口·기운이 들고 나는 곳)가 그리 벌어져 있지도 않았는데, 비보의 목적으로 돌을 쌓아 수구막이를 하여 더욱 좁게 한 것을 보고 예사롭지 않은 곳이라는 생각이 들었다. 수구는 작은 배 한척이 드나들 정도의 폭이어야 설기(洩氣 · 생기가 새어나감)되지 않고 좋은 기운이 마을 에 항상 머물게 된다.

터를 중심으로 좌청룡과 우백호가 터를 보호하고 있으며 지기도 보통이상 이었다. 계곡에서 내려온 물은 터를 감싼 후 즉시 사라져서 터의 기운을 돋우고 있었고 관쇄된 수구로 빠져나가고 있으므로 마을의 생기가 새지 않도록 가두고 있었다.

마을 뒤쪽 주산은 횡룡(橫龍)으로 입수하여 터의 생기를 증가시키고 있으므로 전원주택지로 손색없는 좋은 터라는 결론을 내렸다. 또한 터의 앞에 있는 안산(案山)은 재물이 모이는 노적봉(露積峰 · 쌀가마니를 쌓아놓은 것 같은 형상의 산봉우리)이었다. 그러나 우측에서 부는 흉풍을 막기 위해 방풍림을 조성하거나 밀폐형 담장(적정높이 · 1.5m)을 하도록 했다.

10) 어느 마을의 우환

음택(陰宅·무덤)이나 양택(陽宅·산 자의 생활공간)에서의 공통점이라면 주변의 산이나 건물이 유정한 형상으로 혈(무덤이나 건물)을 보호하는 것이다. 만일 혈을 보호하지 못한다면 혈의 주변에 위치한 산이나 건물은 존재의 의미가 없게된다. 하지만 혈 앞에는 산이 없어도 적당한 물이 있다면 '무안산요수조(無案山要水朝·안산이 없는 곳은 물로써 안산을 대신 한다)'라 하여 물을 안산으로 볼 수 있다.

<마을 앞 안산을 대신하는 물>

액체인 물과 기체인 수증기의 점성은 온도에 따라 다르다. 액체는 온도가 올라가면 점성은 약해지지만 기체는 온도가 올라가면 점성은 높아진다. 액체의 경우 온도가 올라가면 분자 사이의 결속력이 약해져 점성이 약해지는 것이다. 그러나 기체

는 온도가 높으면 분자의 운동량이 증가해 분자 사이의 마찰력이 증가하게 된다. 결국 온도가 올라가면 기체의 점성은 높아진다. 겨울에도 '기체의 방어벽'이 형성되지만 여름이 겨울보다 '기체의 방어벽'은 더 단단하게 형성된다. 다시 말하면 안산이 있어서 혈을 보호해주면 가장 좋지만, 만일 안산이 없다 해도 물이 있다면 '기체의 방어벽'이 형성되어 살기나 흉풍으로부터 혈을 보호해주는 역할을 하는 것이다.

또한 묘나 집 앞에 높은 산이 있으면 압혈(壓穴 · 혈을 압박해 눌림)을 가하므로 연못을 파서 살기를 순화시키기도 한다. 하천의 자연수(自然水)가 빠르게 묘나 집의 '터' 앞쪽을 통과하여 흐를 경우, 좋은 기운이 흩어지므로 수조(水槽 · 물을 담아두는 큰 통)에 물을 담아두거나 물확(석조)에 물과 연꽃을 두면 좋은 기운을 응집시킬 수가 있다.

전원주택을 지어 남편이 퇴직을 하면 여생을 텃밭을 가꾸며 자연과 더불어 살고자 하던 부부가 수년에 걸쳐 발품을 판 끝에 마음에 드는 집을 구했다. 대문으로 들어가는 입구가 작아서 생기(生氣)가 빠져나가지 않는 곳이었으며 주산(主山)의 '맥'이 연결되어 좋은 기운이 뭉쳐져 있는 곳이기도 했다.

현재 지어져 있는 집의 좌측에 있는 창고를 허물고 마당으로 사용하고 싶다고 하기에 작게 만들더라도 창고는 반드시 있어야 외부의 살기를 막을 수 있다고 하였다. 묘와 집의 풍수적 감결에 있어서 그 맥락은 다르지 않다.

집의 양쪽에 창고나 부속 건물이 있으면 좌청룡과 우백호의 역할을 하여 집에 살기나 흉풍을 막아주며, 집 앞에 다른 집이 있으면 비록 조망은 만족스럽지 않더라도 건강과 복은 얻을 수 있게 된다. 터를 정하고 집을 짓고 나서 지력(地力)이 약하거나 결함이 있는 땅이라면 안정된 생활을 하기가 쉽지 않을 것이다. 이럴 경우 풍수사는 땅의 결함을 비보(裨補·흉한 기운을 좋은 기운으로 바꿈)하여 지력을 회복시켜 인력에 의한 자연의 조화를 좌우하는 방법도 알려 주어야 한다.

지기가 충만한 자연의 길지를 쉽게 얻을 수가 없기 때문에 현대풍수는 비보가 매우 중요하다. 경남의 모처에 집을 보수하면 보수한 집에 거주하는 사람이 죽어나간다고 믿는 마을이 있었다. 그러다보니 집이 오래되어 허물어져가도 보수는 꿈도 꾸지를 못하고 있었다.

필자가 마을을 방문하여 조사한 결과 풍수는 역시 자연을 연구하는 학문임을 다시금 깨닫게 해주는 것 같았다. 마을 입구의 주변에 있는 산은 험한 돌산(石山)으로 마을을 마주 보고 있으면서 흉한 기운을 내뿜고 있었다.

마을을 향한 진입도로는 마치 마을을 양쪽으로 분리하듯이 마을 중앙에 나 있으며 양옆에 위치한 집들보다 도로가 훨씬 더 높았다. 농사를 짓던 곳에 농가주택을 지었기 때문에 지기가 약했으며 도로보다 낮은 곳이어서 평소에 찬 공기가 집안에 머물며 비가 오면 음기(陰氣)가 더욱더 쌓였다.

또한 마을과 가까운 곳에 국도가 생겨서 항상 흉풍을 맞는 곳이기도 했다. 마을 가까이에 설치한 철탑은 전압살을 내뿜는 요인이 되고 있었다. 이장에게 마을 입구의 돌산은 풀이 자라도록 하여 살기를 막아야 하고 국도 주변에는 나무를 심어 도로살을 차폐시켜야 하며, 철탑은 마을과 좀 떨어진 동산으로 옮겨야 한다고 했다. 원인은 인간이 만든 것에서부터 비롯되는데 검증되지도 않은 것에 대해 막연한 두려움을 가지고 살아서야 되겠는가.

11) 조롱박 형상의 마을에 복덕이 있다

번호표를 받고 한참을 기다려야 밥을 먹을 수 있는 식당이 있다. 세계적으로 참을성 없기로 둘째가라면 서러워할 대한민국 사람이라고는 도저히 믿기지 않을 만큼 조용히 줄을 서서 차례를 기다리는 것을 보고 있으면 그저 놀라울 따름이다.

식당을 포함한 어떤 품목의 점포도 성공을 하려면 점포의 외부와 내부의 풍수적 요건도 좋아야 하지만 풍수외적 요건도 잘 맞아야 한다. 우선 점포 외부는 점포 앞의 공간이 넓으면 넓을수록 좋다. 하지만 점포 입구와 일직선인 가로수가 있거나 너무 큰 건물이 앞에 있으면 점포의 기운이 쇠약해진다.

이 식당은 입구와 일직선인 나무도 없고 식당 앞의 공간이 넓었으며 충분한 면적의 주차장을 확보하고 있었다. 건물 내부의 지기(地氣)는 좋았으며 주차장부지는 터가 센 편이지만 차가 상시 주차를 하기 위해 '터'를 밟아주기 때문에 살기(殺氣)를 순화시켰다. 식당 입구는 이중문을 설치했는데, 바깥 출입문은 여닫이문이며 안쪽 출입문은 자동문으로 되어 있었다.

여기서 중요한 점은 바깥문과 안쪽 문을 서로 어긋나게 설치하여 기(氣)의 흐름을 순화시키고 있다는 것이었다. 식당 내부 손님의 동선(動線)은 입구 우측에 있는 카운터를 지나서 1층과 2층을 가도록 되어 있었다. 만일 입구에서 똑바로 가다가 우측으로 가도록 하면 좋은 기운이 분산되어 버린다.

좌측의 주방으로 들어가는 통로는 현관문과 일직선이 되므로 손님이 불편하지 않을 정도로 냉장고와 음료수 박스를 쌓아 두어 외부로부터의 흉풍을 차단시키도록 하였다. 입구를 기준으로 우측 끝에 있는 출입문은 아예 사용할 수 없도록 고정시켜 놓았다.

돈이 들어와서 새지 않도록 하는 풍수의 비보(裨補·나쁜 기운을 막는 방법) 역할을 톡톡히 하고 있는 셈이다.

카운터와 주방은 일직선이어서 음식을 만드는 곳 즉, 카운터와 마주 보는 곳의 주방 앞에 1.5m 정도의 재료를 올려놓는 중간 벽을 만들었다. 철저하게 풍수적인 배치와 비보를 했음을 알 수 있었다. 리모델링을 주업으로 하는 점포의 풍수감결을 의뢰 받은 적이 있다.

점포의 지기는 어떤 곳은 좋고 어떤 곳은 흉한 파(波)가 땅속으로부터 올라오기에 배치를 잘 해야만 하는 다소 불안정한 지기를 품고 있는 부지였다. 이러한 점포는 계약을 하기 전에 행인들의 동선을 파악하고 연령과 성별, 직업을 분석해야하며 주변 건물에서 일을 하거나 거주하는 사람들의 성별, 연령, 직종 등을 파악해야 한다. 또한 흉한 기운을 내뿜는 주변건물의 유무와 점포 외부의 바람방향을 파악해야 한다.

특히 의뢰한 리모델링 점포는 입구 반대편과 옆면으로 출입문을 설치하려고 했는데, 뒷면과 옆면에 출입문을 만들면 돈은 벌어도 쓸 일이 더 많아 만성 적자에 허덕이게 되기 때문에 내지 않도록 조언했다.

지하의 기운이 좋지 않아도 지상의 기운이 좋도록 풍수인테리어를 하면 중급 정도의 돈을 벌 수 있지만, 필자의 경험상 2~3년이 경과하면 몸이 아프거나 불화가 자주 생기는 것을 자주 보았다. 최근 경남 고성의 모처에 전원주택 부지를 감정하러 간 적이 있었다. 마을로 들어가는 입구에서부터 좋은 기운을 감지할 수 있었는데, 입구는 수구(水口)라 하여 기운이 들고

나는 곳으로 이중환의 '택리지' 글귀에서처럼 좁고 유정해야함
을 그대로 보여주었다.

\<경남 고성군 화산마을\>

마을 뒤의 주산(主山)은 물결이 이는 형상을 한 수형(水刑) 산으로 학자나 문필가, 고위 공직자를 배출하는 산이었다. 좌측 산인 청룡(靑龍)을 우측 산인 백호(白虎)가 감싸주고 있어 마을은 생기(生氣)가 똘똘 뭉쳐있었다. 수구로부터 마을까지는 조롱박 형상으로 생기(生氣)는 머물게 하고 살기(殺氣)는 빠져나가게 하는 교과서적인 양택(陽宅)과 부합되는 마을이었다.

　　집의 향(向)은 청룡의 끝부분으로 하면 형기와 이기풍수에 모두 부합되는 방향이었으나 산 뒤에 산이 있으면 생기를 더욱 더 뭉쳐주는 역할을 하는데, 그 점이 약간 아쉬웠다. 하지만 마을 입구의 노거수(老巨樹)와 마을로부터 이어지는 도로는 마치 뱀이 꿈틀거리며 전진하듯 사행천(蛇行川)을 이루었으니 크게 만족할만한 마을로 보아도 틀림이 없다.

12) 원수 같은 경조사비

삼성생명 은퇴연구소가 현직에서 물러난 남녀 500명에게 경조사비(慶弔事費)에 대한 설문조사결과, '크게 부담된다' 26.2%, '약간 부담된다' 57.2%로 83.4%가 부담이 된다고 답하였다. 은퇴 후 83.4%가 경조사비로 인해 스트레스를 받고 있는 것이다. 게다가 회사를 경영하거나 직장 생활을 하는 당사자들은 갑과 을의 위치에서 만일 을의 위치에 있다면 그 부담은 매우 클 것이다. 그런데 경조사에 관한한 세계에서 한국처럼 악습을 직접 피부로 느끼면서도 타파하지 않는 나라가 또 있을까 하는 생각이 든다.

게다가 경조사 장소에 빽빽하게 자리 잡고 있는 화환은 꼴불견의 극치를 달린다. 단지 한번 사용하고 폐기하거나 다시 수거해가서 재사용하는 화환의 수와 화환을 보낸 사람과 단체가 누구인가에 따라 행사 주인공에 대한 품격의 높고 낮음을 판단하는 꼴사나운 관습은 사라져야만 할 것이다.

몇 년 전, 당시 잘 나가던 도의원의 부친이 돌아가셔서 문상(問喪)을 간 적이 있었다. 시골집이었는데 화환이 도로에까지 끝도 없이 놓여있는 것을 보면서, 벼슬아치들이 솔선수범하여 변화하지 않으면 이러한 폐습은 결코 타파할 수가 없다는 생각을 했다. 경조사비와 화환이 없으면 안 되는 이 나라의 풍습을 매장(埋葬)에서 화장(火葬)의 장법문화로 변화시켜 가는 것처럼 변화의 물결이 세차게 일어날 수 있도록 정부와 지방자치단체 그리고 시민단체의 협조가 절실히 필요한 시점이다.

절대 잊지 않고 있다가 채권자가 빚을 갚으라고 독촉하듯이 악착같이 뒤쫓아 오는 '원수 같은 경조사비'라는 말을 들으면 쓸쓸한 마음을 금할 수가 없다. 사람은 언젠가는 죽는다. 그러나 오늘날 사람의 기대수명은 불과 10년 전과 비교해보더라도 놀라우리만치 늘어났기 때문에 질병에 걸리지 않고 건강하게 잘사는 것이 무엇보다 중요하다. 실제로 건강하게 살며 쾌적한 삶을 누리기 위해 자연과 더불어 살 수 있는 전원주택을 선호하는 가구가 날로 늘어나고 있다.

하지만 자연은 우리에게 좋은 친구인 동시에 무서운 존재도 될 수 있다는 것을 명심해야 한다. 잘못된 판단으로 인해 자연 속에 집을 지어서 살다가 자연으로 인해 건강을 잃을 수도 있고 우울증이나 조울증을 앓을 수도 있으며, 자칫하면 전원주택이 커다란 애물단지로도 변할 수가 있다.

최근 경남 합천의 모처에 전원주택 터를 감결(勘決ㆍ잘 조사하여 결정함)하러 간 적이 있다. 택지조성작업은 완료된 상태였으며 일반인들이 보면 멋지다고 할 정도로 조망도 탁 트인 곳이었는데, 터의 한편에 택지조성작업 중에 지하수가 나와서 작은 연못이 형성되어 있었다. 의뢰인은 연못으로 사용해도 되는지의 여부와 그 외 터의 길흉을 문의 하였다.

결론부터 말하면 그곳의 터는 전원주택지로는 합당하지 않은 흉지(凶地)였다. 첫째, 자연이 눈속임을 한 부분도 있지만 본래 계곡의 연결된 곳이었는데, 예전에 물길을 바꾸어서 옆으로 돌려놓은 곳이었으며, 겉은 바뀌었지만 땅속은 물이 흐르고 있는 곳이었다.

물은 자신이 다니는 길을 결코 잊는 법이 없다. 정지작업을 하기 전에 풍수전문가와 상담을 했더라면 비용과 시간을 낭비하지 않았을 것이다. 둘째, 터 앞에 있는 안산(案山)은 수려하였고 주변 산도 보통 이상은 되었지만, 본신(本身 · 본디의 신체)이 무력하여서 아무런 의미가 없는 곳이었다. 이를 두고 고서에서 말하길 '용혈위주, 사수차지(龍穴爲主, 砂水次之 · 터를 살피는 데는 용맥과 혈이 우선이요, 주변의 사격과 물은 다음이다)'라고 한다.

다음으로 경남 양산에서 전원주택을 감결한 적이 있었는데, 필자도 그러한 곳은 오래간만에 보았기에 소개하고자 한다. 주산에서 능선, 즉 용맥은 뻗어내려 왔고 용맥의 좌우측에는 제법 큰 계곡이 있어서 물소리가 꽤 크게 들릴 정도로 많은 물이 내려와 집 앞쪽에서 합수(合水)되어 두 물이 한 물로 되어 내려가는 곳이었다.

이러한 곳은 '형지기축(形止氣蓄 · 형이 그치면 기가 모인다)'인 곳이지만 터가 센 곳이며, 특히 물소리는 곡(哭)소리가 되어 우울증이나 정신질환을 앓기 쉬운 곳으로 일반인들이 거주하기에는 적합하지 않다.

<물소리가 심한 계곡>

13) 바람으로 찾는 좋은 집터

바람의 종류는 무척 많지만 풍수지리(風水地理)에서 관찰과 연구대상인 바람은 해륙풍(海陸風)과 산곡풍(山谷風), 그리고 계절풍(季節風)이다.

해륙풍은 해안지방에서 바다와 육지의 기온교차 때문에 낮과 밤에 방향이 바뀌어 부는 바람으로서 낮엔 바다에서 육지로 부는 해풍과 밤엔 육지에서 바다로 부는 육풍이 있다.

산곡풍은 산풍과 곡풍으로 나뉘어 지는데 밤이 되면 산비탈이 빠르게 냉각되어 산 비탈면 근처의 기온이 주위의 기온보다 낮아지며 이때 냉각된 공기는 산비탈면을 따라 계곡 쪽으로 흘러 내려가는데 이 바람을 산풍이라 하며 낮에 산비탈이 가열되면 산비탈근처의 공기가 주변 공기보다 따뜻해져서 계곡으로부터 산비탈면을 타고 올라가는 바람을 곡풍이라 한다.

해륙풍이나 산곡풍은 하루 동안에 바람의 방향이 바뀐다. 풍수에서는 세찬 바람을 흉한 살기(殺氣)로 여긴다. 상식적으로 선풍기 바람을 정면으로 계속해서 맞게 되었을 때 자칫하면 목숨을 잃을 수도 있다. 그러나 옆면을 맞거나 뒷면을 맞게 되면 오히려 시원한 바람을 얻을 수 있다. 이처럼 바람이란 존재는 어떻게 활용 하는가에 따라서 우리에게 이로운 바람이 될 수도 있고 해로운 바람이 될 수도 있는 것이다.

지금도 간혹 시골 마을에 가면 바다나 강바람이 마을로 거세게 불어오는 것을 막기 위해 나무를 심어 놓은 것을 볼 수 있는데 이것을 동수(洞藪)라고 한다.

풍수용어로 배산임수(背山臨水)라고 하는 것은 산을 의지해서 뒤편의 차갑고 매서운 바람을 피하는 것인데, 바람은 모든 병의 근원이 된다. 전원주택을 지을 때도 남향(南向)만을 고집 할 것이 아니라 남향이 아니라도 산을 등지고 물을 바라다보는 배치를 해야 한다. 그러한 배치는 낮엔 강바람이 산 능선으로 불어 집안을 생기(生氣) 있게 해주며 밤에는 산바람이 강으로 불어 집 뒤편을 치게 되니 집안에는 해로움을 주지 않는다.

<해풍을 막기 위해 조성한 숲(洞藪裨補)>

도심에서의 아파트는 대로(大路)와 접하면서 대로(大路)를 향해 있는 동이 대부분 분양가가 높게 형성되어 있는데 이러한 동은 풍수적 해석으론 속이 얄팍한 건물이라고 하며 자동차가 달리면서 발생하는 살풍(殺風)뿐만이 아니라 소음, 공해 등으로 풍수적으로는 좋지 않은 동으로 간주한다.

가능하면 조망권은 부족해도 아파트 주출입구에서 좀 들어간 동이 좋다고 본다. 아파트의 동과 동사이의 틈에서 형성되는 살기(煞氣)를 천참살(天斬煞)이라고 하는데 마치 예리한 칼로 두 동강이 낸 듯한 형상을 띠므로 천참살(天斬煞)이라 한다. 천참살(天斬煞)의 흉풍(凶風)이 직사(直射)하거나, 양쪽에 있는 건물 담벽의 뾰족한 모서리가 뒷 건물을 마주보고 있어, 뒷 건물이 절단되는 형국이면 그 주택 안에 사는 사람들의 건강이나 기운(氣運)에 나쁜 영향을 미친다.

또한 천참살(天斬煞)의 거리에 따라 흉한 살기(煞氣)가 정해지는데, 가까우면 가까울수록 더욱 흉(凶)하다. 일반적으로 100m를 초과하는 거리에 건물이 있으면 살기(煞氣)가 흩어져 약화되므로 영향을 받지 않는다. 또한 두 건물의 높이가 높을수록 천참살(天斬煞)의 살기(煞氣)가 더욱 강해진다. 천참살(天斬煞)을 막기 위한 방법으로 나무를 심거나 거울을 사용하기도 한다.

천참살(天斬煞)에 대해서는 향후 자연과학적인 관찰과 분석 그리고 통계학적인 확률 수치가 필요하다고 본다. 풍수지리(風水地理)에서 장풍득수(藏風得水)의 득수(得水)란 매우 중요한 의미인데 즉 바람을 완전히 막는다는 것이 아니라 잘 갈무리를 하여 우리에게 도움을 줄 수 있는 바람으로 만든다는 뜻으로 생각하면 좋을 것이다.

어느 장소에서든 직접적으로 치는(直射) 바람은 흉(凶)한 바람으로 산 사람에게든 죽은 사람에게든 좋지 않기 때문에 이러한 흉풍(凶風)을 얼마나 풍수적인 혜안(慧眼으로 잘 갈무리하여 좋은 기운(氣運)을 얻느냐가 중요하다 하겠다. 이렇게 함으로 인해 풍수의 목적인 탈신공개천명(奪神功改天命:자연의 신령한 공력을 얻어서 하늘이 내려준 운명을 보다 더 좋게 바꾸어 보겠다.)을 이룰 수가 있는 것이다.

14) 반풍수 집안 망하게 한다

함석헌(1901~1989) 선생의 "생각이 죽어 말이 되고, 말이 죽어 글이 된다"라는 글귀는 현명한 생각이 말과 글을 승화(昇華)시키는 근본이라는 뜻도 있으리라 생각한다. 항상 말을 하고 글을 쓰기에 앞서 '신중하게 생각을 하는 한 해'가 됐으면 한다.

풍수의 속담에 확실히 알지 못하면서 말을 해 일을 그르치게 하거나, 지레 걱정과 근심하게 하는 것을 일컬어 '반풍수 집안 망하게 한다'고 한다.

창녕군의 모처에서 전원주택을 매입해 중도금까지 치른 후, 양택풍수(陽宅風水 주택풍수) 책을 읽고 그때부터 걱정으로 잠을 못 이룬 주부가 있었다. 책의 내용대로 집을 해석해 보니 대문과 현관문 그리고 방문의 위치가 흉해 그곳에 살면 자식이 죽는다고 해 집을 포기해야 할지, 살아야 할지를 몇날 며칠을 고민하다가 감정을 의뢰했다.

양택풍수는 음택(陰宅: 무덤)풍수와 달리 만일 거주하는 곳이 흉하면 그곳에 살고 있는 사람에게만 피해를 준다. 그녀의 아들은 그들과 같이 사는 것이 아니라 다른 지방에서 살고 있다고 한다. 전혀 고민할 사항이 아닌데도 가장 기본적인 내용을 적어놓지 않음으로 해서 생기게 되는 사례이다. 특히 풍수 관련 서적들은 일본이나 서구의 서적을 한국인의 정서와 환경 등을 전혀 고려하지 않고 내용 자체만 번역해 출판하거나 검증되지 않은 내용을 무책임하게 출간하는 사례가 많다. 과연 독자들의 곡해로 인한 부작용은 누가 책임질 것인가?

'기'의 성정이 살기인지 생기인지 등은 정확한 분석과 사례를 통한 통계적 자료를 참고한 연후에 신중하게 판단해야만 한다. 양택의 길흉에 대한 판단은 지기(地氣 터의 기운)가 50%, 양택의 삼요(三要 대문과 방과 부엌의 세 요소)에 의한 적절한 배치가 10%, 비보(裨補 흉한 기운을 좋은 기운으로 바꿈)가 20%, 풍수인테리어와 그 외 요인이 20%를 차지한다. 따라서 어느 한 요인이 흉하다고 하여 섣불리 흉가(凶家)로 판단하면 안 된다. 아무튼 의뢰인의 주택에 대한 감결(勘決: 잘 조사하여 결정함) 내용을 참조해 '복을 받는 주택'에 살았으면 한다.

첫째, 청룡과 백호가 환포(環抱: 둘러쌈)하여 마을 어귀(드나드는 목의 첫머리)가 좁기 때문에 생기가 빠져나가지 않으므로 마을 안은 항상 온화한 생기가 감돌았다.

둘째, 대문이 없고 담장이 없어서 '기승풍즉산(氣乘風則散 기는 바람을 맞으면 흩어진다)'하므로 담장을 쌓고 대문을 만들도록 했다.

셋째, 본래 지맥(地脈)에 순응하도록 집을 지어야 하는데, 신기하게도 약간 옆쪽으로 비켜서서 지은 집터의 지기가 가장 좋았다.

넷째, 마당의 땅 밑은 돌이 많아서 찬 기운이 항상 감돌기 때문에 뿌리가 굵지 않고 멀리 뻗어나가지 않는 유실수를 심도록 했으며, 연못은 절대 파지 못하게 했고 지기를 강화하기 위해 잔디를 심도록 했다.

다섯째, 좋은 기운이 머무는 곳에 지은 집이므로 부부의 건강은 보장됐으니, 마을 주민들에게 마음을 열고 생활하며 적선을 베풀면 항시 '행운이 가득 차는 집'이 될 것임을 보장한다고 했다.

언젠가 평소 알고 지내던 모 회사의 사장이 공장을 신축하는데 지나가던 스님이 부지의 약간 솟은 곳을 가리키면서 그곳이 명당이니까 사장실과 사무동을 지으면 좋다는 말을 했다고 했다. 고언에 '고 일촌 위산, 저 일촌 위수 (高 一寸 爲山, 低 一寸 爲水: 한 치만 높아도 산이 되는 것이요, 한 치만 낮아도 물이 되는 것이다)'라는 글귀가 있다. 스님은 이러한 이치를 알고서 조언을 했으리라 본다. 하지만 높은 곳이 지기가 좋은 곳이 되기도 하지만 돌이 많은 곳이 될 수도 있음을 알아야 한다.

5. 고택과 풍수

1) 애국지사 매천, 그는 누구인가

조선왕조 최후의 대표적 시인이자 문장가인 매천(梅泉) 황현(黃玹 · 1855~1910)은 백두대간 끝자락에 우뚝한 백운산 남서쪽 문덕봉 아래 서석마을(광양시 봉강면)에서 태어났다. 매천은 어려서부터 매우 총명하여 어떤 글이라도 한 번 읽으면 기억했고 책에 몰두해 침식을 잊었으며 서당에 다니면서 또래 학생들을 가르쳤다. 향시와 백일장에서 뽑힌 글이 뭇사람을 탄복하게 해 광양의 황신동으로 불렸다. 경술년 치욕적인 한일 병탄 조약 소식을 접한 매천은 절명시 4수를 남기며 "나라가 망하는 날을 당해 한 사람도 책임지고 죽는 사람이 없으니 어찌 가슴 아프지 아니한가" 하는 탄식과 함께 자결 순국했다.

<매천의 絶命詩>

매천은 나라가 망하는 비참한 현실에 비분강개(悲憤慷慨)하여 독약을 마시고 자결한 애국지사이며 한말 최고의 역사책인 '매천야록'을 탄생시킨 역사가이기도 하다. '매천야록'은 1864년부터 1910년 경술국치에 이르기까지 다양한 시대상을 서술한 비사(祕史)인데, 다른 기록에서 찾아볼 수 없는 귀중한 사료들이 망라되어 있어 한말의 역사를 연구하는데 매우 귀중한 자료이다. 특히 한말에 난정(亂政)을 주도했던 위정자의 사적인 비리·비행과 일제의 온갖 침략상을 낱낱이 밝혀 기록했으며 우리 민족의 끈질긴 저항 정신 등이 담겨있다. 선생의 생가는 정면 5칸, 측면 3칸의 한식 목조 초가지붕이다.

<매천 황현 선생 생가>

마을 한가운데 위치한 생가는 아직도 선생의 선비 정신이 깃들어있기라도 한 듯 고즈넉한 분위기를 내뿜고 있었다. 대문

생활 속의 풍수, 그 진리를 탐구하다

과 마주보는 마당 끝 모서리에 있는 우물은 대문으로부터 불어
오는 바람과 우물의 냉기(冷氣)가 부딪쳐 찬 기운이 집안에 머
물기 때문에 위치가 좋지는 않았다.

<매천 황현 선생 생가 마당>

하지만 대문에서 마당을 거쳐 방으로 들어가는 동선은 효율
적이며, 집 앞의 안산은 노적봉과 一자형의 산(일자문성사)이
어우러져 부(富)를 누릴 수 있는 터였다.

실제 선생의 조부(祖父)는 상업 활동을 해 재산을 상당히 모
아 그 재력으로 자손과 이웃 선비들을 학업의 길로 이끌었다고
한다. 최종 마당과 주변의 지기(地氣)를 측정한 결과 생기(生
氣)의 흐름을 느낄 수 있었다.

생가에서 차로 3분 거리에 선생의 사당과 묘소가 있었다. 주
산에서 뻗어 내려온 산줄기(용맥·龍脈)는 좌우요동을 하거나

상하기복을 활기차게 하진 않지만, 조부와 선생의 묘소는 산줄기의 중심에 있어 지기가 강한 곳이었다.

<생가 안산 – 노적봉과 일자문성사>

<매천 황현 선생 묘소>

허나 좌측산(좌청룡)과 우측산(우백호)이 묘소를 환포(環抱·둘러쌈)하지 못했으며, 우백호는 무정하게 달아나는 형국이었다. 묘소 앞의 안산(앞산)은 적정한 높이와 형상을 갖추었고 저수지(석사제)와 접해 있어 흉풍과 살기(殺氣)를 막아주므로 그 역할을 다 하고도 남음이 있었다.

<황현 선생 묘소 앞의 안산(案山)>

땅은 저마다 최대한의 효과를 낼 수 있도록 용도에 맞는 건물을 지어야하며, 일정한 면적의 터에서도 각각의 용도에 맞게 사용해야 최고의 생기를 받게 된다. 얼마 전 강원도 평창에 위치한 전원주택을 감결한 적이 있다. 계약을 한 상태였지만 터가 나쁘면 계약금을 포기할 생각으로 감정을 의뢰한 분이었다. 대로(大路)에서 구불구불한 길을 거슬러 올라가보니 산들이 사방에 병풍처럼 가까이 둘러져 있는 곳에 위치하고 있었

다. 이러한 터는 주택보다 놀이공원이나 테마가 있는 정원(물의 정원, 전통정원 등), 펜션타운이 들어서면 빛을 발할 수 있는 곳이다.

물론 주택 용도가 나쁘다는 말은 아니며, 가장 효율적으로 사용할 수 있는 터의 용도를 뜻한다. 대문이 아예 없고 나무 담장은 너무 낮으며 나무와 나무 사이는 틈이 벌어져 흉풍이 곧장 집을 치고 있었다. 산줄기를 깎아서 지은 집이라 석축이 집을 두르고 있어 찬 기운이 항상 집에 머물기 때문에 나무 재질의 밀폐형 대문을 설치하고 담장 사이에 틈이 없도록 나무를 덧대도록 했다.

주변(석축, 계곡풍 등)이 냉기가 많아 마당에는 연못이나 관상용 석물을 두지 않도록 단단히 일렀는데, 담장 밖의 냉기와 담장 안의 냉기가 만나면 자칫 거주자의 건강을 크게 해칠 수 있기 때문이다. 지기(地氣)가 나쁜 곳은 없고 전체가 보통 이상의 좋은 기운이 흐르는 곳이어서 건강과 재물을 주는 곳이었다.

2) 적선(積善)을 베푼 경주 최부자댁

오늘날 풍수지리에 대한 일반인들이 인식하는 정도가 미신의 개념을 벗어나 자연의 합법칙성과 일치하는 것에 놀라는 분위기가 점점 늘고 있는 추세이다.

풍수는 산과 강, 도로 등의 보이는 형상을 정확하게 분석할 수만 있다면 질병이나 불행한 사태를 얼마든지 미연에 예방할 수가 있다. 중국의 경우, 풍수를 음택(무덤)은 물론이거니와 양택(건물)에서도 대단히 중요시 여긴다.

풍수전쟁이라 불릴 만큼 유명한 일화중의 하나로 홍콩 상하이은행과 중국은행간의 풍수 기(氣)싸움을 들 수 있다. 1989년 건축한 중국은행 건물은 영국 총독관저와 영국계인 상하이 은행을 제압하기 위해 의도적으로 끝이 뾰족하고 날이 서 있는 칼 모양으로 지었다는 말들이 무성했다.

영국 총독관저는 예리한 살기(殺氣)를 막기 위한 비보(裨補·흉한 기운을 막음)풍수의 일환으로 나무를 심었으며, 칼의 형상을 한 중국은행에 맞서기 위해 상하이 은행 옥상에 '대포 형상의 시설물'을 설치해 맞대응을 했다.

이처럼 경쟁기업의 기를 누르거나 상대방에 의한 살기를 차폐시키는 경우가 종종 행해지고 있다. 건물 형태가 화형(火刑)이면 입구에 연못조성 내지 물을 상징하는 해태상이나 돌거북을 두어 화기(火氣)를 진압하는 압승(壓勝)풍수는 흔하게 볼 수 있다.

만일 화기 진압용 연못을 팔 때는 물이 스며들어 지기(地氣)를 손상시켜서는 안 되며 정체되게 해서도 안 된다. 고인 물은 오히려 화를 입을 수 있기 때문이다. 공동주택(아파트·빌라 등)이나 단독주택(도시주택·전원주택 등), 점포, 공장 등을 매입 또는 임차할 때, 0.1㎝라도 높아야 주변보다 땅심(지력· 땅의 기운)이 좋다.

경사가 심한 곳, 건물과 접한 직선도로가 앞으로 곧게 나 있는 곳, 남향집이 되도록 산을 바라본 지맥(地脈)에 역행한 곳, 왕복 4차선 이상의 도로가 건물을 배신한 곳, 주변에 기형적인 건물이나 예리한 각이 있는 건물이 내가 생활하는 건물(특히 창문이나 발코니)과 서로 마주 보는 곳은 피해야 한다.

탐문을 통해 매입이나 임차하려는 건물에 흉한 일(흉살)의 발생여부, 전봇대와 가로수가 정문 입구를 가리는(차단살)지의 확인, 건물 가까운 곳에 전봇대의 변압기통(전압살)이 2개 이상 있는지를 파악하는 것은 중요하다. 교차로에 접하거나 집 뒤에 도로와 대문이 있는 건물은 흉하며, 터파기 작업 시에 청석(靑石)이 나오면 냉기(冷氣)가 많은 곳이다.

만일 자연과 더불어 살고자할 때, 계곡 근처나 물소리가 요란한 곳과 바위(특히 청석)가 많은 곳에 거주하면 오히려 건강을 해치므로 반드시 일정한 거리를 두어야만 한다. 아울러 남을 행복하게하고 착한 일을 하면 경사가 끊이지 않을 것인데, 이를 적선지가필유여경(積善之家必有餘慶)이라 한다. 위의 사항들이 건강한 삶과 복된 재물을 얻기 위한 근본 조건이라 할 수 있다.

경주 교촌은 신라 신문왕2년(682년)에 설립된 한반도 최초의 국립대학인 국학이 있던 곳이다. 신라의 국학은 고려시대에는 향학, 조선시대에는 향교로 이어졌다. 마을 이름이 '교동', '교촌', '교리' 등으로 불린 것은 향교가 있기 때문이다. 경주 교촌에는 진정한 부자의 참모습을 보여준 '최부자댁'이 있다.

<경주 최부자댁>

12대 400년 동안 만석의 재산을 지켰고 9대 진사를 배출했으며, 창녕 성씨고가와 함께 노블레스 오블리주(높은 사회적 신분에 상응하는 도덕적 의무)를 실천한 집안이다.

월성을 끼고 흐르는 남천 옆 양지바른 곳에 자리 잡은 최부자댁은 1700년쯤에 건립된 지기가 대단히 뛰어난 고택이다.

<남천>

건축 당시 향교 유림들의 뜻을 수용해 향교보다 2계단 낮게 터를 깎아서 지었다. 원래 99칸으로 알려져 있으며 이 중 사랑 채는 화재로 불탔으나 최근 큰 사랑채는 복원했고, 작은 사랑 채는 주춧돌만 남아있다.

<작은 사랑채터>

사랑채에는 빈부와 지위의 격차를 묻지 않으니, 자연 수많은 과객들이 머물렀으며 흉년이 들면 굶주린 백성을 위해 항상 곳 간을 열어두었다고 한다.

최부자댁에는 육훈(六訓·여섯 가지 행동지침)이 있다. 그 중에 '만석 이상의 재산은 사회에 환원하라', '과객을 후하게 대접하라', '주변 100리 안에 굶는 사람이 없도록 하라'는 지침이 인상적이다.

<곳간>

3) 양동마을의 가옥과 풍수

경북 경주시에 위치한 양동마을은 전통 민속마을 중 가장 큰 규모와 오랜 역사를 가지고 있는 우리나라의 대표적인 반촌으로 손, 이 양성이 서로 협조하며 500여년의 역사를 이어온 전통문화의 보존마을로 2010년 안동시의 하회마을과 함께 유네스코 세계문화유산으로 등재가 되었다.

<양동마을 전경>

특이한 점은 15세기 중반 조선시대 문신인 손소(孫昭)가 양동으로 이주하고 이번(李蕃)이 손소의 딸에게 장가들어 이곳, 양동마을에 정착하면서 양성 씨족마을로 틀이 갖추어졌으며 이러한 연유로 '외손마을'이라고도 한다. 1992년 영국의 찰스 황태자가 방문을 했던 이곳은 조선시대의 상류주택을 포함하

생활 속의 풍수, 그 진리를 탐구하다

여 54호의 고와가(古瓦家)와 이를 에워싸고 있는 110여 호의 초
가로 이루어져 있다.

　양반가옥은 높은 지대에 위치하고 낮은 지대에는 하인들
의 주택이 양반가옥을 에워싸고 있다. 경주손씨와 여강이씨
의 양 가문에 의해 형성된 토성마을로 조선 중기에 활동한 우
재 손중돈 선생과 문묘에 배향된 회재 이언적 선생을 비롯하
여 많은 석학을 배출하였다. 수백 년 된 기와집과 나지막한 토
담이 한 폭의 그림과도 같이 절묘하게 잘 어우러져 있으며, 통
감속편(국보 283), 무첨당(보물 411), 향단(보물 412), 관가정(보
물 442), 손소영정(보물 1216)을 비롯하여 서백당(중요민속자료
23) 등 중요민속자료 12점과 손소선생분재기(경북유형문화재
14) 등 도지정문화재 7점이 있다.

<관가정>

<향단>

<무첨당>

<서백당>

<설창산과 물자형(勿字形) 양동마을>

마을 뒤쪽의 설창산이 주산이며 마을 앞쪽에는 양동천이 흐르고 있다. 마을과 가까운 주산인 설창산은 '勿'의 형상으로 산 등성이가 좌우요동과 상하기복을 함으로써 생룡(生龍)으로서의 위엄과 기품을 갖추고 있었다.

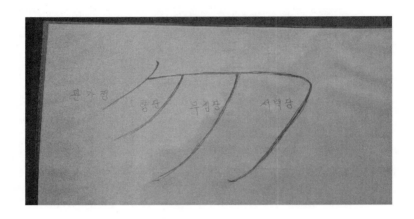

마을 앞의 양동천은 서백당, 무첨당, 향단, 관가정 등의 생기가 빠져나가지 못하도록 하고 있는데, 이를 '맥우수지(脈遇水止·맥이 물을 만나면 정지한다)'라 한다. 양동마을에 생기가 모이도록 하는 가장 중요한 곳은 주차장부근의 마을입구로서 좌측 산(청룡)이 수구(水口·좋은 기운이 들어오고 나쁜 기운이 나가는 곳)인 마을입구를 좁게 하여 수구막이 역할을 함으로써 마을 내에 생기가 충만하도록 하고 있다는 점이다.

가옥의 형상은 'ㄴ'자형, 'ㄷ'자형, 'ㅁ'자형이 주를 이루었는데, 'ㄷ'자형 구조는 많이 볼 수 있지만 사랑채의 벽면이 솟을대문을 보는 'ㄴ'자형 구조와 중문을 통해 출입하는 안채가 사랑채의 뒷면과 문간채와 곳간과 붙어있는 'ㅁ'자형의 구조는 아주 인상적이었다. 마을 앞산인 안산(案山)은 학식이 뛰어난 학자들을 많이 배출한 마을답게 붓과 같이 뾰족한 모양의 산인 문필봉(文筆峯)이 의젓하게 자리하고 있었다.

경북 경주시의 모처에 한옥을 짓고자 풍수 감정을 의뢰해서 현장을 가보니 남향을 보기 위해 마을 뒷산(주산)을 옆면으로 하여 지은 집이 꽤 있었다. 남향이 최적의 방향이지만 지맥의 방향(산등성이가 내려오는 방향)에 순행하여 지어야 좋다. 그래서 '터'의 가장 좋은 기운이 있는 곳을 찾은 후, 집을 짓도록 조언을 하고 지맥에 순행하도록 집의 방향을 잡아주었다. 또한 터의 앞에 있는 도로는 과거에는 계곡의 연장선이어서 터에 좋은 기운이 모이게 하는 역할을 해주었다. 암석이 약간 있는 산이었지만 박혀있는 암석의 형상이 날카로운 부분이 없고 둥그스름하며 밝고 환하여 길석(吉石)으로 기도발이 잘 받는 곳 일 뿐만 아니라 생기를 받으면서 편안한 마음으로 살기에 더없이 좋은 곳이었다.

경남 통영의 전원주택 부지를 감정한 적이 있었다. 주변에 있는 노거수(老巨樹 · 수령이 오래된 당산목, 풍치목, 정자목 등의 나무)를 보고 땅의 기운이 좋을 것이라 예상하고 현장을 감정해본결과 역시 대단히 좋은 땅이었다.

주산인 뒷산에서 내려오는 용맥(龍脈 · 산등성이)의 기운이 뻗어 내려온 곳으로 부지의 대부분은 지기(地氣)가 좋았으며 지기가 보통인 일부는 텃밭으로 사용하도록 조언했다. 부지 앞의 안산은 노적봉(露積峯)으로 재물 쌓임을 뜻하며 '외양수려 천만산, 불여근신일포안(外陽秀麗千萬山, 不如近身一抱案 · 멀리 바깥에 있는 수려한 천만산이 나의 몸 가까이서 둘러준 안산만 못하다)'으로 길한 안산이었다.

4) '토지'의 실제 모델 '조씨고가'에 가다

　　상신마을은 하동군 악양면 사무소에서 1km 북쪽에 위치하고 있고 동으로 부계마을, 서로 주암마을, 남으로 정서마을과 정동마을, 북으로 노전마을과 경계를 이루고 있다. 정서마을의 위쪽 지역에 새로 생긴 마을이라는 뜻으로 '새터몰'로도 불린다. 상신마을 인구는 2016년 12월 기준으로 65가구 129명이고, 주요 농산물은 취나물, 고사리, 매실, 대봉감, 곶감 등이다. 마을의 대표적인 문화유적은 '조씨고가(趙氏古家)'와 '동곡재(桐谷齋·조선시대 인천 이씨 문중의 재실)'가 있고, 역사적인 인물로 의병대장 임봉구(任鳳九)의 기록이 전해진다. 조씨고가는 조선 개국공신 조준(趙浚·1346~1405)의 직계손인 조재희(趙載禧)가 낙향해 지었다.

<조씨고가>

구전(口傳)에 16년에 걸쳐 건축한 것이라 하며 '조부자집'으로 더 유명하다. 동학혁명과 6.25전쟁을 거치면서 사랑채와 대문채, 초당, 사당 등이 불타 없어지고 안채와 행랑채, 방지(方池·방형의 연못)만이 남아있다. 조씨고가는 박경리 소설인 '토지'의 실제 모델이기도 하다. 사람들은 하동 여행에서 영화 '토지'의 세트장인 '최참판댁'은 반드시 거쳐 가지만 실제 모델이었던 조씨고가는 별로 가지 않는다.

지기(地氣·땅 기운)가 뛰어난 조씨고가를 방문해 '생기'를 함빡 받아갔으면 하는 바람이다. 필자가 방문한 날에 마침 대전에 거주하는 후손(조덕상·平壤趙氏 二十八世 孫)이 고가(古家) 관리 차 내려와 있었다. 공학박사이며 대학교수인 조 선생은 세계 일백인 공학자로 선정된 인재(人才)로 대화중에 고가 복원과 보존을 위해 고민하는 기색이 역력했다.

한데 필자가 감정한 조씨고가는 여느 고가와는 다른 점이 있었다. 솟을대문을 들어서니 정면에 방형(方形·네모반듯한 모양)의 연못이 있는데, 뒤쪽 산의 지기가 설기(泄氣·기가 빠져나감)되지 않도록 비보(裨補·도와서 모자라는 것을 채움)의 역할을 하고 있었다.

<연못>

　　고가의 뒤쪽과 측면에는 산이 둘러서 감싸고 있으며 알맞은 높이의 기와담장이 둘러싸여 있었다.

<기와담장>

이러한 연못과 산과 담장은 '氣乘風則散, 界水則止(기승풍
즉산, 계수즉지 · 기는 바람을 맞으면 흩어지고 물을 만나면 정
지한다)'의 일익을 담당한다. 즉, 연못은 지기를 멈추게 해 집
안에 생기가 감돌게 하고, 담장은 계곡풍을 차단시켜 생기가
흩어지지 않도록 한다. 고가는 산이 둘러싸여 어머니의 품안에
있는 것처럼 안온한 곳이어서 양택(주택을 포함한 건물)의 길
지가 됐다. 조씨고가는 '조부자집'으로 알려져 있으며, 어려운
사람들을 많이 도운 것으로도 유명하다. 풍수에서는 '소주길흉
론(所主吉凶論)'을 중요시 여긴다. 이 뜻은 "명혈 길지는 반드
시 적선(積善)과 적덕(積德)을 해야 가질 수 있다"는 것이다.
필자는 이러한 지적이 음택(무덤)뿐만 아니라 양택에도 적용
된다고 본다. 또한 땅을 쓸 사람의 사주팔자도 참고해야 한다.
풍수지리학과 사주명리학의 접목이 없으면 최선의 결과를 얻
을 수 없기 때문이다. 대문을 지나 우측으로 가면 잔디와 나무
를 심어놓은 정원이 있고 한 계단 더 올라서면 안채와 곳간 등
이 있는 시계방향의 효율적인 동선을 갖추었다.

<조씨고가 안채와 행랑채>

연못과 정원은 고가에 들어서기 전의 '완충공간'으로 외부인이 방문할 때, 마음을 편안하게 해주는 중요한 역할을 한다. 현대주택에 적용하면 효율적인 동선 확보와 거주자와 손님, 모두에게 안락한 감정을 가져다 줄 것이다. 모든 것이 그대로 있다면 풍수적인 연구가치가 높았을 것인데, 안채와 행랑채, 연못만 있다는 것이 안타까우며 향후 원형대로 복원시켜 소중한 문화유산으로 남겼으면 한다. 행랑채와 안채 사이에 약간 거리를 두고 바위가 박힌 채 자연 그대로 솟아있는 곳의 정원은 지기가 강렬했다.

<박힌 바위가 있는 정원>

　　후손과 함께 행랑채의 지기를 감정하면서 좌측 5분의 1 정도 면적은 지기가 나쁘지만 나머지 5분의 4 면적의 터는 좋은 기운을 품고 있음을 알려줬다.

<행랑채>

　　후손의 말인즉 오래 전에 풍수 하는 분이 와서 비슷한 위치
가 나쁘다고 알려줬는데, 필자처럼 선을 정확히 그어 알려주니
더 신뢰를 느낀다고 했다. 다시 방문하기를 원하기에 기꺼이
승낙했다. 지맥(地脈)따라 지어진 안채의 방향은 남향이었다.

5) 도로가 감싸는 집은 복이 들어온다

경남 진주시 지수면 승산마을에 GS 그룹 허창수 회장의 생가가 있다. 하천이 흐르는 도로에서 직각으로 틀어 20m정도 곧장 걸어가면 아담한 대문이 나타난다. 대체로 부잣집의 고택은 집 뒤의 주산이 마치 생기(生氣)를 품듯이 병풍처럼 둘러쳐져 있고 산등성이가 뻗어 내린 곳에 위치하고 있다. 또한 뒷산이나 뒷마당에는 대나무를 심어둔 곳을 많이 볼 수 있으며 안산(案山·집 앞에 보이는 산)의 형상은 일자문성(一자형)이나 노적(수북이 쌓아 둔 곡식더미)봉이 많다.

허 회장의 생가는 직각으로 꺾은 작은 도로가 대문까지 이어져있는데 대문은 작은 도로를 향하지 않고 약간 우측으로 틀어져 있는 것이 보통의 집과 다른 점이다. 대문을 틀어놓은 것은 일종의 풍수적 비보(裨補·흉한 기운을 막거나 피함)로 볼 수 있다. 대문에 접한 일직선의 작은 도로가 대문방향과 같게 하여 바깥쪽으로 뻗어있으면 천만금의 재산이 다 빠져나간다고 보기 때문이다.

또한 바깥에서 불어오는 흉풍(凶風)은 살기에 해당하므로 살기를 바로 맞지 않으려는 의도도 숨어있다. 허 회장의 생가는 집 뒤의 병풍처럼 두른 산과 집 앞의 하천으로 인해 배산임수(背山臨水·산을 등지고 물을 바라보는 지세)의 전형적인 고택(古宅)이라 할 수 있다. 비록 집 앞의 안산은 멀리 있어 역할을 제대로 못하지만, 앞에 있는 집이 안산 역할을 하고 있어서 흉한 기운이 집안에 들어오는 것을 막아주고 있다.

집 앞의 하천은 계수즉지(界水則止·땅의 좋은 기운이 물을 만나면 즉시 정지한다)하게 하고, 형지기축(形止氣蓄·형이 그치면 氣가 쌓인다)이 되게 함으로써 생가에 생기가 머무는 터가 되도록 하고 있다. 경남 의령군에 위치한 이병철 생가는 특이하게도 좌청룡에 해당하는 바위(노적암)가 집안에 있는데, 쌀가마를 재어놓은 형상이어서 재벌이 되었다고도 한다.

물론 생가의 바위가 지기(地氣)를 응집하게 하여 생기가 머무는 집터가 되도록 하였다. 그러나 바위는 주택과 너무 가까이 있으면 싸늘하고 찬 기운에 의해 거주자의 건강을 해칠 수 있기 때문에 일정한 거리를 유지해야만 하는데, 이병철 생가의 사랑채와 안채는 바위와 거리를 두고 있는 것을 볼 때, 옛사람의 지혜를 엿볼 수가 있다.

<저자가 의령군 솥바위(정암)에 대한 풍수해설 중
(경남 기업체 사장단과 함께)>

<저자가 허창수 회장 생가와 주변 풍수적 입지 설명 중
(경남 기업체 사장단과 함께)>

만일 전원주택의 경우, 앞에 보이는 산이 날카로운 각이 있
는 흉한 바위가 보인다면 집의 방향을 바위가 보이지 않는 곳
으로 하거나 그렇게 할 수 없는 상황이라면 나무를 심거나 담
장을 하여 바위를 보지 않도록 해야 한다. 도심에서 집 앞에 변
압기가 있는 전봇대가 가까이에 있거나 송신탑, 또는 반사되는
건물 등이 보이면 관엽식물을 일자로 나란히 설치하여 위해물
들이 보이지 않도록 불견(不見)처리를 해야 한다.

한옥과 고택의 대문은 바깥에서 안쪽으로 밀치고 들어가는
구조로 되어있다. 바깥의 복이 집안으로 들어오라는 의미가 있
기 때문에 대문의 위치를 매우 중요시 여기며, 들어오는 복을
담는 그릇이 마당이므로 항상 청결하게하고 정원수를 너무 많
이 심으면 생기가 흩어지고 복을 담을 수 있는 공간이 없게 된

다. 얼마 전 거제도 모처에 주택을 감정한 적이 있다.

주인을 만나보니 터의 길흉을 확인하여 주택으로 계속 사용하거나 식당으로 개조해서 장사를 해도 되는지를 알고 싶어 했다. 집 뒤쪽의 주산은 병풍을 두른 듯한 수형(水形·물결 무늬 형상)산으로 용맥(龍脈·산등성이의 연장선)이 힘차게 뻗어 내려온 용진처(龍盡處·산의 끝부분)이며, 땅의 기운이 아주 좋아서 주택과 식당 중에 어느 것을 해도 무방한 곳이었다.

집의 우측에는 사람이 다닐 정도의 작은 도로가 집을 감싸면서 진행하는 형상으로 풍수에서는 도로가 물이 내려오는 통로이기 때문에 도로는 곧 물과 같은 존재로 본다.

실제 비가 오면 물이 내려오는 곳이며 이러한 집을 감싸고 있는 도로인 물은 집터를 단단히 다져주는 역할을 한다. 단, 대문의 방향이 대문 앞으로 이어진 작은 도로가 큰 도로로 내려가는 방향을 바라보고 있기 때문에 돈이 들어와도 쉽게 나갈수 있기에 대문의 위치는 바꾸지 않아도 무방하지만 대문의 방향을 옆으로 돌려서 큰 도로를 보지 않도록 하였다.

6) 수맥과 전통가옥의 배치

'묘에 수맥파(水脈波)가 흐른다.'고 하며 차단제나 중화제를 써서 처방하는 것을 가끔 보게 된다. 수맥과 수맥파(水脈波)는 구별할 필요가 있다. '수맥이 있다'는 것은 계곡의 연장선상과 이어진 묘의 광중(壙中·무덤구덩이), 또는 빗물이 스며든 광중에 물이 들어가거나 땅속에 거미줄처럼 연결되어 있는 물길에서 광중으로 물이 드는 것을 말한다. 그러나 '수맥파가 흐른다.'는 것은 지하물길에서 좌회전파가 올라오는 것을 뜻한다.

수맥전문가들은 수맥파를 동판이나 알루미늄판, 또는 특허 받은 자신들만의 제품으로 완전히 막을 수 있다고 자신하면서 차단제나 중화제의 설치를 권하지만, 사실 쓸데없는 짓이므로 수맥파는 피하는 것이 최선의 방책이다.

근래에 들어 차단제나 중화제를 집안 여기저기에 붙였다가 효력이 없어서 모두 떼어 버렸다는 말을 종종 듣곤 한다. 광중에 물이 스며드는 것은 장사(葬事·죽은 사람을 땅에 묻거나 화장하는 일)를 지낼 때, 부주의나 무지로 인한 경우가 많다. 장사를 잘못 지낸 땅에 안치하는 것은 기(氣)가 없는 땅에 안치하는 것보다 오히려 화(禍)가 무겁다.

고서에서 가장 많이 언급하는 기(氣)가 좋은 혈(穴)의 요건을 추려서 6가지로 분류하니 참고했으면 한다. 1. 솟아야 한다.(起) 2. 움직여야 한다.(動) 3. 멈추어야 한다.(止) 4. 살쪄야 한다.(肥) 5. 평평해야 한다.(坪) 6. 반듯해야 한다.(正) 이 '6가지 요인'을 생각하면서 산을 연구하면 많은 도움이 될 것이다.

묏자리와 집터의 혈은 편안하게 보여야하며 솟아야 하지만 거만하게 보여서는 안 된다. 특히 앞쪽에 있는 안산(案山)에 골이 많으면 우환이 많이 생긴다.

안산은 너무 높아도 안 되고 너무 낮아도 안 된다. 안산은 높으면 눈썹, 낮으면 심장 정도의 높이가 되면 혈을 누르거나 겁박하지 않으면서 흉풍과 살기(殺氣)를 막아준다.

아파트나 단독주택의 경우, 앞쪽에 있는 건물이 안산이 된다. 앞쪽에 위치한 건물의 형상과 높이를 잘 살펴서 건강을 해치지 않는 곳에 거주하는 것이 좋다.

안산의 모양이 아미사(蛾眉砂 · 눈썹 형상의 산)라면 고관대작의 부인이나 미인이 태어나고, 일자문성사(一字文星砂 · 한일자 형상의 산)이면 부귀를 얻고, 삼태사(三台砂)로서 품(品)자형이면 삼형제가 연속해서 과거에 급제하고, 삼봉이 나란히 있는 형상이면 삼정승의 반열에 오른다. 그러나 길한 자리라하여 노력과 적선(積善)없이 저절로 이루어지는 일은 결코 없다.

울산 학성이씨 근재공 고택은 1765년(영조 41년) 이의창이 세운 학성이씨 지파(支派) 종가이다. 전국을 다니면서 고택을 수 없이 봤지만 효율적인 동선과 배치에 감탄을 금할 수 없어서 현대주택의 건축에 참고했으면 한다.

가옥의 배치에서 행랑채, 사랑채, 안채의 구분이 뚜렷하고, 안채 뒤쪽 측면에는 별도로 담을 두른 사당을 갖추고 있어 조선후기 사대부 종가집의 모습을 잘 보여주고 있다. 안채의 정침(正寢 · 거처하는 곳이 아니라 주로 일을 보는 곳으로 쓰는 몸채의 방)에서 대문 쪽으로 안산 뒤에 있는 조산(祖山)인 벼락띠산(병풍산)이 보이도록 가옥을 배치하여 풍수설을 따랐다.

<울산 학성이씨 근재공 고택>

　대문과 안채로 들어가는 중문은 대각선상에 있고 사랑채와 안채사이에는 벽을 두어 안채 공간이 보이지 않도록 했다.

　기둥도 개인 집에서는 쓰지 않는 둥근 모양이며 특이한 것은 현재 일부 텃밭으로 사용하고 있지만 일반 사대부집 안채와 달리 넓은 뒷마당이 있다는 점이다. 안채의 가옥 형상은 'ㅁ'자 형이며 앞마당은 정원을 만들어 넉넉함과 편안함을 느끼게 했다.

　배산임수(背山臨水 · 산을 등지고 물을 바라봄)와 안산 · 조산을 바라보는 전형적인 전통가옥이었다.

7) 정여창 선생의 고택과 묘소

경남 함양군의 중심에 위치한 개평마을은 '좌안동 우함양'
이라 불릴 정도로 많은 유학자를 배출한 영남지역의 대표적인
선비마을로 조선조 오현(五賢) 중 한 분인 일두 정여창 선생의
고향이다. 정여창 고택으로 알려진 현재의 집은 그가 죽은 후,
선조 무렵에 건축된 것이다.

<정여창 선생 고택>

경남 지방의 대표적인 건축물로서 솟을대문, 사랑채, 안사랑
채, 중문간채, 안채, 아래채, 별채, 사당 등의 공간구획 배치가
가장 최적화돼 있어서 당시의 생활상을 연구하는데 귀중한 자
료로 쓰이고 있다. 솟을대문에는 5개의 충신·효자의 정려패가
걸려있어 드나들 때마다 항시 숙연한 마음을 갖게 한다.

<정려패가 걸려있는 솟을대문>

집 뒤의 주산은 거북등 형상으로 유정하게 서있다. 솟을대문
과 중문은 일직선으로 돼 있지만 중문의 방향을 비스듬히 틀어
서 안사랑채가 흉풍을 바로 맞지 않도록 했다.

사랑채는 툇마루 일부를 높여 누각의 난간처럼 둘렀다. 흥
미로운 것은 바닥이 높은 안채와 수평을 맞추기 위해 사랑채를
높은 축대로 쌓아서 안배를 했다는 점과 적절한 공간배치로 인
해 마당에는 늘 햇빛이 머문다는 점이다. 또한 정여창 고택의
사랑채 앞에 노거송(老巨松)과 함께 조성한 석가산(石假山·
정원 따위에 돌을 모아 쌓아서 조그마하게 만든 산)은 유수한
풍취가 감돌뿐만 아니라 흉풍과 살기(殺氣)를 막아주는 비보
의 역할도 동시에 하고 있다.

<노거송과 함께 조성한 석가산(石假山)>

성리학의 대가로 알려진 정여창의 묘소는 함양군 수동면에 위치하고 있다.

<일두 정여창 선생 묘>

주산(뒷산)은 거북등과 같은 '금성사'로 묘소를 향해 뻗어있는 용맥(산줄기)에 끊임없이 생기(生氣)를 전달함으로써 튼실한 용맥이 형성되었는데, 이러한 용맥이 상하로 기복(起伏 · 지세가 높아졌다 낮아졌다 함)을 하고 좌우로 요동을 치면서 묘소에 도달했다. 묘소 앞의 안산(앞산)은 '문필봉(文筆峰)'으로 대학자의 거침없이 글을 휘갈기는 붓끝을 보는 듯하다.

<문필봉>

얼마 전 김해시 진례면 모처에 땅을 매입한 이가 분산된 부친(모친 생존)부터 고조부모의 묘소까지 함께 안치할 목적으로 광중(壙中 · 무덤의 구덩이)의 위치 선정을 의뢰했다. 요즘은 흩어진 무덤을 화장(火葬)하거나 한곳으로 이장(移葬)해 '가족묘원'을 조성하는 것이 장례문화의 일반적인 추세이다. 60~70대의 아버지들은 그들 생전에 흩어진 무덤을 모음으로써 후손이 조상의 무덤으로 인해 힘들지 않기를 바란다.

의뢰인이 매입한 땅은 주산으로부터 산줄기가 뻗어내려 온

생활 속의 풍수, 그 진리를 탐구하다

'근본'을 갖춘 곳이긴 하나 '일맥일혈(一脈一穴)'이라 하여 하나의 산줄기에 혈처(穴處·좋은 자리)는 한 곳뿐이며, 다른 곳은 무득무해(無得無害)한 곳으로 득(得)도 없고 해(害)도 없지만 후손의 노력여하에 따라 행불행이 결정된다.

고조부모와 증조부모는 이미 흙으로 돌아간 상태여서 약간 올려 자리를 잡았고 조부모는 지기(地氣·땅 기운)가 다소 머물러 있는 곳으로 잡았으며 부친의 묘소는 생기가 뭉쳐있는 자리를 잡아서 안치하도록 했다. 토질이 황토여서 광중에 물이 들어가면 빠지지 않기 때문에 봉분 조성의 방법을 알려주고 둘레돌은 가급적 하지 않도록 했으며, 상하의 묘소 간격이 좁아서 부친 묘소의 앞쪽에 대표 상석만 두도록 했다.

묘소의 좌우측에 있는 청룡과 백호가 부실해서 양측에서 부는 세찬 '바람길'을 돌리기 위해 '망주석'을 두도록 했으며 묘소의 외곽을 둘러 바람과 물의 침범을 막도록 나성(羅城·흙 둔덕, 월령)을 쌓도록 했다. 자신의 의지와 상관없이 신을 모시며 사는 여인이 있었다.

6년 전에 집을 사서 살면서부터 몸이 조금씩 아프다가 초기 암 진단을 받고 급기야 하던 업(業)을 일시 접었다한다. 감정한 집은 '흉한 파'가 계속 올라오는 '나쁜 터'에 살고 있었다. 이럴 때는 집을 옮기든지 계속 거주하려면 바닥과 벽에 천연목재를 두르면 어느 정도 살기는 잡을 수 있다.

여인이 옮기고자 매입한 산 아래 터의 감정 결과 둥근 석벽은 '기도발'을 받는 곳이며 3필지의 터에서 아래 필지는 보통 기운의 터였으나 도로살로 인한 기(氣)의 교란이 있고, 중간 필지는 기운이 나쁜 터였으며 위의 필지가 지기도 좋고 무난한 터여서 집을 짓도록 권했다.

8) 만해 한용운 선생의 생가에 가다

'충남 홍성군 결성면 만해로 318번길 83'에 위치한 고택은 1879년(고종16)에 일제 강점기의 독립운동가이며, 스님이자 시인인 만해 한용운(1879~1944) 선생이 태어난 곳이다.

<한용운 선생 생가 좌향(坐向)-甲坐庚向(서향)>

생활 속의 풍수, 그 진리를 탐구하다

선생은 1904년 강원도 인제 내설악산의 오세암으로 출가하여, 1905년 백담사(百潭寺)에서 득도했으며 1919년 3.1운동을 이끈 33인의 한 사람으로 독립선언서의 공약3장(公約三章)을 작성했다. 1926년 시집 "님의 침묵'을 출간하였고 1944년 5월 9일 서울 성북동 심우장(尋牛莊)에서 66세를 일기로 입적하여 서울 망우리에 안장되었다. 선생의 '생가지'는 뒷산인 주산이 병풍처럼 감싸고 있으며 좌측 산(좌청룡)과 우측 산(우백호)은 생가지를 보호하듯 환포하면서 유정하고 유순하게 끝맺음을 했다. 생가지로 들어가는 마을 입구인 수구(水口·생기가 드나드는 곳)는 좁아서 마을로부터 생기가 빠져나가는 것을 막아주며 생가지에서 마을 입구까지의 도로 형상은 뱀이 좌우로 요동을 하며 나아가는 사행형(蛇行形)이다. 이런 형상은 지기(地氣)를 단단히 응결시켜 생가지의 기운을 북돋우게 한다. 생가의 좌향은 갑좌경향(甲坐庚向)으로 서향이다. 전남 순천에 위치한 낙안읍성(사적 제302호)은 현존하는 조선시대의 읍성들 가운데 원형이 가장 잘 보존된 곳으로 성안에는 전통가옥들이 그대로 남아있다.

<전통가옥들>

마을 도로의 곳곳에는 '돌탑'을 쌓아서 생기가 빠지는 것을 비보(裨補 · 흉풍과 살기를 막거나 퇴치함)했으며 터의 좋은 기운이 설기(泄氣)되지 않도록 연못을 설치했다.

<연못을 설치한 전통가옥들>

읍성 전체 모양은 장방형으로, 동 · 서 · 남쪽 3곳에는 성안의 도로와 연결된 문이 있으며, 동문이 읍성 외부의 상황을 가장 잘 파악할 수 있는 문이었다. 산으로 둘러싸인 낙안읍성의 조선시대 지방관아 건물이던 '동헌'과 수령의 안채로 사용하던 건물인 '내아'와 왕명으로 오는 사신들과 고을을 찾아오는 기타 관리나 외빈들이 머물렀던 '낙안객사'는 남향이었다. 특히 동헌은 크고 밝은 기운의 길한 암석이 박혀있는 주산의 형상으로 보아 수령이 지방행정과 송사(訟事)를 공명정대하게 처리했을 것으로 미뤄 짐작할 수 있었다. 동문에서 외부로 뻗어나가는 길은 직선 도로여서 이런 곳은 동문을 향해 직충살(直衝殺 · 직접 치는 살기)이 발생하는데, 동문을 북동쪽으로 약간 돌려 흉살(凶殺)을 피하도록 한 것은 비보의 일환으로 선조들

의 지혜가 돋보였다. 좋든 나쁘든 간에 '지형이 동일한 곳'이나 '도로가 둘러싼 안쪽과 바깥쪽 상가와 주택'이나 '지기(地氣)가 좋거나 나쁜 곳'에서 길흉사가 유사하게 반복적으로 발생하는 '프랙탈(fractal) 현상'은 풍수에서 상당히 중요하다. 즉, 길한 곳은 항상 좋은 일들이 생기고 흉한 곳은 항상 나쁜 일들이 반복적으로 생긴다는 것이다. 물론 비보풍수를 통해 일부, 또는 전부를 바꿀 수도 있지만, 결코 변화시킬 수 없이 흉한 일만 계속 반복해서 생기는 곳은 하루빨리 옮기는 것이 최선의 방책이다. 얼마 전, 경남 김해시 진영읍 모처에 아파트 감결을 한 적이 있다. 하는 일마다 되는 일이 없고 꼬여서 구입하기 전에 길흉을 확인해서 길하다면 계약할 것이라고 했다. 앞발코니가 산을 바라보는 형국으로 안산(案山·앞산)의 지맥(地脈)이 뻗어 내려와 생기를 받고 있는 터였다. 안산은 노적봉(露積峯)으로 재물이 모이는 터였으며, 안산 뒤에는 조산이 받쳐주고 있어서 흉풍과 살기를 막고 있었다. 아파트를 출입하는 도로의 형상은 사행로(蛇行路·길이 구불구불 휜 상태의 도로)여서 재물은 모이며 흉풍은 들이치지 않는 곳이었다. 거실을 포함한 모든 방의 기운은 좋지만, 안방의 일부분은 흉한 파(波)가 나오기 때문에 필히 그곳에는 장롱을 두거나 옷걸이를 설치하도록 조언했다. 고택의 경우, 솟을대문의 한쪽 또는 양쪽 옆에는 문간채가 있는데 이곳은 나그네가 머물거나 청지기를 포함한 하인이 거처하는 곳이었다.

아파트도 현관문 입구의 양쪽이나 한쪽에 있는 방은 부모가 사용하는 것보다 자녀들의 방으로 사용해야 하며, 특히 성인자녀들은 사회의 일원으로서 활발한 생산 활동을 하기 위해 안쪽으로 깊숙이 들어간 방보다는 문간방을 사용해야 한다.

9) 주세붕, 그는 누구인가

　우리나라 '최초의 서원'인 백운동서원을 건립한 조선 중기의 문신이자 학자였던 주세붕(周世鵬·1495~1554)선생의 본관은 상주(尙州), 호는 신재(愼齋)이고 주문보(周文俌)의 아들이다. '백운동서원'의 다른 이름은 '소수서원'으로 1550년에 풍기군수였던 퇴계 이황(1501~1570)의 청원으로 '소수(紹修)'라는 사액(賜額·임금이 사당, 서원 등에 이름을 지어서 새긴 편액을 내리던 일)을 받고 공인된 교육기관이 되었다.

<백운동 서원>

소수는 '무너진 학문을 다시 이어서 닦는다.'는 뜻으로 '최초의 사액서원'이다. 1541년 풍기군수가 된 주세붕은 사림을 교육하고 향촌의 풍속을 교화하려는 목적으로 서원을 세웠을 뿐만 아니라 공삼(貢蔘·조선시대에 지방에서 공물로 상납하는 蔘)의 폐단으로 고통 받는 군민들을 위해 산삼 씨앗을 소백산에서 채취해 인삼재배를 처음으로 함으로써 오늘날 풍기인삼이 널리 알려지게 했다. 선생은 백성들의 고통을 헤아리는 목민관이었으며 청백리에 녹선(錄選·벼슬 따위에 추천하여 관리로 뽑음)되었고, 예조판서에 추증(나라에 공로가 많은 관리가 죽은 뒤에 품계를 높여 주던 일)되었다. 소수서원은 신라시대 때 창건된 '숙수사(宿水寺)'라는 절터에 세워졌다. 서원 입구에는 학자수(學者樹)라 불리는 '적송군락'과

<학자수(學者樹)>

'수령 500년된 은행나무'와

<수령 500년 은행나무>

생활 속의 풍수, 그 진리를 탐구하다

'숙수사지 당간지주'가 음풍(陰風)과 살기(殺氣)를 막는 비
보(裨補 · 흉한 기운을 차단시킴) 역할을 하고 있다.

<숙수사지 당간지주>

일반적으로 전당후묘(前堂後廟), 즉 앞에 공부하는 공간을
두고 뒤에 제사 지내는 공간을 두는데 반해 소수서원은 동쪽을
강학공간, 서쪽을 제향공간으로 배치했다. 선생은 자신의 사상
을 표현하기 위해 '경(敬)'이라는 글자를 바위에 새겨두었으며
이를 '경자바위'라 한다.

<敬자바위>

'경자'는 선비의 덕목을 나타낸 글자로 공경과 근신의 자세로 학문에 집중한다는 의미이다. 경남 함안군 칠서면에 위치한 무산사(武山祠)는 본래 주세붕 선생을 추모하기 위해 그의 생가(生家) 자리에 건립한 서원 터로서 1676년(숙종 2)에 임금이 '덕연(德淵)'이란 편액을 하사했다.

<무산사>

이후 서당을 지어 후학들을 가르쳤는데, 그것이 곧 '무산서당'이다.

<무산서당>

서당으로 진입하는 무릉 마을 입구에는 효자비(孝子碑)와 쌍절각(雙節閣)이 있는데, 특히 마을 입구 가까이 있는 쌍절각 은 수구막이(水口 · 입구의 생기 누출을 막기 위한 비보물) 역 할도 하고 있다.

<쌍절각>

　　무산사는 주변의 산들이 둘러싸여 있고 낮은 지대여서 일반 주택보다는 서원이나 사당으로의 용도에 더 적합하며 주산(뒷 산)으로부터 뻗어 내려온 넓고 부한 내룡(來龍 · 산줄기)은 산 의 끝부분의 평탄한 곳에 위치하고 있다. 좌청룡과 우백호도 적당히 둘러 싸여 흉풍을 막고 있으며 안산(앞산)은 문필사(文 筆砂)로 마치 책을 펼쳐놓은 것 같은 형상이다. 함안군 칠서면 에는 주세붕 선생과 그의 부친 문보, 큰조카 조(造)의 묘도 있 다.

<주세붕 선생 묘역>

주산에서부터 상하기복과 좌우요동을 하면서 전진하는 내룡은 기운이 뭉쳐져 있는 토석의 둔덕인 현무정(용의 봉우리)에서 직각으로 꺾이어 아래로 진행하는 넓고 탄실한 진용(眞龍 · 참된 용)이다.

혹여 용이 봉우리를 일으키지 못하면 결코 진용이라고 할 수가 없다. 게으름을 부리지도, 나태하지도 않은 내룡일 뿐만 아니라 묘역에 도달할 때 까지 흐트러지지 않는 자태와 함께 위엄을 과시하는 생룡(生龍)이다. 우백호(우측산)는 형상이 뚜렷해 제 역할을 다하고 있으나, 좌청룡(좌측산)은 꽤 멀리 있어 흉풍을 막을 요량으로 나무를 심었으며, 안산 또한 빈약해 묘소를 향해 부는 바람을 차폐시킬 목적으로 묘역 앞에 나무를 심어서 비보(裨補)를 했다.

선생의 부친인 주문보의 묘는 생기가 뭉쳐진 자리이며 '둘레돌'이 봉분을 굳건하게 받쳐주고 있다.

<주문보의 묘소>

선생의 묘소 좌향(坐向)은 묘좌유향(卯坐酉向)이다. 유명한 효자로도 널리 알려진 선생의 묘 좌우측에는 특이하게도 글이 새겨진 망주석이 있다.

<주세붕 선생 묘소>

좌측의 망주석에는 '수무부모(誰無父母 · 부모 없는 사람이
어디 있나)'란 글이 있고 우측의 망주석에는 '숙비인자(孰非人
子 · 자식 아닌 사람이 어디 있나)'란 글이 그것이다.

〈수무부모〉

생활 속의 풍수, 그 진리를 탐구하다

<숙비인자>

효자였고 청렴한 관리였으며 뛰어난 유학자였던 선생의 정
신을 본받아 실천하는 관리가 절실히 필요한 시기다.

10) 명당의 조건

주택 대문 앞(향·아파트의 경우 베란다) 의 하천은 폭이 넓으면서 물살이 급하면 무정수(無情水) 또는 할각수(割却水)라 하여 재물이 빠져나간다고 하며 오랫동안 계속해서 물소리가 들리면 마치 곡성(哭聲)처럼 들려 근심이 끊이지 않는다고 한다.

그러나 구불거리며 가늘게 흐르는 작은 개천은 구곡수(九曲水) 또는 유정수(有情水)라 하여 매우 길하게 본다.

전라북도 정읍의 김동수 가옥이 들어선 청하산은 지네를 닮았고, 이집을 지네형의명당이라 부른다.

<김동수 가옥>

김동수 가옥에서 강 건너를 바라보면 독계봉(獨鷄峰)과 화견산(火見山)이 보이는데, 닭은 지네의 천적이고, 지네는 불을 무서워한다.

<독계봉>

따라서 집 둘레에 나무를 심어 독계봉과 화견산이 보이지 않게 비보하고, 숲을 만들어 습지에서 지네가 안심하고 살도록 하였다.

<동수비보(洞藪裨補)>

또 지네는 지렁이를 먹는다하여 집 앞에 폭이 좁고 길이가 긴 지렁이 모양의 연못을 팠다고 하나 지금은 텃밭으로 변하였다. 이 집터의 꾸밈은 모두 풍수지리설에 따른 것이다.

경북 고령군 쌍림면에 위치한 점필재 종택은 김종직(조선조 성리학의 대가이며 영남학파의 종조)대감의 생가, 현재는 17대 손이 살고 있다. 선산 김 씨 점필재 종택은 양택명당에 속한다고 하는데 경상북도 민속자료 제62호로 지정 되어 있다. 안채는 1,800년경에 사랑채는 1,812년에 건립되었고 김종직 대감의 묘는 밀양에 있다.

<추원재>

<솟을 대문에서 본 추원재>

<김종직 대감 묘>

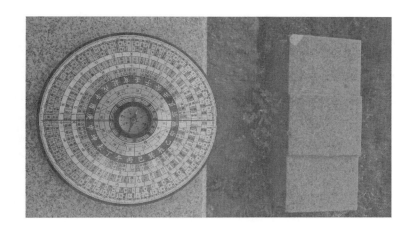

집은 전체를 요약해서 감결하면 배산임수(건강장수), 전저
후고(세출영웅), 전착후관(부귀여산)이 잘되어 있으며 맥을 확
실히 탔고 본채 좌우 건물이 주종관계가 확실하다. 본채가 높

고 청룡과 백호 건물이 낮추어져 있다. 이것은 양택건물을 감별 시에는 매우 중요하게 고려해야 하는 사항이다.

귀기상자는 본원불탈하고 전후구위하며 유주유객이니라.(貴氣相資는 本原不脫하고 前後區衛하며 有主有客이니라. : 귀한 기운이 서로 돕는 자리는 (산의)본래 근원에서 이탈하지 않고, 앞뒤의 명당 구역을 옹위하며, 주산(主山)과 객산(客山)이 있다.

11) 충절의 고장, 의령과 인물들

　사람의 운명은 자신이 태어나서 자란 산천의 기운에 의한 영향을 크게 받게 된다. 이를 '인걸지령(人傑地靈)'이라하며 예로부터 산천의 기운이 강하면서 생기가 넘치면 강직하고 훌륭한 인재가 난다고 했다. 경남 의령군은 '충절의 고장'이다. 필자의 오랜 경험에 의하면 의령은 묏자리의 발복(發福)보다는 생가지(生家址)의 발복이 주를 이룬다고 해도 과언이 아니다. 또한 의령은 기념물이나 보호수로 지정된 곳이나 지정되지는 않았지만, 노거수(老巨樹·수령이 오래된 나무)가 있는 곳이 많은데, 이것은 나무가 오랫동안 살 수 있는 좋은 터임을 암시하는 것이며, 마찬가지로 사람도 길한 터에서 좋은 기운을 받으며 살고 있다는 것을 뜻한다. 의령군 유곡면 세간리 곽재우 의병장의 생가 옆에는 나이가 600년 정도로 추정되는 은행나무가 있다.

<세간리 은행나무·천연기념물 제302호>

마을 어귀에 위치하고 있는 느티나무(현고수 · 懸鼓樹)와
함께 마을을 지켜주는 신성한 나무로 여기고 있다.

<세간리 현고수 · 천연기념물 제493호>

나이가 520여 년 정도인 이 느티나무가 현고수라는 별칭으로
불리게 된 연유는 조선 선조 25년(1592) 4월 13일 왜적이 부산포
에 침입하자 당시 41세의 유생이었던 곽재우가 이 느티나무에
큰 북을 매달고 치면서 전국 최초로 의병을 모아 훈련을 시켰
기 때문이라 한다. 곽재우 의병장은 백마를 타고 항상 '붉은 옷
(紅衣)'을 입고 전장을 누볐다하여 천강홍의장군(天降紅衣將
軍)이라고도 불리었다.

<곽재우 의병장 동상>

　생가는 조선중기 남부지방 일반 사대부의 전형적인 가옥구
조로서 주산(뒷산)은 병풍처럼 집을 두르고 있다. 안산(앞산)
또한 물결 형상의 수형(水刑)산으로 유정하다. 그러나 주산을
잘 살펴보면 각이 별로 없는 단단한 암석이 박혀있음을 알 수
있다. 이러한 암석은 생가의 좋은 기운과 함께 강직한 성품을
가진 큰 인물을 나게 한다. 의령군 정곡면 중교리에 위치한 이
병철 회장의 생가는 주산이 병풍처럼 감싸고 있고 노적봉(露
積峰)의 안산이 있으며 남강의 물은 지력(地力)을 강화시키는
역할을 하고 있다. 여기서도 자세히 살펴보면 주산에 암석이
박혀있으며 사랑채와 안채의 좌측(좌청룡)에는 일명 노적암
(露積巖)이라고 불리는 형상의 단단한 바위가 있다.

의령군 부림면 입산리에는 백산 안희제 선생의 생가가 있다. 안희제 선생은 조국의 광복운동에 헌신하다가 1942년 11월 일제에 의해 검거 투옥되어 9개월간의 혹독한 고문에도 회유당하지 않고 1943년 출감했지만, 풀려난 지 3시간 만에 향년 59세를 일기로 순국하였다. 주산은 병풍산이며 안산은 물결치는 수형(水刑)산이다. 집과 안산 사이에는 하천이 흘러 지력(地力)을 강화시키며 마을 입구에는 도로 양옆에 있는 노거수가 마을을 향해 부는 흉풍과 살기를 막아주고 있다.

<마을 입구 도로 양옆 노거수>

겉으로 보이는 주산은 생가를 감싼 유정한 형상이지만 역시 암석이 단단히 박혀있어 안희제 선생의 강직한 성품을 짐작할 수가 있다.

<백산고가>

<집 뒤의 기운 찬 龍脈>

의령군은 충절의 고장이자 인걸지령의 대표적인 고장이다. 땅을 매입할 때는 '용도에 적합한 땅'을 잘 선택해야하며 이미 매입한 땅이라면 '좋은 기운'과 '나쁜 기운'이 있는 곳을 구분하여 좋은 기운이 있는 곳에 '주된 건물'을 지어야 한다.

　　경남 함안군 모처에 주택을 지을 목적인 터를 감정했다. 집터로 진입하려면 다리를 건너야하는데, 뒤로는 산이 있고 앞은 넓은 하천이 흐르는 배산임수(背山臨水)의 전형적인 터였다.

　　집은 산을 향한 쪽이 남향이지만, 지맥(地脈)에 역행하므로 그 방향을 볼 수 없으며 하천을 보면 북향일 뿐만 아니라 우측의 근접한 곳에 비선호시설인 철로가 있어 '도로살'이 치기 때문에 철로를 등지고 지맥에 역행하지도 않으면서 주산의 끝부분을 안산으로 택하여 남서향으로 향을 잡았다.

<멀리 보이는 철로>

비록 산이 풀과 나무로 덮여있지만 석벽(石壁)이 있어서 냉한 기운이 많은 곳인데, 산 아래의 집터 둘레에 나무가 빼곡히 심어져 있어 자연 비보(裨補 · 살기를 순화시키거나 차폐시킴)가 되었다.

　'터의 기운'은 길한 곳과 일부 흉한 곳이 혼잡 되어 있어 길한 곳을 정확히 확인한 후, 그 테두리 안에 집을 짓도록 했다. 집터로도 좋지만 상업적 용도로 활용하면 훨씬 가치가 상승할 수 있는 터였다.

12) 고택과 전원주택,
   공장에 대한 풍수 해석의 논리는 같다

청도임당리김씨고택(淸道林塘里金氏故宅)은 조선시대 궁중 내시로 봉직한 김일준(金馹俊·1863~1945)이 조선 말기 정3품 통정대부(내시품계 중 두 번째로 높은 벼슬)의 관직까지 지내다 만년에 낙향하여 여생을 마친 곳이다.

청도 임당리는 1592년 임진왜란 이전부터 400년간 16대에 걸쳐 내시가계(內侍家系)가 이어져 왔다. 청도지역을 중심으로 형성 지속된 김일준가는 서울·경기가 아닌 지방에 거주했던 내시 가문 중에 현재까지 실체를 확인한 최초의 내시가문이다.

<청도임당리김씨고택>

김일준은 내시 가문 시조로부터 16대째를 이어왔으며, 17대 광주김씨 김문선(1881~1953)부터는 다른 길을 걸었다. 김씨고택은 내시종가(宗家)의 가옥이며, 건물 전체의 구조로 보아 19세기 건축으로 추정되고 있다.

청도임당리김씨고택은 임금에 대한 충심과 아내에 대한 애정이 건축학적으로 잘 표현되어 있는 내시고택이다.

이 집의 특징은 안채의 출입을 잘 살필 수 있게 사랑채가 배치된 점과 안채와 안마당이 건물과 담장으로 완전히 폐쇄된 점, 사랑채는 남향이지만 안채는 북서향이며 재각(齋閣)은 서향이란 점 등이다. 사랑채와 안채, 그리고 재각은 지맥(地脈)의 흐름에 순행(順行·거스르지 아니하고 행함)하여 짓는 것이 일반적이나 재각만 주산(主山)을 뒤로하여 순행하여 지었으며 사랑채와 안채는 그렇지 않다.

사랑채에서는 대문과 안채로 들어가는 중문이 훤히 보이도록 했으며 동선을 제한하고 감시할 수 있는 구조로 설계되었다. 그러다보니 전체적인 집의 형상이 사대부의 집과는 다르게 독특한 형상으로 되어있으며 풍수적인 측면에서 볼 때, '바람길'과 '물길'을 고려하는 면이 부족한 집이 되어버렸다.

'풍수'를 고려한 묏자리와 건물은 생기(生氣)가 흐르는 곳으로서 실제 그러한 곳을 택함으로써 경사가 잇따르는 사례를 많이 보게 된다. '사주' 또한 직업과 진로의 선택, 전공과목의 선택 등에서 '최선의 방법'을 결정할 때 참고하면 행운이 따를 수 있다. 하지만 돈을 많이 벌게 된다면 벌도록 해준 사람들이 있을 것이므로 그 사람들에게 받은 은혜에 항상 감사한 마음을 가지고 자신도 다른 사람들에게 갚아야만 자신과 후손들의 운이 좋아진다.

이를 일컬어 '적선지가필유여경(積善之家必有餘慶·좋은 일을 많이 하면 후손들에게까지 복이 미친다)'이라 한다. '운(運)을 좋게 하는 최고의 방법'은 덕(德)을 쌓는 것임은 두말할 필요가 없다. 아무리 풍수가 좋은 곳이거나 사주가 좋은 사람이라도 '선(善)'을 쌓지 않고 '덕(德)'을 베풀지 않는다면 종말은 결국 불행으로 이어지게 된다.

예정도로 파악의 중요성에 관한 사례로서 최근 새로운 도로가 공장과 가까울 뿐만 아니라 공장터보다 꽤 높은 곳에 생겨 진동과 소음, 공해로 인해 사장과 직원의 정신적, 육체적 건강이 나빠지다보니 생산성 및 품질 저하에 직접적인 영향을 미쳐 사업이 점점 쇠퇴해져가는 곳을 방문한 적이 있다.

공장을 지을 당시에는 도로가 멀리 떨어져 있어 소음공해가 없었는데, 최근 신설된 도로가 공장과 거의 접한 곳에 생길 것을 전혀 예상치 못한 결과였다.

신설도로와 접한 공장 마당에 5~7m 정도의 나무 또는 차폐물을 두어 진동, 소음, 공해로 인해 발생하는 '도로살'을 막았으며 지기(地氣)가 좋은 곳을 감정한 후, 그곳으로 사무실을 옮겼다. 또한 도로로 인한 진동과 땅속의 살기(흉파·凶破)를 줄이기 위해 좋은 흙을 덮었다. 감결(勘決·잘 조사하여 결정함)하고나서 가능한 빠른 시일 내에 팔 것을 종용한 전원주택이 있었다.

산등성이의 연결선상에 지은 집이었지만 앞마당이 거의 없고 집 뒤로 넓은 마당이 있었으며 대문은 뒤쪽 통풍형 담장의 중앙에 있었다. 집의 앞마당은 전순(氈脣)이라 하여 넓으면 넓을수록 가계가 넉넉해진다.

대문이 집의 뒤쪽에 있으면서 바람이 통하는 담장은 계곡 바람을 직접 맞을 뿐만 아니라 집안에 음기를 차게 하므로 흉하다. 바람으로 인한 '기(氣)의 교란'을 막기 위해 담장은 바람이 통하지 않는 밀폐형으로 바꾸었다. 집안의 일부는 지기가 좋았으나 제일 중요한 부분인 거실과 안방의 기운이 흉했다.

거실의 대리석 벽면은 1.2m 높이로 편백나무를 두르게 했고 벽면 모서리는 각이 없도록 완만한 형상으로 했으며, 거울은 냉기를 반사시키므로 거실과 안방의 거울은 치워버렸다. 발코니에는 화분을 두어 살기와 냉기를 차폐시켰다. 하지만 집의 가장 주요한 부분인 거실과 안방의 기운이 흉하므로 옮겨야만 하는 집이었다.

6. 점포풍수

1) 장사가 잘 되는 점포는 어떤 곳일까

며칠 전, 인천에서 결혼 15년차 남편과 1남1녀의 자녀를 둔 주부로부터 전화가 왔다. 남편이 이사를 하고나서부터 '심근경색'이란 병을 앓고 있으며 아들은 바라는 대학에 가기위해 공부를 열심히 하지만, 전혀 집중이 안 되어 스트레스를 많이 받고 있다는 것이다. 걱정이 된 주부는 집안의 흉한 기운을 없앨 목적으로 풍수 서적을 읽고 인터넷 검색을 통해 알아보았으나 같은 상황에서 첨예하게 다른 해결책의 제시로 인해 '풍수적 해법'에 대한 회의를 느꼈지만 지푸라기라도 잡겠다는 심정으로 필자에게 전화를 했다고 한다.

일반인들은 '풍수인테리어'나 '풍수로 건강을 유지하고 재물운도 좋아지는 방법' 등과 같은 내용에 솔깃하여 서적을 사보지만, 대부분의 서적들은 별 도움이 되지 않을 뿐만 아니라 오히려 갈피를 잡지 못하는 경우가 많다. 앞서 언급한 인천에 사는 주부는 인터넷 검색을 해보니 동향의 집에 서향 출입문이면 흉하며, 대주(大主·호주와 같은 뜻) 기준으로 장성살(將星煞·12신살 중의 하나) 방향에 출입문이 있으면 우환이 생긴다고 하여 걱정으로 날밤을 새운다고 하기에 절대 그럴 일은 없으니 안심하라고 일렀다.

주부가 보내온 집의 내부 구조를 검토한 후, 서향 방의 창문은 커튼이나 블라인드로 가리도록 했으며 집안은 대체로 습한 기운이 많아서 관엽식물을 두라고 했다. 안방을 아들이 쓰도록 한다기에 안방은 부부가 사용하고 아들은 기운이 좋아 집중이 잘 되는 작은 방을 쓰도록 했다. 아들이 공부를 하다가 잠시 휴식을 취할 때는 식물과 대화하기를 좋아한다 해서 본래는 방에 식물을 두는 것은 좋지 않지만 선인장과 호접란은 예외여서 호접란을 둘 것을 주문했다.

대지는 동향의 주택이면서 지맥(地脈)을 따라 뻗어있어 길하지만, 거실은 습한 기운이 많아서 아레카야자(천연 가습기), 비쭈기나무, 드라세나 와네키, 거베라를 발코니에 나란히 두어 습기를 제거하라고 했다. 그 밖에 세부 사항들을 알려주면서 덕을 많이 쌓는 사람만이 풍수의 덕을 볼 수 있다고 단단히 일러주었다.

풍수는 예언적 술법이 아니라 건물과 땅의 이치를 깊이 연구하여 현실에 적용함으로써 인간이 보다 나은 삶을 살 수 있도록 하는 지혜롭고 합리적인 우리의 전통적인 지리학이다. 고로 '터의 길흉'에 따른 판단의 근간은 산자수명(山紫水明·산빛이 곱고 물이 맑음)하면 족할 것이다.

창원시 진해구 명동의 모처에 땅을 구입한 의뢰인이 감정을 부탁했다. 도로보다 상당히 낮은 터이기에 현 상태에서 최소한 1m 이상 성토를 하고나서 1~2년 정도 '땅 다짐'을 한 후에 점포 주택을 지어야 한다고 했다.

땅의 기운은 수맥이 흐르는 일부분을 제외하고는 좋았지만 도로 아래의 건물이어서 냉한 기운이 많으므로 나무를 심어 '냉기'와 '도로살'을 막아야 한다고 했다. 도심이든 도시주변지역이든 점포의 앞은 넓어야 길하다. 점포 앞은 '묘'의 절하는 자리와 같은 의미로써 '소명당' 또는 '전순(氈脣)'이라 하며 양택

(陽宅)은 '주차 공간'을 뜻한다. 전순은 '터'의 마지막 여기(餘氣 · 기운이 남아있음)인 용진처(龍盡處)를 말한다. 같은 업종의 점포이면서 가격과 제품의 질이 비슷하거나 약간 떨어진다 해도 주차 공간(전순)이 넉넉하면 그곳으로 손님이 몰릴 것이다.

점포 앞이 좁고 차가 빠른 속도로 지나가는 곳이라면 고전을 면치 못할 가능성이 높다. 왜냐하면 도로는 물이며, 물은 재물인데 재물을 잡을 시간도 없이 빠르게 흘러가기 때문이다.

점포 옆(앞보다 옆이 좋음)은 병원이나 요양시설이 있는 것보다는 농협이나 은행이 있으면 돈이 들어온다. 돈이 돈 냄새를 맡고 모이기 때문이다.

도로가 점포를 감싸주는 곳을 '금성수'라 하며 이런 곳은 점포 앞에 가로수나 전봇대, 또는 정류장이 있으면 생기(生氣)가 막혀 장사가 잘되지 않는다. 그러나 도로가 점포를 치는 도로살이 있는 곳은 '반궁수'라 하여 오히려 살기(殺氣)를 막도록 가로수와 정류장(전봇대는 전압살이 있어 안 됨)이 있어야 한다. 만일 점포 내부가 각이 져 있으면 가장 중요한 부분은 네모 반듯하게 경계를 두고 각진 부분은 별도의 용도로 사용해야 한다.

2) 돈이 들어오게 하는 상권 분석

상권 분석의 가장 기본적인 것으로 첫째 일반적 분석에 의한 상권 범위를 보면 1차 상권은 반경 150m이내, 2차 상권은 반경 300m이내, 3차 상권은 반경 800m이내에서 분석을 한다.

둘째 상권 내 시설 현황은 시설 유형별로 분석한다. 셋째는 수요자 분석인데 수요자 층을 분석하기 위하여 설문서를 작성하여 조사한 내용을 분석한다. 그리고 풍수적인 관점에서 상가, 점포, 매장 터를 보는 순서는 첫째 지세(地勢) 또는 국세(局勢) 즉 주산(主山), 좌청룡(左靑龍), 우백호(右白虎), 안산(案山), 조산(朝山)을 살피는 것인데 상권의 크기를 분석 하는데 중요한 요소이다.

둘째 지형(地形)을 살피는데 땅의 형세를 말하는 것으로 땅의 기울기나 위치. 높이. 배산임수(背山臨水). 반궁수(反弓水: 화살대의 반대편 모양). 도로. 강의 흐름과 형태를 보고 판단하는 것으로 상권의 집중도를 살피는데 매우 중요하다.

셋째 터의 모양이 반듯한가를 본다. 삼각형이나 어느 한 면이 심하게 들어가거나 나온 것은 좋지 않다. 넷째 건물의 모양과 방향을 살피는데 사각형이나 둥근형은 길(吉)하나 삼각형 또는 복잡한 형은 기(氣)의 흐름을 어지럽게 하고 분산시키므로 흉(凶)하다.

이것은 고객에 대한 원초적인 안정감과 신뢰성을 부여한다. 다섯째 건물의 내부 구조 즉 문. 주(방). 조(부엌). 화장실. 창고 등의 위치가 제대로 배치되어 있는지를 살핀다. 여섯째 매장 상품의 기(氣)가 충만한 진열은 고객에게 구매욕구 상승과 직원의 기(氣)를 강화 시킨다. 위의 내용과 흐름은 약간 다르지만 내포된 뜻은 유사한 필자의 풍수상담사례를 들어 보겠다. 경남 의령군에서 자영업을 하는 분이 남향집을 건축 하려는데 풍수를 잘 아시는 분이 올해는 기축년(己丑年)이라서 남향집을 지으면 안 된다고 하여 고민이 된다고 하는 것이다.

그 이론의 근거를 필자로서는 알 수 없으나 유추해 보건데 해(亥). 자(子). 축(丑)해에는 오향(午向: 남향)으로 건축하면 흉(凶)하고 인(寅). 묘(卯). 진(辰)해에는 유향(酉向: 서향)으로 건축하면 흉(凶)하다는 말이 있기는 하나 그 모든 것은 근거 없는 미신이므로 올해에 남향으로 건축해도 문제가 되지 않는다고 말을 해주니 그제 서야 안도의 숨을 쉬는 것이었다.

현장에 가서 보니 터의 모양이 매우 좋았고 주변의 건물도 그리 나쁜 편은 아니었으며 대문의 위치를 정해주고 그 외 몇 가지를 상담해 주었다. 또 얼마 전 ○○시에서 자영업을 하는 분이 집안에 흉사(凶事)가 생겼다고 해서 점포와 살고 있는 집을 풍수적(風水的)으로 감결을 해보니 우선 길을 마주한 건너편 집의 살기(殺氣)가 점포를 정면으로 치고 있고 좌청룡(左青龍)과 우백호(右白虎)가 좋지 않았는데 도심에서의 좌청룡, 우백호는 내 점포나 주택의 좌. 우의 건물 등을 말한다.

그런데 이러한 길흉(吉凶) 판단은 매우 신중에 신중을 기하여 판단해야 함을 명심해야 한다. 어설픈 지식으로 함부로 감결해서는 안 된다. 그리고 그 분이 살고 있는 주택은 곳집 이라고 해서 1층을 주차장으로 쓰는 피로티 구조인데 집 바로 앞 도로는 전형적인 반궁수(反弓水: 화살대의 반대편 모양)도로이며 그 도로에서 부는 흉풍(凶風)이 집의 정면을 치고 있고 집 앞에 바짝 붙어있는 도로는 풍수용어로 할각수(割脚水)라고 하는데 이렇게 집과 바짝 붙어 있으면 그 집에 사는 사람이 고단하고 가난하며 근심을 걱정해줄 사람도 없다 하였다. 살고 있는 집과 점포가 모두 흉(凶)하니 가능한 빨리 옮기는 것이 좋다고 하였다.

게다가 그 분의 관상(觀相)을 보니 눈썹 옆 부위인 간문(奸門)과 간문 바로 윗부분인 천창(天倉)과 턱 옆 부분인 시골이 움푹 들어가고 얼굴 부위가 흉색(凶色)으로 상(相)과 찰색(察色)도 좋지 않았다. {자연이 곧 안면(顔面)이고 산이 곧 얼굴이므로 풍수사는 얼굴을 보고 관상학(觀相學)적으로 길흉을 정확하게 판단할 수 있어야 한다.} 조만간 그 분을 만나서 비보(裨補: 나쁜 것을 좋게 바꾸는 것)를 할 예정이다. 용호요저월견풍사즉, 혈불결(龍虎腰低越肩風射則, 穴不結: 청룡, 백호의 허리가 낮아서 어깨 너머로 바람이 몰아치면 혈이 맺지 못한다.)

3) 상생할 수 있는 점포를 찾아라

　장사를 하는 점포가 서로 마주 보고 있거나 옆으로 나란히 있다면 상생(相生 · 함께 공존하면서 살아감)하는 점포(업종별 차이는 있음)라고 하며, 더군다나 마주 보고 있다면 상승효과는 더 크다.

<줄을 서서 망개떡을 사는 모습>

경남 모처(某處)에 지역 특산물로 이름이 알려진 망개떡을 만드는 곳이 있는데, 줄을 서서 30분 이상 기다려야만 살 수 있으며 마주 보고 있는 점포는 식당으로 그 지역에서는 꽤 알려진 곳이었다. 식당에서 밥을 먹고 나오면 바로 앞에 떡집이 보이니까 손님의 눈길과 동선이 그곳으로 자연스럽게 향하면서 떡을 사거나 또는 미리 주문을 하고 밥을 먹은 후 떡을 찾아가는 멋진 상생의 점포였다.

이곳의 풍수적 특징을 살펴보면 한쪽은 4m 소방도로를 접하고 있고 다른 한쪽은 골목을 통해 들어가지만 두 점포의 마주 보는 공간은 가로 길이가 8m, 세로 길이가 25m 정도 되는 넓은 곳이라는 점이다. 이런 곳을 전순(氈脣)이라 하는데 만약 건물이나 묘소의 앞부분에 전순이 없다면 재물이 모이지 않을 뿐만 아니라 모종의 결함이 있음을 뜻한다. 수구(水口 · 점포를 오가는 골목입구)는 점포에서 보이지 않았으며 이중환의 '택리지'에 '수구는 작은 배 한 척이 드나들 정도면 족하다'는 글귀에 합당한 형세이기도 했다.

점포에서 작은 물에 해당하는 골목과 큰물에 해당하는 왕복 2차로 도로가 보이지 않고 도로에서도 점포가 보이지 않으면서 두 물(골목과 소방도로)이 1차 합수하고 2차로 도로인 큰물에 2차 합수하지만 순행해 흘러가니 부가 가득한 점포일 수밖에 없다.

풍수에서 도로는 물에 해당하며 물은 곧 재물로 본다. 주산으로부터 뻗어 내려온 용맥의 종착지인 점포의 지기(地氣 · 땅의 기운)도 길하였다. 요즈음 짓는 건물(원룸, 전원주택, 공장 등) 중에서 쌍둥이 건물을 간혹 볼 수 있다. 쌍둥이 건물은 형상이 같기 때문에 약간의 변화를 주어 이색적으로 보이도록 서로 등을 지게 건축하는 경우가 있다. 여의도의 LG트윈타워가 대표적인 예로서 서로 다른 방향을 바라보고 있는 형상이 마치 마주 보기 싫다는 듯 무정하게 등을 돌리고 있는데, 쌍둥이 건물은 유정하게 바라보는 형상이 좋다. 건물의 형상 못지않게 좌향(坐向·자리 잡은 방위)과 국세(局勢·어떤 국면에 드러난 형세)도 중요하다. 오래전 어떤 이가 "여의도 전체가 서쪽으로 배가 떠나가는 형국이고 국회의사당과 의원회관은 배 앞머리에 해당돼 사공이 뱃머리에 몰려서 떠들어대는 꼴이다"고 한 말이 생각난다. 터 잡기는 상지(相地)라 하고 터를 감결(勘決·잘 조사하여 결정함)해 집을 짓는 것을 복축(卜築)이라 한다. 땅은 여기저기 흩어져 참된 주인을 기다리며 참된 주인을 만나기 전까지는 흙 속의 보석처럼 그 진가를 내보이지 않다가 참된 주인이 나타나면 영롱한 빛을 발하면서 종래에는 땅주인에게 복을 주어 서서히 운명을 바꾸어 놓는다.

땅의 물길을 돌려 마당에 연못을 만들 때는 신중하게 조성해야 하며 자칫하면 마당의 따뜻한 기운과 연못의 찬 기운이 함께 집안에 어우러지면서 찬바람이 대류작용을 일으켜 각종 병을 일으키거나 팔꿈치와 무릎, 그리고 항시 무방비 상태에 놓여 있는 머리 부분에 치명상을 입을 수도 있다. 그뿐 아니라 마당을 항상 습하게 하여 지기를 손상시키므로 흉한 터가 되어버린다. 만약 마당에 물을 두고 싶다면 큰 항아리를 2~3개 묻어두고 항아리 아래에 구멍을 내어 배수로를 만들어서 물을 갈아주거나 물확(돌확)을 두면 된다. 이런 방식으로 할 때 연꽃을 심으면 찬 기운이 올라오는 것을 막고 물을 정화시켜 좋은 기운이 나오게 된다. 예부터 마당의 중앙에 나무를 심는 것은 금기시했으며 집과 떨어져 있는 담장 밑에 심어서 지기를 보호했다. 바람이 세차게 부는 곳이라면 쥐똥나무, 왕쥐똥나무, 사철나무, 죽책(竹柵·대나무를 촘촘하게 엮어 만든 울타리)을 심고 약한 바람이 불면 주목, 향나무, 측백나무, 회양목 등이 좋다. 집의 사방에 대나무를 심으면 터의 기운이 좋아지고 흉한 기운이 사라지게 된다. 전원주택의 뒤쪽에 대나무가 많은 집에 거주하면 건강과 함께 재물이 모이는 터로 생각하면 된다.

부귀(富貴)를 얻은 사람들은 대체로 그들의 집터나 무덤과 사주 및 관상이 모두 좋을 것이며 가난하거나 불행하게 된 사람들은 그들의 집터나 무덤·사주·관상이 대부분 잘못되어 있을 것이다. 정리하면 "풍수지리와 사주명리 그리고 관상은 서로 부합 된다"는 것이다.

풍수는 명당자리라 하더라도 살아서 음덕(蔭德)과 적선(積善)을 베풀지 않은 자는 결코 그 땅의 진정한 주인이 될 수 없으므로 후손들이 발복(發福)하지 못한다고 한다. 길(吉)하고 흉(凶)함은 모두 그 사람의 덕(德)에 맞게 오는 것이다. 무덤의 길흉을 판단할 때에는 그 집안의 무덤 전체를 감결하여 종합적으로 판단을 해야 한다. 그렇지 않고 어느 한 무덤만 보고서 길흉을 판단하게 되면 반드시 오류를 범하게 된다. 또 반드시 술사(術士)가 고조, 증조 등의 여러 무덤들을 판단할 때에는 차등화 하여 감결해야하며 촌수가 가깝고 친분이 두터울수록 길흉화복이 빠르게 나타난다. 우리네 조상님들은 '뼈대 있는 가문'이란 말을 하거나 듣는 것을 매우 자랑스럽게 생각한다. 이 말은 조상의 묘(墓)를 길지(吉地)에 두었기 때문에 오랜 세월이 지나도 조상의 뼈가 땅속에 그대로 남아있고 그 결과 조상의 음덕(蔭德)을 받아 후손이 부귀영화를 누린다는 뜻이다. 또 남을 욕할 때에 '뼈도 못 추린다'라고 말하는데 이 말은 흉지(凶

地)에 모셔진 조상의 묘(墓)라면 땅 속의 뼈는 바스러지거나 녹아 없어지고, 그 결과 조상의 음덕을 받지 못한 후손은 재난을 당하거나 불행해진다는 뜻이다. 또 고인이 돌아가신 날(기일·忌日)에 혼령에게 음식을 바쳐 정성을 표하는 예절인 제사(祭祀)는 보통 4대(부모→조부모→증조부모→고조부모) 봉사(奉祀)를 원칙으로 하고, 5대 조상 이상은 음력 10월에 산소에 가서 제사를 지내는 시향(時享)을 지낸다.

4대만 제사를 올리는 이유는 자연적인 상태라면 땅 속에 매장된 조상의 뼈는 120년(30년x4대)동안 존재하며 그 이상 된 조상의 뼈는 진토(塵土)가 되어 없어지니 더 이상 후손들이 발복(發福)을 받지 못한다는 풍수적 논리 때문이다. 물론 4대 동안의 발복(發福)을 받기 위해서는 좋은 터에 조상을 모셔야 함은 물론이고 음덕(蔭德)을 쌓아야만 가능하다.

풍수에서는 음택(陰宅) 이든 양택(陽宅) 이든 '터'의 중요성은 아무리 강조해도 지나치지 않다. 얼마 전에 창녕에서 전원주택을 지어 살고 있는 지인을 만나 이런저런 애기를 하다가 2년 전에 그 집을 지었는데 집을 팔려고 내 놓았다고 한다.

말을 하는 지인의 얼굴엔 근심이 가득 차 보여서 "평생 살려고 지은 집인데 왜 팔려고 하느냐"고 물었더니 자식이 보증을 섰는데 잘못되어서 돈을 물어 주게 되었다고 한다.

그 집은 남향집인데 산을 등진 것이 아니라 산을 바라보는 남향집 이었다. 풍수에선 산에서 내려오는 지맥(地脈)을 거스르면 안 된다. 산을 바라보는 집은 낮에는 시원한 강바람이 집의 뒤로 불고 밤엔 차가운 골바람이 집의 베란다 쪽 즉 앞쪽에 불기 때문에 흉풍(凶風)을 맞으니 좋지 않은 것은 당연한 이치다. 지인의 흉사(凶事)가 반드시 지맥(地脈)의 역행 때문이라고 단정할 수는 없지만 영향은 끼쳤을 것이라고 본다. 물론 북향집 보다는 남향집이 좋지만 사람이 필요로 하는 생기로써 일조량은 북향집이나 남향집이나 차이가 없다. 따라서 산을 바라보는 남향집은 별 도움이 안 된다.

4) 터가 좋으면 장사가 잘 된다

'터'의 기운이 좋아서 '줄을 서야만 밥을 먹을 수 있는 식당'
이 있다. 경남 진주 재래시장의 사거리 모퉁이에 육회비빔밥
을 전문으로 하는 식당이 있는데, 30분 정도는 줄을 서야만 밥
을 먹을 수 있을 정도로 장사가 잘 되는 곳이다. 이 식당은 기와
지붕의 단층으로 지은 사거리코너에 있는 다소 볼품없게 보이
는 곳이지만 사거리코너건물 중에서도 제일 '터'의 기운이 좋
은 곳에 위치하고 있다. 또한 물(풍수에서 도로는 물로 보고 물
은 재물로 본다)이 흘러와서 합수(合水 · 여러 갈래의 물이 모
이는 지점)되는 지점으로 물을 직접 받아먹는 곳이기도 했다.
    이러한 좋은 기운들이 건물 주변과 내부를 감싸고 있으므로
손님은 밥을 먹으면서 생기(生氣)도 취하기 때문에 줄을 서도
그 식당에 가고 싶어지는 것이다. 터의 기운 못지않게 중요한
것은 건물 내 · 외부에 존재하는 기운으로 이것은 '풍수인테리
어'를 함으로써 비보(裨補 · 나쁜 기운을 좋은 기운으로 바꿈)
를 할 수 있다. 경기가 어렵고 소비심리가 위축될수록 터의 기
운이 길한 곳을 찾거나 비보하여 길하게 하거나 풍수인테리어
를 해서 손님을 불러들이는 방법도 좋을 것이다.
    풍수인테리어 중에서 좋은 운을 불러들일 수 있는 비교적
실천이 간단한 방법을 소개한다. 집안으로 들어갈 때, 방문이
보이거나 화장실이나 주방이 바로 보이면 생기가 빠져나가므
로 격에 맞는 인테리어 소품을 사용하여 가릴 수 있도록 한다.
    사무실이나 주택, 점포 등의 현관입구에 부착한 큰 거울은
생기를 분산시켜 감정조절력을 약화시키고 집중력을 저하시키

는 요인이 된다. 따라서 거울을 없애거나 얼굴과 상체의 일부만 볼 수 있는 원형이나 팔각형 거울을 부착해야 한다.

실내에 그림을 걸어두면 기운을 돋우는데 큰 도움이 되고 복을 가져다주지만, 인물화보다는 생동감 있는 풍경화나 산수화, 또는 폭포수 그림이 효과가 있다. 만일 수족관을 두고 싶으면 잔잔한 물에 물고기만 두는 것보다는 물레방아를 돌게 하면 신기(神氣·만물을 만들어 내는 원기)가 좋아진다. 사람마다 자신에게 맞는 색상이 있으며, 그러한 옷을 입거나 그러한 색상으로 커튼이나 식탁보, 침대보 등을 하면 우울한 생각이 훨씬 줄어들고 긍정적 사고방식과 참신한 아이디어가 샘솟게 된다. 하지만 자신에게 생기를 돋우는 색상을 알기가 어렵다는 것이 문제인데, 이때는 전문가에게 자문(諮問)하거나, 아니면 평소 어떤 색의 옷을 입었을 때 기분이 좋아지고 하는 일이 잘 풀려나가는지를 관찰해서 그 색상의 옷을 입으면 된다.

벨기에 리에주대의 길레스 반드발교수 연구진은 조명의 색으로 뇌의 활동을 알아보는 실험을 한 결과, 주황색의 빛이 뇌를 가장 긍정적으로 활동하게 하는 역할을 하며 녹색 빛도 뇌 활동을 다소 증가시켰지만 청색 빛은 뇌의 활동이 변화가 없었다고 밝혔다.

하지만 연구결과를 참고는 하되, 일이 순조롭게 잘 풀리거나 운이 좋았을 때, 자신이 입고 있던 옷의 색상이나 주변에 어떤 색상이 있었는지를 관찰해서 적용해보기를 권한다.

7. 공장풍수

1) 공장풍수는 도면 검토부터 하자

필자는 작명(作名)에서 이름을 부르거나 듣는 순간에 울려 퍼지는 파동(波動·진동이 퍼져 나가는 현상)을 적용한 '파동 성명학'이나 파동을 근간으로 하여 '터의 길흉'을 파악하는 것은 매우 타당한 방법이라고 생각한다. 울산광역시 울주군 삼남면 방기리에 있는 알바위(卵巖)는 알(卵)모양의 구멍이 나있는 바위라는 뜻이다.

<알바위들>

<알바위의 자세한 형상>

　이 구멍들은 작은 돌로 문질러서 오목하게 파인 것인데, 성혈(性穴)이라고도 한다. 성혈은 여성 성기의 상징으로 풍요와 다산(多産)의 의미로 해석하거나 태양을 상징하기도 한다. 전해지는 이야기로는 아들을 낳지 못하는 부인들이 작은 돌로 바위를 열심히 문질러서 그 돌이 알바위에 붙으면 아들을 낳는다고 한다. 부인들이 작은 돌로 바위를 문지를 때 생기는 공명(외부의 힘이 물체에 작용할 때 생기는 울림 현상)을 통해 바위의 기운이 부인들의 뇌에 좋은 기운을 전달하여 감응(感應 · 어떤 느낌을 받아 마음이 따라 움직임)을 일으킴으로써 소원을 성취하게 된다고 볼 수 있다.

　이러한 곳은 신성한 장소이므로 당시 사람들의 제전(祭奠)이 이뤄졌던 '성스러운 장소'였을 것으로 추정한다. 종종 '집이나 타 용도로 사용할 건물을 매입하고 나서 풍수 감결(勘決 · 잘 조사하여 결정함)을 받는 것은 소용없지 않은가'라는 문의 전화를 받곤 한다.

건물이나 토지 등은 매입하기 전에 풍수 감결을 받는 것이 좋으나 매입 후에 '비보풍수의 관점'에서 감결을 받는 것도 상당히 중요하다. 흉한 건물이나 토지임을 알았을 때, 계속 보유할지와 처분해야 할지의 결정에 도움을 줄 수 있기 때문이다.

토지는 보유만 한다면 지주에게 직접적인 영향을 미치지 않지만 건물의 경우, 흉한 기운(殺氣)이 있는 곳에서 생활하면 건강과 재물을 한순간에 모두 잃을 수 있다.

같은 건물 내에서도 생기(生氣)와 살기(殺氣)를 내뿜는 위치가 다를 수 있으므로 좋은 기운이 있는 곳은 사람이 활동하는 공간으로 만들고 흉한 기운이 있는 곳은 창고나 주차장, 텃밭 등 사람이 상시 활동하지 않는 공간으로 사용해야 한다.

김해시 진례면에 공장 부지를 분양받아 오랜 노력 끝에 '임대공장'에서 '자가공장'으로의 출발을 하려는 사장이 공장 건물의 설계를 풍수를 가미해 하고자 의뢰를 했다.

동종업계에서 그는 성실과 노력의 대명사로 불릴 만큼 꽤 알려진 인물이었다. 동종업체보다 장애인을 훨씬 더 많이 고용하고 있으며 영업, 관리, 납품과 지게차로 제품을 싣는 기사 등 많은 역할을 하지만, 그의 낙천적인 성격과 유머감각은 주위 사람들을 항시 즐겁게 했다.

현장 분석에 앞서 메일로 받은 가설계도면 여러 장을 지맥(地脈)의 흐름, 하천의 위치, 등고선 분석 등과 같은 주변 여건을 검토한 후, 분양 받은 공장부지에 가장 적합한 도면을 최종 결정하기위해 현장을 방문했다.

성토를 한 부지였기에 지기(地氣 · 땅의 기운)가 가장 좋은 곳을 파악하고 나서 지맥에 역행하지 않는 범위 내에서 생산1동(제품 생산)과 생산2동(부수작업과 출하대기제품 적재), 사무동, 사장실의 위치 선정과 폐자재 적재장소 선정, 정문의 위치를 정했다.

건물의 세로와 가로 길이는 황금비율인 1:1.618을 기준으로 하되, 그 터에 적합한 비율인 1:1.5정도로 하였다. 사무실의 높이는 공기순환도 잘 되고 기획력을 끌어 올려 매출 증대를 꾀하게 하는데 도움을 주는 높이인 3~3.5m로 했다. 사무동의 3층은 기숙사여서 찬바람(고기압)은 바닥에 깔리고 따뜻한 바람(저기압)은 천장으로 가기 때문에 공기 순환이 잘 되도록 천장에 창문을 내도록 했다.

생산1동에서 2동으로 가는 방향은 시계반대방향(生氣방향)으로 효율적인 동선(動線·사람이나 물건이 움직이는 자취나 방향을 나타내는 선)을 확보할 수 있도록 했다. 도로살(道路殺)을 맞지 않는 곳에 사무동을 짓고 폐자재는 시계방향으로 컨베이어 시스템을 설치해 공장바깥에 적재토록 했으며 적재장은 부지중에서 지기가 제일 적은 곳이나 없는 곳에 만들었다.

기운이 들고나는 정문을 입구 중간에 내면 직원들도 사분오열로 갈라지기 때문에 입구 폭의 1/3지점으로 하되, 생기 있는 곳에 냈다.

2) 공장풍수와 수맥파의 진실1

　　필자가 최근에 감결(勘決 · 자세히 살피고 조사하여 결정함)한 공장 중에 특별히 인상에 남는 공장이 있었다. 경남 김해시 진영읍의 모처에 위치한 공장 부지로서, 부지의 길흉에 대한 판단과 주출입문인 대문의 위치선정 그리고 공장건축 시 필요한 부분들에 대한 포괄적인 풍수조언 및 비보(裨補 · 흉한 것을 좋게 바꾸어 줌)를 의뢰받은 곳으로 공장부지 선정과 공장을 신축하려는 분들에게 조금이나마 도움이 되었으면 한다. 공장이 입지할 부지는 주산에서 입수한 내룡(來龍)의 지기(地氣)가 왕성하고, 주산이 노적봉으로 지덕이 발동하여 생기가 머물 조건은 갖추었다.

<노적봉>

　　부지의 뒤쪽에는 고속도로가 있는데, 비록 공장과의 거리는

떨어져 있지만 도로살로 인한 살풍과 소음이 항시 공장을 치기 때문에 나무를 심어 비보하도록 했으며, 북서풍방향(乾方)에서 불어오는 바람은 황사를 동반하는 흉한바람이긴 해도 생산동이 막아주고 있어서 임직원들에게 해를 끼치지는 않기 때문에 비보 없이도 무방하다고 보았다.

<도로살 비보(裨補·흉한 기운을 막음)용 나무>

공장부지의 앞쪽에도 도로살로 인한 살풍이 불어오지만 담장을 쌓기 때문에 문제는 되지 않으나, 만일 통풍이 되는 담장을 쌓는다면 살풍을 바로 맞기 때문에 반드시 밀폐된 담장을 해야만 한다고 강조하였다. 땅의 기운이 좋은 편이었으나 성토(盛土·흙을 쌓음)를 했던 곳이기 때문에 직원들의 휴식공간이나 조경을 하는 곳에는 잔디를 심어서 지기를 북돋우도록 해야만 한다.

그 외에 세세한 사항들이 있지만 전체적으로 좋은 부지라는 결론을 내렸으며, 공장신축에 따른 풍수적 조언을 한 후 2개월이 지나 건물이 90%정도 진척된 상태에 다시 방문을 하였다. 필자의 조언대로 건물은 안쪽으로 깊게 여유를 두고 '속 깊은 건물'로 지었고, 주된 생산동의 좌우측에는 사무동과 생산동이 있어서 좌청룡과 우백호를 갖춘 'ㄷ' 자 형상으로 외부의 흉한 기운을 막아주고 있으며 특히 좌청룡의 사무동은 우백호보다 안쪽으로 들어와 있는데, 대문으로 설기되는 기운을 막아주어서 좋은 기운이 공장 내에 항상 머물 수 있게 되어있었다.

고서에는 이것을 용호혈지좌우사야, 만포유정위길(龍虎穴之左右砂也, **彎抱有情爲吉** · 청룡과 백호는 혈의 좌우에 있는 것으로, 둥글게 껴안아서 정이 있는 모습이 길함이다.)이라 하여 대단히 길하게 여긴다.

실내는 마무리작업이 한창이어서 사장실의 책상위치 · 색상선택 · 금고위치선정 · 회의탁자위치 · 직원사무실 책상위치 · 기계장비위치 · 창고위치 등은 완공 후 최종감결을 하기로 하였으며, 유해지자기파(수맥파 · 지전류 · 전자파 등)에 대한 분석과 차폐에 대한 방법은 1차 체크는 했으며 최종체크 또한 완공 후 하기로 했다.

일반적으로 '수맥파'는 유해지자기파의 일종이며 수맥파를 찾는 사람을 서구에서는 'Dowser'라고 하는데, 수맥파를 유해지자기파로 인식하고 있다. 서구에서 Dowser란 dowsing rod(점을 치는 막대) 또는 divining rod(점지팡이)를 사용해서 점(占)을 치는 사람을 뜻한다.

어쨌든 유해지자기파의 일종인 수맥파가 사람에게 해롭다고 하여 100여 년 전부터 미국 · 독일 등에서 연구를 활발하게 하고 있지만, 아직까지 영구적인 차폐물을 개발하지는 못하고 있는 실정이다.

한국에서 수맥의 원조라 하면 임응승신부를 들 수 있는데, 그의 저서인 '수맥과 풍수'의 내용 중에 수맥파는 인체 · 정밀기계 · 무덤 · 산사태 등 모든 곳에 나쁜 영향을 주지만 동판으로 차폐하면 해결된다고 하였다(이후 동판이 효과가 없다 하였음). 그러나 오늘날 대부분의 수맥전문가들은 동판으로는 수맥파가 절대 차단될 수 없으며, 알루미늄 쿠킹호일을 3~4겹으로 겹쳐서 깔면 된다고 하는 주장과 특허를 받은 여러 종류의 수맥파 차폐용 제품 등을 광고하면서 각자 서로의 제품만이 유일하게 수맥파를 차단할 수 있다고 한다.

　　필자는 수맥파가 인체에 해로운 것은 사실이며, 어떤 물질로도 수맥파를 영구히 막을 수는 없으므로 파의 진단을 정확히 하여 피하는 것이 상책이라 생각한다. 미국 캘리포니아 공대의 커시빙크 박사는 "인간의 뇌 속에는 자철광 물질이 들어있어 자기장을 감지할 수 있는 능력이 있다"고 했다.

3) 공장풍수와 수맥파의 진실2

　풍수는 '터'의 선정이 가장 중요하며 생기(生氣)가 응집된 터를 선택하지 못하게 되면 근간이 부실하기 때문에 지덕이 발동하지 않으니 복을 받을 수가 없다. 이미 지어진 건물인 경우 비보(裨補 · 흉함을 막음)를 하면 충분히 해결은 되지만, 그래도 첫 단추를 잘 끼우는 것이 가장 바람직하다고 본다.

　공장이 입지할 부지는 지맥을 따라 물이 흘러야 하며, 물(도로=물=재물)은 곧 바람길 이므로 근원을 알 수 없는 먼 곳에서 다가온 후 꼬리를 재빨리 감춰야 지기가 응집이 되어 길한 부지가 된다.

<사행(蛇行) 도로>

　근래에 와서 부지를 선택할 때 풍수감결과 함께 수맥파(유해지자기파)의 유무에 대한 의뢰를 많이 받는다. 땅속의 물은

지표면 하부에 있는 물인 건수와 땅속 깊이 흐르는 생수(또는 천수)로 구분된다. 건수란 점토질과 같이 흙의 입자가 조밀한 곳이거나 암반층의 상부에 스며들지 못하고 고인 물을 말하며, 땅 밑으로 깊이 스며든 물은 대부분 암반층의 통로를 통하여 물줄기를 형성하고 흐르게 되는데 이 물줄기를 수맥이라고 한다. 필자는 바로 이 수맥에 대한 진실을 말하고자 한다.

물은 지구표면의 약 70%를 차지하며 인체도 약 70%가 수분으로 이루어져 있는데, 물은 우리 몸의 혈액 중 약 80%이며, 뼈에는 약 20%가 수분이고 근육도 약 75%가 수분으로 이루어졌으며, 피부의 약 70%도 수분이다.

이 수분으로 인해 땅속의 유해파와 인체가 서로 감응(感應)을 하게 되는 것이다. 오늘날 '유해지자기파'라고 하는 수맥파의 유해성은 외국에서 다양한 과학적 접근을 통해 입증이 되고 있는 것은 사실이다. 영국, 독일, 오스트리아 등의 유럽국가에서는 100년 전부터 수맥파가 있는 곳에는 병원성 질환을 유발시킬 수 있다고 하였으며, 현재도 계속적으로 의학적 연구를 하고 있다.

아주대 공과대학 오흥국 교수는 "수맥에너지란 땅 밑에서 물이 흐를 때 물과 물간의 속도차이에 의해서 우회전에너지가 발생하는데, 그 에너지가 땅위로 올라오는 과정에서 돌이나 금속·흙 등의 물질을 통과할 때 물질 속에 있는 우회전 에너지가 풀리면서 좌회전에너지(수맥파)가 되는 것을 말한다"고 했다.

실제로 수맥이 있는 곳 위에 집을 짓고 살거나, 생산동 또는 사무동의 일터가 있다면 생체리듬의 균형이 깨지고 환경에 민감해지기 때문에 쉽게 피로가 오거나 짜증을 잘 내게 되며, 우울증이 유발될 수도 있고 일의 효율성을 극히 떨어뜨릴 수도 있다. 그러나 소위 수맥전문가라고 하면서 수맥이나 기타 유해 지자기파가 없는 곳인데도, 검증도 제대로 되지 않은 제품을 고가에 매입하게끔 유도하는 후안무치(厚顔無恥)한 자들이 난무하고 있는 실정이므로 각별한 주의가 필요하다.

만일 건물에 수맥이나 유해파가 있다면 최선의 비보는 그 장소를 피해서 생활하는 것이다. 관상학에서 가장 중요하게 관찰하는 얼굴의 부분이 눈동자의 상태와 찰색(察色 · 얼굴 빛)이다. 대개 평소 잠을 잘 못자거나 심신이 피곤하면 눈동자와 찰색을 보면 알 수 있는데 이런 사람은 집이나 일터에 수맥이 있는지 확인해 볼 필요가 있다. 그러나 설혹 수맥이 있다고 하더라도 차선책으로 특허제품 중에서 전문가가 인정한 제품을 구입하는 것이 좋으며, 가장 바람직한 것은 피할 수 있으면 피하는 것임을 다시 한 번 더 강조한다.

한때 필자 또한 사무실에서 업무를 보려고 하면 정신집중이 되지 않고 글도 눈에 들어오지 않을 뿐만 아니라 오후에는 앉아만 있어도 심한 피로감과 무력감에 빠져든 때가 있었다. 그래서 수맥탐사를 해보니 필자가 앉아 있던 자리가 폭이 약60㎝ 정도 되는 수맥이 흘러가는 곳이어서 책상위치를 변경시켰는데 결과는 대만족이었다.

우선 하루 종일 앉아 있어도 피로감이 없었으며, 항상 맑은 정신을 유지할 수 있었고 일의 진척도 눈에 띄게 향상되었다. 수맥파는 수직파(Vertical Wave)이므로 대개 수맥파가 올라오는 곳을 피해서 생활하면 피해를 막을 수가 있으며, 수맥이 있는 곳에는 장롱 · 창고 · 단순제품자재창고 · 야적장 등으로 사용하면 된다.

4) 풍수와 공장의 흥망성쇠

경영자가 공장을 갖기 위한 노력과 정성은 그야말로 피비린 내 나는 전쟁터에서, 목숨을 걸고 혼신을 다해 싸우는 대장군의 마음과 다를 바 없다. 또한 풍수의 가장 중요한 요인이 '터'임은 두말할 필요가 없으며, 옷은 첫 단추를 잘못 꿰어 균형과 조화가 흐트러지게 되면 다시 풀어서 맞추면 되지만 '터'의 선택을 잘못하면 공장을 완공하고 나서 아무리 후회해도 소용이 없다.

간혹 공장 부지를 매입하고 나서 필자에게 건물의 형상, 배치, 방향(좌향), 색상, 비보(裨補 · 흉한 것을 길하게 바꾸는 방법) 등을 의뢰하는 경우가 있다. 이것은 내 몸속의 장기(臟器)는 만신창이가 되어 있어도 겉옷만 화려하게 치장을 하면 된다고 생각하는 것과 진배없다. 그러나 경영자가 '터'의 흉함을 알지 못하여 그러한 것이지 만일 '터'의 흉함을 알았다면 매입을 하지 않았을 것이며, 건축 또한 생각조차 하지 않았을 것이라 본다.

공장부지의 선택은 심사숙고하여 결정하여야 하며, 가능하면 전문가와의 상담을 참고로 해서 결정하는 것이 현명한 방법이다. 호미로 충분히 막을 수 있는 것을 가래로 막아서는 안 된다. 산업단지나 농공단지와 같은 대규모 공장부지의 1차 감결은 주변 산의 기운이 응집하였는지의 여부를 판단하는 것이며, 이런 부지가 길지라면 소쿠리혈 또는 삼태기혈의 명당이라고 한다. 2차 감결은 부지의 지기(地氣)를 살펴보고, 3차 감결은 강이나 하천의 역류현상을 보는 것이 일반적이다. 그러나 우리나라의 산세는 북고남저(北高南低)와 동고서저(東高西低)의 지형을 이루고 있기 때문에 물줄기도 자연히 산세와 같이 북출남류(北出南流 · 북쪽에서 남쪽으로 흐름)하고 동출서류(東出西流 · 동쪽에서 서쪽으로 흐름)를 한다.

하지만 풍수에서는 역류(남출북류와 서출동류를 뜻함)의 물줄기 현상이 있는 곳은 생기(生氣)를 품은 곳이라 하여 길지로 여기는데, 서울의 경우 양재천 · 안양천 · 탄천이 대표적인 역류천으로 그 일대인 대치동 · 목동 · 잠실을 길지로 말하며, 낙동강도 강으로서는 드물게 서출동류를 하는 역류수에 해당한다.

<낙동강>

하지만 역류현상의 강과 하천이 좋은 터임은 앞으로 많은 자료의 분석을 통한 통계적 수치로써 증명할 필요가 반드시 있다고 본다. 풍수는 자연과학이자, 통계학임을 풍수학인 이라면 한시라도 잊어서는 안 된다.

대단지 공장부지외에 개별적으로 부지를 구하는 경우의 부지 선택 시 주의할 사항을 알아보기로 하자.

첫째, 부지가 성토한 매립지이거나 성토해야만 되는지를 확인한다. 자칫 가스층이 생기거나 침하될 우려가 있는 땅이라면 지기(地氣)가 약해져서 좋은 기운이 흩어지기 때문이다.

둘째, 소음이 심한 공장이라면 주변의 민원을 반드시 고려해야만 한다. 만일 공장을 가동하는 도중에 민원이 발생하여 가동을 중단하게 되면 낭패가 아닐 수 없다.

셋째, 주산(主山)의 지맥(地脈)에 순행해야 한다. 간혹 남향을 선호하여 주산을 바라보면서 건축하면 지맥에 역행을 하게 되어 생기는 흩어지게 된다.

넷째, 부지의 형상이 반듯하지 않으면 바람길이 달라져서 좋은 기운을 받기 어렵다. 이러한 경우에 모가 난 곳은 별도의 용도로 만들어서 본 건물과 구분을 지어 부속 건물로 하도록 한다.

다섯째, '산(공장)은 음'으로 보며 '물(도로, 하천)'은 양으로 본다. 음양이 조화와 균형이 맞아야 비로소 생기가 형성되어지는 것이다. 공장부지와 건물이 작은데 큰물이 앞에 있다고 하여 큰돈을 벌 수 있다고 생각하면 오산이다.

그러나 '용종순수, 결지불능, 치부난망(龍從順水, 結地不能, 致富難望 · 용을 따라 물이 역수가 아닌 순수하면 혈을 맺지 못하고 부귀를 바라볼 수 없다)'라 하여 양에 해당하는 물의 중요성을 풍수에서는 강조한다.

여섯째, 지세와 주변의 사격(砂格 · 산의 형상)을 물형론(物形論 · 자연현장에서 한 눈에 조망된 산천 형세를 사람, 짐승, 새 등에 빗대어 이름 짓고 생기가 응집된 혈처를 찾는 방법)으로 평가하여 참고한다.

　100% 만족할 수 있는 완전한 땅은 구하기 어려우므로 부족한 부분은 비보(裨補)하여 살기를 생기로 바꾸어주고 생산동 · 사무동 · 사장실 등을 풍수인테리어를 적용하여 생기가 흐르는 공간을 만든다.

생활 속의 풍수, 그 진리를 탐구하다

5) 인간과 식물이 빛을 봐야하는 이유

'터'에서부터 끊임없이 올라오는 기운의 좋고 나쁨에 따라 그곳에서 활동하는 이들의 건강과 성과의 차이가 현저함을 수많은 감결(勘決 · 잘 조사하여 결정함)사례를 통해 알 수 있었다. 주택과 점포, 공장 등이 산줄기에 순행하는지와 역행하는지에 따라 길흉이 달라지며 산줄기의 연장선상에 있는지 계곡의 연장선상에 있는지에 따라 길흉의 차이도 나타났다.

하지만 '산줄기와 계곡에서 벗어난 지점'은 별도로 감결을 해야 한다. 빛(여기서는 '햇빛'을 지칭함)에 따른 길흉, 즉 남향, 동향 빛인지 서향 빛(서향 빛은 되도록 적게 받는 것이 좋음)인지에 따라 세로토닌, 노르아드레날린, 도파민 등과 같은 호르몬의 분비량이 달라지며 그곳에서 활동하는 사람의 행복과 분노, 흥분 등에도 차이가 있다.

실제 아침에 받는 동향의 빛은 서향의 빛보다 훨씬 생기를 품고 있어서 노인에게 동향의 빛은 산삼보다 더 유익하다. 인간은 빛이 어느 곳에서 비추든지 간에 빛이 들어오는 곳을 원하며 더 많은 빛을 확보할 수 있는 곳(남향집)을 원한다.

인간이 빛을 얻기 위해 남향집을 선호하는 것은 식물이 한쪽에서 빛이 있으면 그쪽으로 휘어져서 자라는 '굴광성(屈光性)'의 개념과 유사하다고 볼 수 있다.

식물도 빛 에너지를 이용하여 이산화탄소와 수분으로 유기물을 합성하는 과정인 '광합성'을 해야 생명을 유지할 수 있다.

사람도 빛을 받지 않으면 정상적인 호르몬의 분비가 이루어지지 않으므로 빛은 식물뿐만 아니라 사람을 포함한 모든 동물에게 없어서는 안 될 요소임은 분명하다.

<돌담의 살기(殺氣) 방출을 막으면서 광합성을 하는 식물>

사람이 보는 빛은 '가시광선(사람의 눈으로 밝기를 느낄 수 있는 파장의 광선)'이지만 식물은 푸른색 빛을 보고 그 방향으로 줄기를 휘며 씨가 싹을 틔울 때는 붉은색 빛을 그리고 자외선을 보는 것으로 알려졌으며 푸른색과 붉은색 빛에 들어 있는 에너지(생기)를 통해 광합성을 한다.

우리가 보는 '빛'은 가시광선으로 전자기파인데, 전자기파란 전기장과 자기장이 커졌다 작아졌다 하는 것을 반복하며 진행하는 파동으로 진동수가 $4 \times 10^{14}Hz$에서 $7 \times 10^{14}Hz$까지이다. 가시광선대의 파동은 '생기를 머금은 빛'으로 볼 수 있다.

풍수이야기를 하면서 '무슨 생뚱맞은 얘기를 하는 건가'라는 생각이 들 수 있겠으나 인간도 식물과 같이 가시광선 파장의 범위 내에 있는 여러 색을 보는데 식물에게 필요한 색이 있듯이 개개인에 따라 필요한 색상이 있으므로 이것을 조명등이나 벽지, 장판, 침대커브, 커튼 등의 색상을 정할 때 활용하면 '생

생활 속의 풍수, 그 진리를 탐구하다

기 있는 집'이 되지 않을까 생각해 본다. '좋은 터(명당)란 어떤 곳을 말함인가'라는 질문을 받을 때 필자는 '기본을 중요시 하라'는 말을 항상 한다. 여기서의 기본은 터에서 '편안하고 푸근한 기운을 느낀다면 보통은 된다고 볼 수 있다'는 뜻이다.

지표면에 흐르는 지자기 파장은 8Hz정도이며 사람의 뇌가 가장 안온한 상태에서의 파장도 8Hz로 알려져 있다. 지자기 파장과 가장 편안한 상태의 뇌의 파장이 같아질 때, 변연계(동기와 정서를 주로 담당하는 여러 구조물들로 변연피질, 해마, 편도체 등이 있음)의 공명, 즉 지자기파와 뇌파 사이에 공명현상이 일어난다.

경남 창원시 모처에서 고철 사업을 꽤 크게 하는 사장으로부터 기존 사무실을 헐고 사무동과 사장실, 기숙사, 야적장, 작업장(고철을 일정한 크기로 자르는 곳)의 배치와 풍수인테리어 의뢰를 받은 적이 있다. '쇠'를 취급하는 곳은 쇠에서 발생하는 '흉한 파'로 인한 사고의 위험이 많기 때문에 타 공장보다 배치와 비보(裨補 · 나쁜 기운을 막음)를 잘 해야 한다. 터는 산줄기와 계곡의 연장선상에 있기 때문에 배치에 주의를 기해야 하는 곳이었다.

위치를 옮겨서 신축하는 사무동(사장실과 기숙사 포함)이 현재 위치한 사무동에 비해 터의 기운이 훨씬 좋아서 향후 매출증대에 큰 기여를 할 수 있을 것이다. '터'의 기운이 나쁜 곳은 야적장으로 쓰고 좋은 곳은 작업장과 사무동으로 하도록 조언했으며 '도로살'을 막기 위해 기둥을 세워야할 위치와 사무동 앞에 흉풍과 살기를 막음과 동시에 공장을 홍보할 수 있는 아크릴 차단벽을 권했다.

6) 높은 수익률의 주인공! 공장풍수

산청군 동의보감촌 내에 좋은 기(氣)를 받는다는 기바위가 3개 있다. 귀감석이라 하여 귀감이 되는 글자를 새긴 바위가 있고, 자신을 돌아보고 나쁜 기운을 내보내며 허약한 부위를 재생하는 능력이 있다는 석경, 복을 담아내는 그릇인 복석정이 그것이다.

<석경>

<복석정>

<귀감석>

2009년 5월 이곳을 방문한지 얼마 지나지 않아 이참 사장이 한국관광공사 사장으로 추천을 받으면서 삼석의 기운을 받은 덕분이라며 재방문 했다는 일화가 있자, 점점 더 유명한 바위가 되어가고 있다.

바위에는 금·은·동·철 등과 같은 성분이 함유되어있어 각이 지거나 날카롭거나 깨어진 데가 있는 바위는 살기(殺氣), 즉 나쁜 기운이 새어나와서 오히려 건강을 해치게 된다. 그러나 각이 없고 두루뭉술하면서 색상이 밝은 바위는 기바위 뿐만 아니라 다른 바위들도 기도의 효력이 있거나 몸이 낫는 경우가 종종 있다. 바위는 우리에게 도움도 주지만 흉한 바위는 우울증이나 뇌질환 등을 유발시켜 건강을 해치기도 한다.

길(吉)한 바위라면 기도발을 받아서 소원하는 일이 이루어지기도하며 건강도 좋아지는 경우가 있으나 몇 날 며칠을 바위 곁에 있으면 오히려 부작용이 생길 수 있으므로 유의해야 한다. 풍수는 지리(地理·어떤 곳의 지형이나 길 따위의 형편)에 영향을 끼치는 주된 요인이다. 양택(陽宅·산 사람이 생활하는 곳이나 거주지)과 음택(陰宅·무덤) 모두에 참고할만한 고운(古云)이 있다. '혈전하지급공, 낙마사(穴前下之急空, 落馬死·혈 앞이 급히 공허하게 층이 지면 흉사가 난다)'라는 말이 그것이다.

양택의 경우, 전원주택을 산등성이 또는 다랑논에 짓게 되면 'ㄴ'자의 형상으로 층이 질 수밖에 없다. 그러면 집 뒤쪽은 흙이 무너지지 않도록 하기위해 대부분 시멘트와 돌을 사용하여 석축(石築)을 쌓는다. 하지만 시멘트와 돌은 집 가까이에 있으면 있을수록 사람에게 해를 주기 때문에 계단 형상이나 완만하게 흙을 쌓은 후, 잔디와 나무를 심어서 친환경주택이 되도록 하자.

　음택의 경우, 산등성이를 용맥(龍脈)이라 하여 혈(穴)이라는 좋은 무덤자리를 찾는다. 그런데 경사진 산등성이가 오랜 세월동안 비바람을 맞으면서 혈 앞이 높은 층이 진다면 그 아래는 지기(地氣)가 약해 흙이 서서히 없어진 곳이며 그 위는 단단한 흙이 있을 수도 있지만 대부분은 각이 지고 색상이 어두운 바위가 있다고 보면 된다. 다시 말하면 길지(吉地)가 아닌 흉지(凶地)라는 뜻이다.

　얼마 전 충청북도 모 공장에 풍수 감정을 간 적이 있었다. 132,200㎡의 부지에 절반은 이미 지어서 가동을 한지 꽤 오래 된 튼실한 중견기업이었다. 공장풍수 감정의 키포인트는 공장의 전체 부지를 먼저 파악한 후, 흉풍과 살기의 영향을 받지 않도록 건물배치를 하는 것이다.

　모든 기운(살기, 생기)은 외부에서 공장의 사무동, 생산동, 식당, 복지관 등을 거쳐서 내부로 들어간 다음 최종적으로 임직원의 입과 코로 들어가는데, 만일 생기가 아니라 살기라면 나쁜 영향을 미친다. 아무튼 전체 부지에 적정한 배치가 가장 중요하며 특별한 경우를 제외하고는 'ㄷ'자형 배치를 하는 것이 이상적이다. 다시 말하면 본관을 기준으로 좌·우측에 건물이 있으면 좌청룡과 우백호가 되어 흉한 기운을 막아주며, 앞과 뒤쪽에 건물이 있으면 좋지만 만일 없다면 조산비보(造山裨補·흙을 돋우어서 나무를 심어 나쁜 기운을 막음)나 동수비보(洞藪裨補·상록수를 심어 나쁜 기운을 막음)를 해서 차폐시키면 된다. 그런데 공장의 정문은 최대한 좁히는 것이 좋지만 여건상 어렵기 때문에 정문의 양쪽에 큰 나무를 심어두면 생기(生氣)가 들어와서 공장에 활기를 넣어주고 흉한 기운은 빠져나가게 한다. 부지가 넓으면 바닥 전체를 시멘트로만 하기보다는 잔디를 심고 벤치와 함께 나무를 심어두면 직원들의 마음이 부드러워지고 편안해질 것이다. 그러면 자연히 불량이 줄어들고 원가절감의 효과를 보게 되어 이윤증대로 이어지게 된다. 건물지붕과 벽은 자극적인 색상(빨간색·주황색)보다 차분한 색상(하늘색·아이보리색)이 좋다. 만일 후문이 있는 공장이면 바람이 통할 수 없도록 밀폐형 대문을 설치해야만 한다.

7) 공장풍수 감정

    풍수는 산천지형을 눈으로 살펴보고 혈(穴) 자리를 찾는 형기풍수(形氣風水)가 있고, 패철(佩鐵)을 이용하여 88향법(向法)과 수법(水法)을 수단으로 하여 혈 자리를 찾는 이기풍수(理氣風水)가 있으며 일반인들이 쉽게 이해를 할 수 있도록 산천지형의 형상을 동물과 사람 등에 빗대어 혈 자리를 찾는 물형론(物形論)이 있다. 그러나 무엇보다도 흉한 것을 길하게 고쳐서 복을 주도록 하는 비보풍수(裨補風水)가 중요하다. 충남 천안시에 위치한 병천(並川)시장은 천안시 북면 은지리 은석산 기슭에 거주하는 박남희의 조상 박문수(朴文秀)의 묘 때문에 설립된 것으로서, 은석산 꼭대기에 있는 그 묘로부터 약 십리 떨어져 있는데도 묘에서 잘 볼 수 있다.

    이 시장이 어떻게 생겼느냐 하면, 조선 영조 때의 암행어사였던 박문수가 병천지방에 체재중 그의 마부 김모씨(일설로는 마부가 아니고, 그의 문객으로서 상담 상대였다고도 한다)가 이 고장의 지사로서 묘의 좋은 혈자리를 찾는데 뛰어났기 때문에 박문수는 이 김모씨에게 자신의 사후(死後) 분묘를 결정하게 했다. 이렇게 하여 정해진 곳이 은석산 꼭대기 즉 지금의 박문수의 묘지이다. 그런데 이곳의 땅모양이 마치 장군상과 유사하여 이곳에 묘를 쓰면 장군은 반드시 병졸이 있어야 힘을 쓸 수 있기에 자손에의 발복(發福)을 왕성하게 하기위해 많은 사람이 모이는 시장을 묘 앞에 개설하고, 시장에 모이는 대중으로 하여금 병졸을 대신해야 했다. 박문수가 죽자 그의 자손은 비보풍수의 일환으로 이 조건을 충족시키기 위해, 병천시장을 개설하여 대중이 많이 모이도록 하였다. 비보풍수의 또 다른 예는 조선조 국초에 한양을 도읍으로 정했는데, 무학대사가 궁전건설의 책임을 맡게 되었다.

무학은 궁궐의 주춧돌을 놓을 땅을 정하고, 기둥을 세우려 했는데, 매번 기둥이 서지 않고 넘어지는 것이었다. 이때 인근 밭에서 소를 부려 밭을 갈던 늙은 농부가 "이놈의 소새끼, 너의 미련함은 꼭 무학과 같다"하며 소를 꾸짖었는데, 이것을 듣고 범상치 않은 노인이라 여겨 기둥이 서지 않는 이유를 물어봤다. 농부가 대답하기를 한양은 학이 춤추고 있는 형상을 하고 있기 때문에, 먼저 날개를 누르고 나서 해야만 한다는 것이었다. 날개를 그대로 두고 등에 기둥을 세우려고 하면 학이 안달을 하므로 절대 세울 수 없다고 하니, 무학은 당장에 그 말의 의미를 깨달아서 궁성을 쌓아 날개를 누르고 무사히 궁궐을 완공할 수 있었다고 한다.

'터'가 나쁘거나 건물배치에 있어서 조화와 균형이 맞지 않아서 흉하거나 가상(家相·건물의 형상과 내·외부적 요인)이 흉한 경우, 또는 그 외에 풍수적 흉함을 비보(裨補·나쁜 요인들을 차폐하거나 억누름)를 통해서 바꾸는 것은 옛날이나 오늘날이나 변함없이 중요하게 이어져 왔다. 최근 공장을 풍수적으로 진단하여 길흉의 원인분석과 흉한 것에 대한 비보를 하기 위한 방책을 알려준 것에 대해 말하고자 한다.

산은 산등성과 산기슭, 그리고 산골짜기로 분류할 수 있다. 산등성은 용맥(龍脈)이라 하는데, 용맥에서 혈(穴)을 찾아야 하며 산기슭은 습기가 많고 설기(洩氣·기운이 빠져 나감)되는 곳이어서 좋지 않으며 산골짜기는 산과 산 사이의 움푹 들어간 곳으로 이런 곳과 그 연장선은 음기가 아주 많아 흉한 곳이다.

<필자가 감정한 공장의 일부분>

　의뢰받은 공장은 산등성과 일부 산기슭이 포함된 곳으로 다
행히 산기슭과 연결된 곳은 주차장과 마당으로 사용하고 있었
다. 공장의 크기에 비해 대문의 폭이 너무 넓으며 항시 전체를
열어놓고 있어서 기운이 분산되어 좋지 않기 때문에 반은 열
어두고 반은 닫아 두기를 권고했다. 제법 큰 도로에 접하고 있
고 차량통행이 많아서 살풍(殺風)이 치는 곳이지만 다행히 도
로가 건물을 환포(環抱·둘러쌈)하고 있으므로 주변을 쥐똥
나무·황금조팝나무·향나무·측백나무 등을 심어서 살기(殺
氣)를 막도록 했다.

　사장의 집무실을 체크해 가장 생기가 있는 자리로 재배치했
고, 사무실은 금고와 경리직원 그리고 핵심직원의 책상위치가
가장 중요하기 때문에 지기(地氣)까지 고려하여 재배치를 하
였으며, 생산동의 핵심 장비는 출입문과 마주 보지 않도록 했
다.

8. 토지풍수

1) 죽음을 불러온 석산개발

기(氣)는 풍수의 가장 중요한 요소로서 기를 정확히 감지하고 적절히 처방하는 일이 지사(地師)가 해야 할 전부라고 해도 과언이 아니다. 천지만물과 인간도 모두 기의 작용에 의해 변화한다. 특히 지기(地氣·땅의 기운)는 인간에게 가장 중요한 영향을 끼치며 공기의 기, 또한 인간의 정신적, 육체적 건강을 유지하기 위해 반드시 필요하다. 공기의 흐름은 부드럽고 인간의 기를 향상시키는데 도움을 줄 수 있어야 생기(生氣)가 된다. 지기와 공기와 인간의 기가 조화를 이룰 때, 비로소 생기가 되는 것이다.

하지만 기의 흐름이 너무 강하거나 약하면 오히려 인간에게 해(害)를 주기 때문에 적정한 기의 흐름 속에서 인간은 활동해야 한다. 만일 아파트와 같은 공동주택의 경우, 땅속에 수맥파를 일으키는 수맥(水脈·물길)이 지나가거나 파쇄대(단층을 따라 암석이 부스러진 부분), 모가 난 암반, 공극(토양 입자 사이의 틈)이 있다면 지기가 성할 수 없으며, 바닥에 깔린 철근의 상태에 따라 철근파가 심하게 발산되기도 한다. 이럴 경우, 생기의 흐름이 약해서 각종 성인병에 걸릴 수 있다.

반면 사찰이나 암자 주변에는 암석이 많아 오히려 기의 흐름이 강하기 때문에 일반인들이 상시 거주하면 건강을 해칠 수도 있다. 스님들도 기도와 수련을 할 때는 좋은 효과를 볼 수 있지만, 요사채(절에 있는 승려들이 거처하는 집)는 가능한 한 암반으로부터 떨어져 있어야 한다. 미국 애리조나 주(州)의 세도나(Sedona)는 '사암'으로 둘러싸인 도시인데, 이곳의 지층에서는 전기적인 에너지가 방출되며 '명상과 휴양'을 위해 전 세계에서 사람들이 몰려드는 곳이다. 이곳의 붉은 사암은 다량의 철분을 함유하고 있어 인체에 자력적인 영향을 준다.

이곳 또한 항시 머문다면 강한 기로 인해 건강을 해칠 수 있다. 한국의 경우, 이병철 생가 내 충석(일명 노적암)이 사랑채와 안채에서 떨어져 있는 것과 조씨고가 내 암석이 안채와 행랑채 사이에 거리를 두고 있는 것은 강한 기의 영향을 고려하면 적절한 배치를 한 것이다. 양택 풍수는 기의 흐름과 조화를 근간으로 건물의 위치, 외양, 바람과 물의 흐름, 그리고 색채의 의미를 중대시한다.

필자가 오래 전, 진주시 대곡면 중촌마을에서 생긴 흉사(凶事)에 대한 풍수적 견해를 묻는 방송(MBC특종 놀라운 세상)에 출연한 적이 있었다. 골재채취를 목적으로 석산개발회사가 마을 안산(앞산) 뒤쪽 측면에 있는 조산을 깨뜨리자 키우던 소 7두가 죽고 한 해 동안 200명의 주민 중에 여러 유형의 사고로 인해 28명이 죽었다. 당시 지관과 학자들의 의견은 조산(월아산)이 복호형(伏虎形 · 엎드려 있는 호랑이 형상)인데 그 머리를 깼기 때문에 호랑이가 노해서 마을에 흉한 일들이 발생한다고 했으며, 필자 또한 안산은 불가파안(不可破顔 · 얼굴을 깨면 안 됨)이요, 조산(안산 뒤쪽의 산)은 불가파두(不可波頭 · 머리를 깨면 안 됨)라고 했다.

<중촌마을 깨진 조산>

주민들의 요구로 회사는 개발을 중지하고 호랑이를 제압하는 동물인 코끼리 석상을 마을회관에 설치했는데, 그 이후 사고로 죽는 사람이 없었다는 줄거리였다.

<코끼리 석상>

<조산(朝山)의 살기(殺氣)를 제압하는 코끼리석상>

일종의 염승(厭勝·흉한 기운을 더 센 기운으로 누름) 조치를 취한 것이다. 당시 필자 또한 부끄럽게도 시류에 편승해서 방송에 출연해 비슷한 말을 했다. 얼마 전에 중촌마을을 갔는데, 전직 교사였던 주민 한 분이 지금도 석산의 아래 부분을 깨어 조금씩 골재채취를 하고 있지만, 마을에 딱히 흉사가 없기에 그대로 둔다고 했다.

200여 명의 마을 주민이 자연사해서 지금은 120여 명이 있다고도 했다. 최근에 중촌마을을 감정한 필자의 소견은 마을을 두른 산이 골이 많고 험석(險石·험한 암석)이 있는 현군사(懸裙砂)여서 습한 기운을 내뿜고 있으며, 도로 안쪽이 아닌 도로와 길게 접한 마을이어서 흉풍을 바로 맞는데다가 조산의 날카로운 소음(당시 돌이 깨지는 굉음)과 암반의 찬 기운이 주민들에게 해(害)를 끼친 것으로 봤다.

<골이 많은 주산(현군사)>

　안산은 알맞은 높이로 유정한 형상(水刑)을 하고 있으나 조산은 마을과 떨어져 있지만 깨진 돌의 날카로운 모서리에서 뿜어대는 흉한 파로 인한 살기(殺氣)가 원인이여서 당시 공사 중지와 함께 즉각 흙으로 덮거나 '녹색토공법' 등을 적용해 살기를 제압해야 했었다. 호랑이를 제압하고자 천적인 코끼리의 석상을 둔 것은 민심은 달랠 수 있었을지는 몰라도 합리적 근거가 없는 이론을 내세운 지관과 학자 및 시청률을 의식한 방송사의 책임이 크다고 생각한다.

생활 속의 풍수, 그 진리를 탐구하다

2) 땅을 평가하는 최고의 방법

경남 함안군 모처에 지목이 임야인 산을 매입하여 기반시설인 상하수도와 도로 등을 내고 택지조성을 한 후, 분할하여 매도할 목적으로 최종 계약서에 도장을 찍기 전에 땅의 길흉을 필자에게 문의했다. 멀리서 볼 때는 산이 험하지 않고 단정했으며 산등성이어서 지력이 있는 곳으로 보였으나 가까이 가보니 땅의 기운이 허약할 뿐만 아니라 살기(殺氣)가 맴돌고 있는 곳이어서 계약을 포기하라고 했다.

산을 내려오면서 계약하고자 했던 산과 접해있는 산에 집을 짓고 살던 사람이 얼마 전에 죽었다고 했다. 이유를 묻지 않았지만 중병을 앓다가 공기 좋은 곳에서 요양을 하던 중에 유명을 달리했을 수도 있고 기력이 쇠한 상태에서 주변에 머물고 있는 흉한 기운의 영향을 받았을 수도 있다.

아무튼 이사하고 3년까지는 매사에 조심하고 남들과의 사사로운 다툼조차도 하지 않는 것이 좋다. 산 설고 물도 설고 공기조차도 설은 곳에서 거주할 때는 주변 환경 및 사람들과 육체적, 정신적으로 화합이 잘 될 때까지는 신중하게 처신해야한다. 만일 3년이 지나도 건강이 좋지 않고 하는 일이 점점 어렵게 꼬이면 빨리 정리하고 옮기는 것도 비보(裨補 · 해롭고 흉한 것을 막거나 피함)의 한 방책이다. 최근 경남 남해군의 모처에 전원주택 부지를 감결한 적이 있었다.

두 곳을 감결했는데, 한 곳은 맹지(도로와 맞닿은 부분이 전혀 없는 토지)인 밭(지목은 '전'임)으로 현황도로와 접해있어서 '도로사용승낙서'를 지주에게 받으면 건축할 수는 있지만 지주가 3명이어서 설득하는데 애로가 많을 뿐만 아니라 지주 사후, 후손이 문제를 제기할 수 있는 곳이었다. 부지는 주산(뒷산)이 약한 편이고 도로가 부지와 반궁수(反弓水 · 도로가 둥글게 되어있는 바깥쪽)형상으로 도로살을 받는 곳이 일부 있지만 괜찮은 터였다.

그러나 지주가 많은 현황도로는 차후에 분쟁의 소지가 많아서 포기하기를 권했다. 다른 한 곳은 산을 매입해서 기반시설을 하고 분할을 한 곳인데, 대개의 전원주택단지부지가 수익성을 최대한 높일 목적으로 지기(地氣)가 나쁘고 형상이 흉한 산을 싸게 구입하여 화장(化粧 · 땅을 다듬어서 곱게 꾸밈)을 한 후에 매도하는 경우가 많다.

하지만 이곳은 산등성이가 부유하고 지기가 좋으며 청룡과 백호가 감싸주고 있는 좋은 터여서 매입하기를 권유했다. 땅을 매입하기 전에 멀리서 매입할 땅을 3번 보고 가까이 가서 2번을 보고나서 마지막으로 서거나 앉아서 땅과 대화도 해보고 느낌이 어떤지를 파악하고 난 후에 전반적으로 마음에 들면 매입하거나 자신이 없다면 전문가의 도움을 받아 평가한 내용을 참고해서 매입하는 것이 좋다. 왜냐하면 땅은 도심의 아파트나 상가 등과 같은 건물에 비해 환금성(換金性 · 자산의 완전한 가치를 현금화하는데 필요한 기간)이 낮으며 안전성과 수익성도 예측이 어렵기 때문이다.

특히 환금성이 낮기 때문에 땅의 가치를 정확히 분석하지 않고 주변 여건도 제대로 조사하지 않은 상태에서 매입하면 원금도 회수하지 못하고 매도해야 하는 상황이 생길 수가 있다. 풍수에서 도로는 물이며 물은 재물로 여긴다. 따라서 큰 땅을 분할하여 매도할 경우에는 땅의 기운에 맞게끔 적절하게 도로를 내어 최대한의 면적을 택지로 분할할 수 있어야 한다. 밭과 논보다 산을 선호하는 이유는 매입하는 비용이 저렴하고 형질 변경도 쉽기 때문이다.

하지만 기존 도로와의 접근성과 산세가 원만하고 고도가 낮아야만 개발허가가 나기 때문에 싼 가격만큼 발품을 팔아서 조사를 철저히 해야 한다. 물론 큰 면적의 가치가 전혀 없는 산을 아주 저렴하게 매입하여 투자자들에게 터무니없는 가격에 매도한 뒤 종종 사회적 문제를 일으키는 기획부동산은 거론할 가치조차 없다.

도로를 땅의 기운과 영합하여 내었지만 산세가 원만하지 않고 계곡과 돌이 많은 산이면 흉풍과 살기를 막을 수 있도록 대문과 담장을 밀폐형으로 하고 나무를 심어 비보를 철저히 해야 한다.

<밀폐형 대문>

<나무를 덧댄 밀폐형 담장>

　　설계사무소에서 필지 수와 터의 방향 등에 대한 '가분할도'
를 만들어서 땅의 상태를 감정하는 전문가와 최종 협의해보는
것도 괜찮은 방법이다.

3) 고승은 갔으나 터는 있구나

광양시 옥룡사는 풍수의 선구자였으며 우리나라 불교와 민속에 지대한 영향을 끼친 선각국사 도선(先覺國師 道詵)이 35년간(864~898) 머물다가 입적한 유서 깊은 곳이다. 옥룡사는 8세기 초 통일신라 때, 백운산(1,218m)의 한 지맥인 백계산(505m) 남쪽에 창건됐다고 전하는데, 1878년 화재로 불타고 지금은 흔적도 없이 사라졌으며 현재는 터만 남아있어 '광양 옥룡사지(光陽 玉龍寺址·사적 제407호)'로 불리고 있다.

<광양 옥룡사지>

절 동편 비석거리에는 도선국사와 통진대사(洞眞大師)의 부도와 비석이 있었으나, 일제강점기인 1920년경 파손됐다고 한다. 1997년부터 시작된 발굴조사에서 건물 터와 비석 조각을

찾아냈고, 도선국사의 것으로 추정되는 유골과 관을 발견했다. 도선국사는 옥룡사 주변의 땅 기운을 북돋우기 위해 동백나무를 심었으며, 현재 약7천여 그루의 '동백나무숲(천연기념물 제489호)'이 조성돼 있다.

<천연기념물 제489호>

옥룡사지는 조롱박 형상이며 들어서는 입구인 수구(水口·기운이 드나드는 곳)는 좁으면서 사행로(蛇行路·뱀이 기어가는 형상의 길)로 되어있어 생기가 빠져나가지 않도록 했다. 주산(뒷산)과 좌청룡(좌측산), 우백호(우측산)는 '병풍산'으로 동백나무와 소나무가 마치 병풍처럼 '터'를 감싸고 있으며, 안산(앞산)은 조산(안산 뒤의 산들)과 함께 적절한 형상과 높이를 갖춘 유정한 산으로 외부에서 '옥룡사지'가 전혀 보이지 않게 관쇄가 잘 돼 있다. 역시 풍수대가다운 높은 식견으로 자리잡은 터임을 확인할 수 있었다. '도선국사마을'로 들어가는 입

생활 속의 풍수, 그 진리를 탐구하다

구엔 수령 350년 된 느티나무가 우뚝 서 있고 더 들어가 마을과 근접한 입구에도 350년 된 느티나무와 팽나무가 바위와 함께 위치해 마을의 생기를 묶어두는 역할을 하고 있었다. 바위의 상태는 양명하면서 모가 나지 않고 '지의류'가 자라는 것으로 볼 때, 좋은 기운이 흐르는 청정한 마을임을 알 수 있었다.

<마을 입구를 좁혀주는 나무와 바위>

4) 분할한 땅에서 좋은 땅 선택 방법

충남 아산시 모처에서 '터 감정'을 의뢰한 적이 있다. 지주가 3,305㎡(1,000평) 면적의 계획관리 땅을 네 필지로 분할해서 매도하려는데, 의뢰인의 요지는 가장 지기(地氣)가 좋은 필지를 추천해 달라는 것이었다. 장방형(직사각형)으로 된 땅의 십자형으로 필지 분할이 된 곳을 매입할 때, 제일 먼저 고려해야할 점은 앞의 땅을 선택할 경우, 급경사를 이루고 있는지를 반드시 확인해야 한다.

만일 급경사라면 땅속에 바위가 있을 확률이 높기 때문이며 그로 인해 발생한 살기(殺氣)가 건물(주택, 점포주택, 공장 등) 내에서 생활하거나 거주하는 사람의 건강을 해칠 수 있다. 또한 분할된 필지의 뒤쪽 땅의 지주는 앞쪽 땅의 형상을 살펴서 향후 어느 위치에 지을 것인가에 대한 예측을 잘 해야만 탁 트인 조망을 확보할 수 있어서 쾌적한 삶을 누리거나 집의 가치를 높일 수 있게 된다.

의뢰한 땅을 감정한 결과 우측 하천을 접한 뒤쪽의 땅이 네 필지 중에서 주산(主山·뒷산)의 맥(脈)이 연결된 지기가 가장 좋은 곳이어서 매입하도록 추천했다.

감정 결과, 좌측(하천 반대쪽)으로 갈수록 지기가 점점 나빠지면서 맞닿은 옆집의 기운이 상당히 좋지 않다고 하니까 그 집 주인이 하던 사업이 어려워져 소유하고 있던 땅(필자가 감정한 땅)을 급히 팔게 된 것이라고 했다. 좋은 땅을 선택하려면 산등성이와 산비탈과 산기슭의 어디에 해당하는 곳인지를 정확히 볼 수 있어야 한다.

산비탈과 산기슭보다 산등성이의 끝나는 부분, 즉 '산진처(山盡處)'를 택해야 길한 기운을 받기 때문이다. 비록 주산이 떨어져 있다 해도 매입하고자하는 땅과 연결된 산이라면 반드시 주산의 길흉을 확인해야 한다.

만일 주산의 능선이 움푹 파인 곳이 많이 있거나 돌이 많거나 좌우로 휘어짐이 없다면 산진처라도 쇠약한 지기를 가진 곳이 많다. 그러나 산진처 아래에 바람이 잔잔하면서 진응수(眞應水·연못이나 저수지)가 있다면 쇠약한 지기가 상당히 회복이 될 수 있는데, 이를 고언(古言)에는 '기승풍즉산, 계수즉지(氣乘風則散, 界水則止·기는 바람을 맞으면 흩어지고 물을 만나면 정지한다)'라 일컫는다.

전북 고창군 부안면에 '북향집의 대표적인 명당'으로 알려진 인촌 김성수와 그의 동생 연수의 생가가 있다.

<필자가 감정한 터의 생기(生氣)가 모인 곳의 표시임>

김성수는 동아일보, 중앙학교, 보성전문(고려대 전신), 경성 방직을 세웠고 제2대 부통령을 지냈다. 그의 동생 김연수는 삼 양사 등을 세운 성공한 기업인이었다. 마을 입구에는 수령 251 년가량 된 소나무와 수령 252년가량 된 느티나무와 함께 '인촌 정(仁村亭)'이 있다.

<김성수 생가 마을 입구>

마을 입구의 '노거수(老巨樹·수령이 오래된 나무)'와 '정 자'는 외부로부터 흉풍과 살기 등을 막아주는 비보(裨補·흉살 을 차단하거나 순화시킴)의 역할을 하고 있었다. 또한 노거수 는 마을의 지기, 즉 '땅의 기운'이 좋다는 것을 알려주는 상징물 이다. 생가의 솟을대문 바깥은 현재 주차장으로도 사용하는 넓 은 공간이 있는데, 이를 전순(氈脣·묘의 절하는 자리로 상석 앞에 놓인 공간)이라 하며 전순이 넓을수록 큰 재물을 가지게 된다.

<김성수 생가>

　가장 뒤쪽의 큰댁안채를 시작으로 큰댁사랑채, 큰댁사랑채
문간채, 큰댁작은댁사이통로문, 큰댁솟을대문, 작은댁안채, 작
은댁사랑채, 작은댁솟을대문의 순으로 위치하고 있으며 안채
와 사랑채는 모두 북쪽을 바라보고 있었다. 큰댁솟을대문만 유
일하게 서향이며 나머지 문들은 북향으로 모든 집들과 어긋나
게 배치를 했다. 즉 외부의 흉풍이 곧장 집을 향하지 않도록 하
여 거주자의 건강을 해치지 못하게 한 것이다. '땅의 기운'을 감
정해본 결과 대체로 큰댁과 작은댁이 모두 좋고 편안했으며 특
히 작은댁안채의 기운이 좋았다. 작은댁안채는 인촌의 친척인
제20대 정운천 국회의원(전 농림수산식품부장관)이 태어났으
며 인촌 김성수와 수당 김연수 선생이 태어난 바로 그 방이기
도 했다.

안채 바로 앞마당에 샘이 있는데, 풍수전문가들은 그 샘을 진응수(進應水)라 하여 '길지의 증거'로 삼으며 '삼정승'을 배출하는 땅이라 하기도 한다.

하긴 부통령을 지낸 김성수와 성공한 사업가 김연수, 그리고 정운천 전 의원이 태어난 곳이니 '길지'임은 분명하다.

생활 속의 풍수, 그 진리를 탐구하다

5) 물은 자신의 길을 기억하고 있다

도시풍수란 하나의 도시를 형성하기 위해 풍수를 활용하여 기반시설(하천 · 도로 · 공원 · 철도 등 도시주민의 생활이나 도시기능의 유지에 필요한 물리적인 시설)이나 아파트와 같은 집합건물, 단독주택, 산업단지 등의 효율적인 구성을 하는 것이라 생각한다.

여기서 중요한 원칙은 자연을 생물체로 인식하고 인간과 자연이 이해와 협력을 통해 상생(相生)과 공존(共存)을 해 나가야 한다는 것이다. 2011년 많은 비로 인해 사람들이 사망하고 실종된 우면산사태는 아파트와 전원주택마을 등이 형성되면서 지반이 약해졌고 나무와 바위 등과 함께 유속을 약화시키던 구불구불한 도로와 물길은 배수로를 광폭, 직선으로 만들어 유속이 센 대량의 물이 되게 한 것도 하나의 원인이었다.

구불구불한 물길을 직선으로 바꾸는 '직강화'는 물이 흐르는 속도가 빨라져 하류지역은 한꺼번에 물이 몰려들면서 홍수피해가 커지게 된다. 결국 우면산사태는 자연을 이해하고 자연과 공존하는 시스템으로 설계를 하지 않음으로 인해 발생한 자연재해(自然災害)가 아닌 인재(人災)라고 볼 수 있다.

창원시 모처(某處)의 대단지 아파트를 건설하는 곳에 좋은 동과 호수를 알려달라고 해서 현장을 방문하여 여러 곳을 감결한 후에 한 곳을 정해준 적이 있었다. 그런데 아파트의 뒤쪽은 산이 가깝게 있어서 산의 일부를 절개하여 부지를 넓히고 석축(石築)을 쌓아 놓았다.

<지력이 약한 곳이 호우로 무너짐>

아파트부지의 우측에는 아파트로 흐르는 계곡의 물길을 돌려서 하천을 만들어 놓았는데, 이러한 곳은 겉으로 보이는 부분만 제방공사를 해서는 절대 안 된다.

인위적으로 물길을 돌려놓은 곳은 반드시 땅속의 물길이 복원되지 않도록 철저한 방책을 세워야만 재해(災害)를 미연에 방지할 수가 있다. 최근에는 아파트나 전원주택단지를 건축해서 분양하는 사례를 많이 볼 수 있는데, 오히려 아파트보다 전원주택의 기반시설을 허술하게 한 곳이 많으며 건축주는 자연과의 조화와 공존보다는 분양가구수를 최대한 늘려서 이윤의 극대화를 꾀하고자 하는데 그 목적을 두고 있기 때문에 선택에 신중을 기해야만 한다.

'녹색 돌봄'이란 책 내용 중에 인간은 자연과 함께 자연환경 속에서 사는 것이 가장 스트레스를 적게 받고 행복하게 살 수 있다고 한다. 그래서인지 우리도 도시공간에서의 스트레스를 해소하기 위해 교외 지역에 전원속의 내 집(단독주택뿐만 아니라 아파트도 포함)에서 생활하고자 하는 사람이 늘고 있다.

또한 도시 녹화는 비보풍수(裨補風水)의 일환이기도 한 녹색 공간을 접하게 하여 기후, 오염, 물 , 경관 등에 영향을 끼쳐서 생태계 및 환경을 이롭게 한다. '녹색 기반 시설'은 바람과 소음을 막아주고 건물에서 반사되는 빛을 최대한 적게 받도록 해주어서 비보역할을 톡톡히 한다.

1984년 미국 델라웨어대 지리학과 로저 울리히 교수는 펜실베이니아주 교외에 있는 요양병원에서 담낭제거 수술을 받은 환자 46명을 관찰한 결과 창을 통해 작은 숲이 내다보이는 곳에 있었던 환자 23명이 담벼락만 보이는 위치에 있던 환자 23명보다 훨씬 회복이 빨랐다는 사실을 발견했다. 따라서 도심이나 교외에 건물을 지을 때, 특히 교외에서 건물을 지을 때에는 돌담장이나 시멘트 블록 또는 벽돌담장을 하는 것보다 나무담장이나 나무를 심어서 담장으로 하고 정원을 가꾸면 건강을 얻게 된다.

물리학에서 계(系, system)는 구성 요소들을 체계적으로 통일한 조직을 일컬으며 계를 제외한 부분을 주위와 경계라 부른다. 하나의 도시나 마을을 '계'라 한다면 계의 내부는 상수도와 하수도의 배치, 하천과 가로수의 배치, 공원의 위치, 물길과 바람 길을 고려한 건축물, 계의 외부로부터 불어오는 미세먼지와 황사, 도심 숲의 조성, 근본 물길에 대한 파악 등을 풍수적인 조언을 참고하면 좋을 것이다.

계, 즉 도시나 마을 등의 외부와 내부 통로는 '수구(水口 · 생기가 드나드는 도시나 마을 등 입구)'라 하며 수구를 최대한 좁게 함으로써 외부로 생기가 빠져나가는 것을 방지할 수 있다. 하지만 내부의 생기를 머물게 하기위해서는 자연과 공존할 수 있는 녹화시스템을 조성해야 한다.

6) 더도 말고 팔자대로만 살자

풍수는 땅의 성정(性情)을 정확히 파악하여 그 땅에 맞는 주택, 점포, 공장 등을 지음으로써 발복(發福)의 기운을 최대한 받을 수 있도록 하는데 그 목적이 있다. 기도원이나 요양원을 해야 좋은 터에 주택을 지어 살다보면 터가 너무 거세어서 잠시 살다가 이사하는 경우를 흔히 볼 수 있다.

기도원이나 요양원은 계곡 주변(특히 물살이 센 곳이나 물길이 땅을 휘감고 있는 곳)의 양명한 바위가 많고 청정한 공기가 가득한 곳이 기도발도 잘 받고 아픈 몸도 치유된다.

그런데 일반인들이 이런 곳에 (전원)주택을 지어 살면 오히려 건강을 해칠 수가 있다. 경기도 광주시 중부면에 위치한 남한산성은 도립공원으로 지정되어 있는 산이 높고 물이 맑은 곳이다.

이곳은 닭과 오리요리를 하는 식당이 많으며, 특히 두부요리는 이곳의 별미로 많은 관광객들이 그 맛에 탄복을 할 정도로 유명하다. 남한산성 주변의 산들은 높고 웅장한 형상을 갖추고 있으며 건물과 거리가 아주 가까워서 해가 늦게 뜨고 빨리 지는 곳이므로 햇볕을 받는 시간이 짧으며 항상 습한 기운이 많은 곳이어서 주택을 짓고 살기에는 부적합한 곳이지만, 대낮부터 불을 켜고 장사를 하는 식당으로는 제격이다. 또한 높은 산이 가까이에 있고 습기와 계곡의 흉풍으로 인해 터가 센 곳이지만 많은 사람들이 왔다 감으로써 땅이 순화되어 지력(地力)이 회복되는 곳이다.

건물을 지을 때는 도심이면 주변 건물과의 상생(相生), 상극(相剋)을 반드시 살펴봐야 하며, 산이 건물 뒤에 있다면 주산(主山)과 자신이 짓고자 하는 건물이 상생이 되도록 지어야 한다. 만일 주산의 형상이 오행(五行)중 금형(金形)에 해당하면 건물은 수형(水形)지붕으로 하여 주산이 건물을 생(生)해주도록 지어야 한다. 주산이 토형(土形)이면 건물의 지붕은 금형으로 지으면 된다.

건물의 형상도 건물주와 기운이 서로 조화롭게 맞을 때 비로소 생기가 넘치는 건물이 될 수 있다. 또한 건물의 주가 되는 재질을 나무로 할 것인지, 금속으로 할 것인지, 황토와 같은 흙으로 할 것인지는 매우 중요한 부분이기 때문에 건물주와 상생이 되는 재질을 선택해서 지어야만 생기택(生氣宅·생기가 있는 집)이 되는 것이다.

건물의 형상 중에 특히 주의해야할 것은 외형이 날카롭거나 뾰족한 부분이 있거나 기타 살기를 줄 수 있는 부분이 있도록 지으면 안 되며, 대체로 각을 주기보다 완만하거나 둥근 형상으로 건축을 하면 거주자의 정신과 육체가 건강하게 된다. 그러나 상극(相剋)이 되는 건물을 지어서 건물주의 기운이 쇠약해진다면 오히려 짓지 않는 것만 못할 것이다.

대장군 방위에 이사 가는 것을 꺼리는 사람들은 갑오년(甲午年)인 올해는 대장군 방위가 동쪽이므로 본래 살고 있는 집의 안방을 기준으로 하여 동쪽은 피하는 것이 좋다. 또한 대장군 방위를 믿지 않더라도 살았던 집에서 나쁜 일들을 많이 겪은 경우에는 이삿짐차를 제법 큰 하천이 있는 다리 2~3개를 건너서 가게 하면 나쁜 기운을 차단시키게 된다.

즉, 물을 만나면 흉한 기운이 따라오지 못하고 즉시 멈추게 되는 것으로 '기승풍즉산, 계수즉지'(氣乘風則散, 界水則止·기는 바람을 맞으면 흩어지고, 물을 만나면 정지한다.)라고 한다. 필자는 오랜 기간 동안 전국에서 활동하고 있는 사주(四柱)의 고수라고 하는 술사들을 만나본 결과 겸허한 마음으로 내담자의 인생에 대한 방향성을 조언해주는 이가 있는가 하면, 검증되지 않은 자신만의 이론을 바탕으로 실제보다 과장해서 말을 하는 이도 많았다.

사주는 워낙 해석의 폭이 넓다보니 상담자의 풀이에 따라서 전혀 다른 방향을 제시하는 경우가 허다하다. 사주, 풍수지리, 관상은 자연학이며 통계학으로 많은 경우의 수를 오랫동안 검증을 거치면서 정립한 이론을 갖춘 역학인과 상담을 해야 한다. 사주는 팔자라고도 하는데, 필자는 내담자에게 팔자를 제대로 알고 자신의 삶을 왜곡되지 않게 팔자대로만 열심히 노력하여 살면 제일 행복한 삶을 살 수 있다는 조언을 꼭 해준다. 팔자에 있는 강조된 인자 즉 가장 훌륭한 무기를 정확히 알아서 사용하면 결코 험난한 인생을 살지는 않을 것이다.

7) 땅과 대화를 하자

고언(古言)에 '혈전하지급공, 낙마사' (穴前下之急空, 落馬死 · 묘 앞이 급하게 허전하면, 말에서 떨어져 죽음을 당한다.) 란 글귀가 있다. 봉분(封墳)을 향해 절하는 장소를 전순(氈脣) 이라 하는데, 넓은 곳이면 '전'이라 하고 좁은 곳이면 '순'이라 부르기도 한다. 그런데 이러한 전순이 너무 좁아서 절하기에 불편할 뿐만 아니라 전순 아래의 경사가 상당히 가파른 곳이라면 배우자나 후손 등에게 피해를 줄 수 있기 때문에 매장(埋葬)이든 화장(火葬)이든 불문하고 전순의 장소는 적당히 넓어야 하며 특히 전순 아래는 낭떠러지 같은 급경사가 아닌 완만한 경사가 되어야만 한다.

음택(陰宅 · 죽은 자가 거주하는 곳)과 마찬가지로 양택(陽宅 · 산 자가 활동하거나 거주하는 곳)에서도 전순의 개념이 있는데, 주택이나 점포 등의 건물 앞에 차도(車道)를 접하고 있거나 인도(人道)가 있지만 아주 좁은 경우에는 전순이 거의 없어서 불행한 일이 생길수가 있으므로 각별히 조심을 해야 한다.

인도가 넓고 건물의 출입문 앞에 큰 나무가 없는 곳이라면 건물 내부에 생기가 머물게 된다. 나무를 없앰으로써 좋은 곳으로 변하는가 하면, 나무를 심거나 조산(造山 · 흙으로 작은 산을 쌓은 것)을 조성해야 좋게 되는 곳이 있는데 이렇게 살기를 생기로 바꾸는 것을 비보풍수(裨補風水)라 한다. 신라 말기의 승려이며 풍수의 대가였던 도선국사는 비보풍수가 풍수의 가장 꽃이며 핵심이라고 했으며 필자 또한 60%정도만 풍수적으로 적합하면 나머지 40%는 비보를 함으로써 발복(發福)함을 많은 사례를 통해 알 수 있었다. 얼마 전, 고향에 전원주택을 지을 목적으로 터를 물색하던 중 지인이 주변 시세에 비해 가격이 저렴한 터가 급매물로 나왔다고 하여 계약을 하려다가 하루의 말미를 구하고 필자에게 터의 감정을 의뢰한 이가 있었다.

<어느 전원 마을의 전경>

전원주택지는 개발업자가 터를 매입하여 정지작업과 석축 등을 쌓은 후 필지 분할을 해서 분양하는 경우가 있는가 하면 부동산이나 지인을 통해 구입하는 경우가 대부분이라 할 수 있다. 그런데 전자의 경우 원주민과의 대화 소통이 어려운 점을 우려하거나 비슷한 연령과 사고방식 그리고 비슷한 취미를 가진 이웃을 원하는 사람들이 선호하는데, 자칫 터를 시세에 비해 비싸게 구입하는 경우가 많으므로 가격을 꼼꼼하게 따져봐야 하며, 여러 필지 중에서 지기(地氣)가 좋은 필지를 선택해야 하는 어려움이 있다.

부동산이나 지인을 통한 후자의 경우도 주변 시세와의 비교는 필수이며 매도인의 사정상 급매물이라는 말은 참고만 하고 자신이 만족할 수 있는 땅인지를 잘 살펴야 한다. 급매물이라는 말에 가격이나 주위여건과 지기 등을 전혀 알아보지 않고 계약을 했다가 뒤늦게 후회하며 계약금만 날리는 경우도 종종 본다.

아무튼 필자에게 의뢰한 터는 계곡의 연결선상에 있어서 항상 습기가 배어있는 곳이었으며 뒤에 위치한 주산(主山)은 기운이 전혀 없는 무맥지(無脈地)임과 동시에 터와 너무 가깝게 있음으로 해서 집터로는 좋지 않은 곳이었다. 또한 의뢰인은 터가 넓어서 좋다고 했지만 991㎡ 정도면 넓은 면적이긴 하나 각이 많이 진 터였기에 실제 사용할 수 있는 터의 면적은 661㎡ 정도 밖에 되지 않으므로 결코 시세에 비해 싼 편이 아님을 일깨워주었다. 차라리 330㎡의 면적이라도 반듯한 형상의 터를 택해야 하며, 만일 주변에 국유지가 있다면 요긴하게 사용하다가 불하를 받을 수도 있으므로 금상첨화가 될 것이다. 아무튼 감정을 의뢰한 터는 집을 짓게 되면 지기가 약해서 몸도 아프고 하는 일도 잘 되지 않을 것이니 포기하고 다른 터를 구하도록 조언하였다.

나쁜 터에 거주하면 거주 즉시 흉한 일을 겪거나 서서히 겪는 경우 등, 시기나 기간이 다양한데, 정신력이 약하거나 건강하지 않은 사람은 큰 피해를 빠른 시일 내에 겪는 경우가 많다. 터를 구할 때 원칠근삼(遠七近三·멀리서 일곱 번을 보고 가까이서 세 번을 봄)은 할 수 없더라도 원삼근이(遠三近二·멀리서 세 번을 보고 가까이서 두 번을 봄)는 행하기 바라며 매입하려는 터에 앉아서 최소 30분 이상 터와 마음으로 대화하기를 권한다.

8) 명당은 사람을 알아본다

신라 말기의 승려이며 풍수의 대가였던 도선이 길을 가고 있는데, 산 속 오두막에서 곡(哭)하는 소리가 나기에 한참을 찾아보니, 서른 살 먹은 총각이 아버지가 죽어 슬피 울고 있는 것이었다. 불쌍히 여겨 석달 안에 장가갈 수 있고 먹고사는 데에도 부족함이 없는 묏자리를 잡아주고 명년 제삿날 찾아가보니 전혀 변화 없이 궁색하게 살고 있는 모습을 보고, 다시 한 번 묘를 자세히 보니 좌향(坐向·방향)이 틀어져 있어서 바로잡아주고, 명년에 다시 찾아가보았으나 또 마찬가지인지라 자신의 풍수실력에 크게 실망을 하게 되었다.

그때 산신령이 나타나 도선에게 말하기를 죽은 자가 살인자이므로 명당에 묻혔지만 '터'가 거부하는 것이라 하였다. 그러자 도선은 고개를 끄떡이며 말없이 길을 재촉하였다고 한다. 도선대사는 그의 어머니가 개천에서 떠내려 오는 오이를 건져 먹고 태어났다고 한다.

<산신당>

도선답산가(道詵踏山歌)는 칠언이구(七言二句)씩 모두 삼십팔연(三十八聯)으로 구성되어 있다. 쉽게 이해할 수 있는 일부분을 발췌하여 소개하니 풍수를 이해하는데 도움이 되었으면 한다.

주작사(朱雀砂 · 혈처의 앞산)는 북소리 은은히 일어나듯 그 산등성이 원만하고 현무사(玄武砂 · 혈처의 뒷산으로 주산을 말함)는 두 물길이 모이는 사이에 우뚝 솟았네.(頭圓朱雀如鼓起 玄武垂頭兩水間) 그 안에 명당은 가히 만마(萬馬)를 싸안을 만하고 좋은 산곡(山谷)은 평탄함과 첨예함이 조화를 이루어 바르고 온순하구나.(明堂可得容萬馬 吉谷正欲平且尖) 청룡사(靑龍砂)는 뱀이 꿈틀거리며 고개를 치켜든 듯하고 백호사(白虎砂)는 조급하지 않아 사나운 줄 모르겠구나.(靑龍蛇蛇頭高起 白虎徐行不欲殘) 풍수사가 식견이 부족하여 허언(虛言)을 하는 것과 알면서도 사실과 왜곡되게 부풀려서 말하는 것은 명백하게 다르다.

풍수사중의 일부 인사는 양택(陽宅)이나 음택(陰宅)에 대한 감결(勘決 · 잘 조사하여 결정함)을 하면서 온갖 미사여구를 동원하여 명당임을 강조하거나, 의뢰인의 불안 심리를 이용해 실제보다 부풀려서 흉지임을 말하고 비보(裨補 · 흉한 것을 길하게 바꿈)가 아니라 비용이 꽤 소요되는 처방을 권유하기도 한다.

현명한 의뢰인이라면 풍수사에게 좋은 말만 듣기를 바라지 말고 흉한 것이 있으면 사실대로 말해주기를 요청하고 그것을 고쳐나갈 수 있는 지혜와 안목을 가져야 한다. 최근에 감결을 했던 어느 신혼부부의 아파트의 경우, 베란다를 없애고 거실과 방을 확장할 계획이라고 하기에, 베란다 부분은 거실과 방보다 철근의 양 등이 훨씬 많이 들어가기 때문에 유해지자기파가 많이 발생하게 되고, 이러한 유해파는 뇌파를 교란시키고 건강을 해치며 생활의 리듬을 깨뜨리기 때문에 확장은 하지말기를 권유했다.

만약 확장을 꼭 해야만 한다면 베란다였던 곳은 물건이나 관엽식물 등을 두는 장소로 활용하는 것이 좋다. 그 외에 침대위치와 책상 등의 위치는 안방욕실과 방문과 마주보지 않도록 패철을 사용하여 위치를 잡아 주었다.

참고로 침대위치와 책상의 위치가 중요한 이유는 생기(生氣)나 살기(殺氣)의 동선(動線)은 대문을 통해 현관문을 지나 거실을 거쳐 각각의 방에 들어가서 최종 종착지인 사람의 코와 입으로 들어가기 때문이다.

마지막으로 인근 광려천은 의뢰인의 아파트를 환포(環抱·사방으로 둘러쌈)하고 있어서 좋은 기운을 북돋아주고 있었다. 그 외에 지맥과 순행을 하지 않은 것이 약간의 흠이었지만 내부의 기운이 생기가 흐르고 수맥파도 없어서 보통보다 약간 높은 점수를 줄 수 있는 곳이었다. 현장감결시 한 번에 좋은 집이나 터임을 판정할 수도 있지만, 수차례 배제하면서 좋은 곳을 판정하는 경우도 많다. 대체로 부동산은 환금성이 낮아서 거주하면서 흉한 일이 발생할 때, 즉시 이사를 할 수만 있으면 좋겠지만 현실적으로는 실천하기가 대단히 어렵다.

고로 모든 것을 검토한 연후에 부동산을 구입한다면 땅을 치며 후회하는 일은 없을 것이다. 또한 지기(地氣)는 변함없어도 주변 환경이 변화되어 생기가 살기로 바뀌는 경우도 종종 있으므로 비보풍수는 정말 소중한 풍수의 꽃이라고 생각한다.

9) 풍수지리의 핵심은 氣

풍수지리에 대해 사람들이 곡해하고 있는 것 중의 하나가 음택(죽은 사람이 거주하는 곳)풍수와 양택(陽宅·산 사람이 생활하는 모든 곳)풍수가 마치 완전히 다른 분야인 것으로 생각하는 것이다. 그러나 알고 보면 이 두 분야는 근간(根幹)이 같아서 음택풍수의 이치를 알아야만 양택풍수를 이해할 수 있으므로, 음택과 양택을 분리해서 생각하는 오류를 범해서는 안 된다. 또한 음택과 양택에서 가장 중요하게 다루고 향후 지속적으로 연구해야 하는 것이 '氣'라는 것은 두말할 필요가 없다.

장경(葬經)은 4세기 때에 중국 동진의 곽박이 지은 풍수 최고의 경전으로 풍수적 길지의 판단을 용(龍), 혈(穴), 사(砂), 수(水)로 나누어 하였으며, 요지(要旨)는 장자승생기야(葬者乘生氣也·죽은 사람의 몸을 길지에 매장하면 자연의 생기를 받게 되고, 자손이 복을 받는다)이다. 이 말은 살아있는 사람이 길지에 집, 점포, 사무실, 공장 등에서 생활하면 복을 받는 것과 일맥상통한다.

장경의 기감편(氣感篇)에서 氣는 땅속을 흘러 다니는 것인데, 氣가 모이기 쉬운 곳은 흥하고 氣가 흩어지기 쉬운 곳은 패한다고 하였다. 또한 높지만 바람에 드러나지 않으며, 낮지만 脈을 잃지 않으며, 가로 비낀 가운데 굽음을 얻으며(험한 중에 부드러움을 얻는다는 뜻), 수척한 것 같으면서 살이 있으며, 끊어진 듯하면서 이어진, 종류의 땅을 만나면, 이런 땅에는 모두 氣가 모인다고 하였다. 그러나 고저(高低)가 균등치를 못하고, 대소(大小)에 상응함이 없으며, 좌우가 수반이 되지를 못하고,

전후가 대등치 못한 이러한 종류의 땅은 모두 氣가 흩어진다고 하였다. 실제로 대부분의 땅은 지기(地氣)가 충만해야 길지임은 틀림없는 사실이다. 그러나 문화지구, 동사무소, 보건소, 파출소, 같은 공공건물이나 많은 사람들이 왕래하는 곳 등은 비록 지기가 약하고 살풍이 불어와도 사람이 비보(裨補)물이 되어 복을 가져다준다.

사람 사는 곳이 발전하고 복을 받으려면 생기가 응집되어야만 한다. 지맥을 타고 흐르는 생기는 물을 만나야 전진을 멈추고 왕성하게 응집하니 사람 사는 곳의 생기는 물에 의해 좌우된다. 氣가 땅속을 돌아다니다가 흙을 만나면 머물고 흙을 따르면 떠난다. 즉 오직 물에 닿아야만 氣가 멈추게 되는 것이다. 따라서 氣는 땅을 좇으면서 돌아다니는 것이며, 땅은 물로써 계역(界域·한계와 구역)이 지어지는 것이니, 땅은 물로 인하여 氣가 머물 수 있게 되는 것이다.

<물에 의해 기(氣)가 멈춘 땅>

또한 氣는 땅을 좇아서 머무는 것이라 할 수 있는데, 이를 계

수즉지(界水則止 · 능선 혹은 흘러가는 흙은 물을 만나면 즉시 전진을 멈춘다.) 라고 하는 것이다. 물은 근원을 알 수없는 곳에서 다가와 혈처(穴處)와 그 주변을 감싸며 꼬리가 보이지 않게 사라지는 것을 제일 길하게 본다.

요사이 필자의 사무실에 전원주택을 위시하여 개인이나 종중단체가 화장(火葬)후 평장을 하기 위한 길지를 구하려고 상담차 내방하는 사람들의 수가 무척 많아졌다.

한국이 선진국의 대열에 본격적으로 들어서면서, 사람들은 도심에서 전원으로의 탈출을 시도하기 시작하고 본격적인 고령화시대로 접어들면서, 사람들의 염원은 건강을 유지하면서 오래 살기위한 목적으로 유기농 텃밭을 가꾸고 자연을 가까이서 접하며 살려고 한다.

아울러 공원묘원이나 산과 밭에 흉물중의 흉물로 전락한 납골당의 항아리에 담겨져 있는 골분(骨粉)은 죽은 자를 다시 죽이는 나쁜 결과를 초래한다는 것을 인식하면서부터 자연장이 점차 빠른 속도로 증가하고 있는 실정이다.

수요가 급증가세를 보이면서 마땅한 전원주택의 터와 자연장터를 구하는 것이 무척 어려우며 특히 길지를 구하는 것은 더욱 더 어렵다보니, 매물이 나오면 무조건 구입을 하고나서 마침내 돈도 날리고 땅도 방치하게 되는 사례가 많으므로 반드시 신중을 기할 필요가 있다.

땅 중에 '토림'은 임야이지만 과거 전 · 답 등을 장기간 본래 용도로 사용하지 않거나 지목전환 신청을 하여 지목이 산이면서 '산'자가 지번 앞에 없는 땅으로 경사도가 완만하고 평평한 경우가 대부분이며, 임야이기 때문에 상대적으로 값이 저렴하면서 좋은 땅이 많다.

10) '기도발'이 잘 받는 장소는 어딘가

2008년 7월 부산광역시 영도구에 있는 과거 공동묘지 터 자리에 해군사관고등학교가 들어 섰지만 폐교가 된 원인을 풍수적으로 감결해 달라는 MBC 방송 요청에 그 곳을 방문 한 적이 있었다.

그 당시 방송했던 풍수해설 내용을 언급하려는 것이 아니라 필자가 마을 뒤에 인상 깊게 보았던 바위산에 대해 말하고자 한다. 마을 사람들 이야기에 의하면 주산(主山)인 봉래산의 바위산이 영험한 기운을 뿜어내어 언제부터인가 그 곳에서 소원을 빌면 반드시 이루어진다고 하는 신앙과도 같은 믿음을 가지고 있으며 실제로 많은 소원이 성취(成就) 되었다고 한다.

또한 고향을 떠나 살던 사람들이 어려운 일이나 불행한 일이 닥쳤을 때에 그 들의 고향인 봉래산의 바위산에서 기도(祈禱)와 치성(致誠)을 하면 소원을 성취한다고도 하였다. 과연 바위나 암반과 사람과의 사이엔 보이지 않는 기운이 서로 통하는 것일까? 지구 자체는 하나의 커다란 자석이며 여기에서 지자기(地磁氣) 즉 지구 자기가 끊임없이 방출되고 있다.

이 지자기는 지표 밖으로 나올 때 바위나 암반을 통해서 나온다. 암반이나 바위 속에는 광물질이 섞여 있으므로 바위에 앉아서 기도 하거나 바위 앞에서나 주변에서 기도를 하면 광물질을 통해서 나온 지자기로 인해 사람의 몸이 찌릿찌릿 해짐과 동시에 뇌세포를 자극하여 신비적 감응현상이 발생 하면서 기도의 효과를 보게 되는 것이다. 물론 사람에 따라 민감하게 반응하는 경우와 그렇지 않은 경우는 있다. 미국 애리조나주에

생활 속의 풍수, 그 진리를 탐구하다

있는 세도나(Sedona)는 세계에서 기가 매우 강한 지역 중의 한곳인데 세도나 에서도 기가 가장 강한 곳은 성당바위, 종바위, 보인턴 계곡, 공항주변에 있는 볼텍스이다. 이를 종합하면 우리나라나 외국에서 공통적으로 기가 강한 곳이나 지자기가 강하게 방출되는 바위나 암반(땅속에 있는 큰 암석층)은 사람의 뇌의 어느 부분(아직 밝혀지지는 않았음)과 작용을 하여 기감(氣感)을 느끼게 하는 것이다.

하지만 지자기 교란은 생명체의 생육과 인체에 나쁜 영향을 주기 때문에 심각한 질환이나 증세를 일으키기도 한다. 지자기 교란 부분은 다음에 자세히 언급하기로 하겠다. 일반 주택을 암반위에 지으면 좋지 않다. 암반에서 뿜어내는 지자기(地磁氣)의 강한 기운을 누를 수 없기 때문에 그러한 곳에 사는 사람은 몸이 아프거나 이상 증세를 보일 수 있기 때문이다.

그러나 암반이나 바위 위에 절이나 기도원 같은 건물을 지으면 바위나 암반에서 방출되는 강한 기운을 그곳에 사는 사람과 감응(感應 · 마음에 느끼어 반응함)하여 놀랄 정도로 좋은 효과를 볼 수가 있다.

일본에서는 주택을 매입 · 건축할 경우에 가상(家相 · 집의 관상)을 매우 중요시 여긴다. 예를 들면 간방(艮方 · 북동방)과 곤방(坤方 · 남서방)에 화장실이나 개수대 같은 것이 있으면 귀신이 드나드는 방위에 더러운 물이 있으니 불길하다고 하여 그런 집은 웬만해선 팔리지가 않는다고 한다.

9. 비보풍수

1) 남해 보리암의 신비한 비보사탑

경남 남해군에는 금산(錦山 · 681m)을 주산(主山)으로 하는 보리암이 있다. 얼마 전 KBS2 VJ특공대의 담당 PD가 보리암전 삼층석탑의 각 층마다 나침반으로 방향을 측정하면 방향이 각각 다르게 나와서 원인을 파악하기위해 풍수적인 견해를 부탁하여 응한 적이 있었다. 전설에 따르면 683년(신문왕 3)에 원효대사(元曉大師)가 금산에 처음으로 절을 세운 것을 기념하기 위해 가락국의 수로왕비인 허태후가 인도에서 가져온 파사석(婆娑石)으로 탑을 만들었다고 한다.

그러나 현장에서 확인한 결과 고려 초기의 양식이며 석질은 화강암이었다. 보리암은 대한민국에서 기도발이 잘 받는 곳으로 매우 유명한 곳이다. 대부분의 사람들이 해수관음상을 향해 기도를 하지만 관음상은 상징적인 의미가 많은 반면, 기도발이 잘 받는 가장 큰 이유는 보리암 주변의 날카로운 모서리가 없고 두루뭉술하면서도 양명한 주변 바위의 영향임을 알아야 한다. 이 탑의 형식은 커다란 돌 하나로 된 단층받침(기단 · 基壇)과 탑신(塔神)이 있고 꼭대기 부분에는 구슬 모양의 보주(寶珠)가 있다.

보주는 하늘의 길한 기운을 받기위해 두는 것으로 '여의주'라고 부르기도 한다.

<남해 보리암내 해수관음상과 비보탑>

　그런데 삼층석탑은 패철(佩鐵·지관이 사용하는 나침반)을
기단과 1층.2층.3층의 탑신부(塔身部·몸돌과 지붕돌)와 보주
를 체크 해본 결과 기단부분은 1.0~1.2가우스(G·gauss), 1층.2
층.3층은 0.5가우스 내외로 자기력이 제일 많이 분출되는 곳이
기단부분이었다. 정리를 하면 기단부분은 기단의 화강암과 기
단아래의 암반에서 분출하는 자기장이 합쳐져서 자기장의 강
도가 탑신부분보다 세게 나타난 것으로 볼 수 있다.

　지구자기장은 0.5가우스이므로 우리가 받는 자기장의 강도
는 0.5가우스 정도가 된다. 그런데 가우스가 높다고 해서 반드
시 명당은 아니며 오히려 0.5가우스보다 훨씬 높은 곳에서 생활
하면 뇌질환이 발생할 가능성이 높다. 그러나 너무 낮은 곳에
생활하면 '지자기결핍'에 의한 성인병이 올 수가 있다. 영국 킬
대학의 존 도브슨박사는 알츠하이머(치매)병 환자 뇌의 자철
광수치를 측정한 결과 정상인에 비해 현저히 높게 나타났다고
밝혔다. 보리암 주변의 암반과 땅속의 암반들, 그리고 해수관

음상과 삼층석탑의 자기장이 센 곳에서 기도를 하면 기도의 효험을 보게 되지만 그러한 곳에서 일반인들이 오랫동안 거주하면 오히려 건강을 해칠 수 있다.

<남해 보리암 주변 암반>

하지만 보리암내에서도 가능한 한 멀리 떨어진 곳에 거주하면 건강에 지장을 주지는 않을 것이다. 삼층석탑이 있는 곳은 보리암의 가장 중심이 되는 맥이 흐르는 곳이므로 다른 곳보다 자기장의 파(波)가 더 셀 수밖에 없다. 특히 삼층석탑이 계단을 통해 종무소까지 부는 바다의 강한 흉풍을 생기가 있는 바람으로 바꾸어주는 비보(裨補·흉한 살기나 바람 등을 막아주는 것)사탑으로서의 역할을 톡톡하게 하고 있다.

필자도 처음에는 유독 탑신부에서만 나침반이 방향성을 잃고 제멋대로 돈다는 말에 호기심을 가지고 갔으나 원인 없는 결과가 있을 수 없듯이 가장 암반이 많고 게다가 해수관음상과 삼층석탑뿐만 아니라 석탑 아래 암반과 주변의 큰 바위들이 주변보다 자기장파가 센 가장 주요한 원인임을 파악했다.

2) 사찰에 비보물이 이렇게 많다니!

　경남 고성군에 위치한 옥천사(경상남도 기념물 제 140호)는 의상대사가 당(唐)나라 지엄법사에게서 화엄학을 공부하고 돌아와, 화엄을 강론하기위해 670년(신라 문무왕 10)에 창건한 절이다.

<옥천사 입구>

　절의 이름은 대웅전 좌측에 끊임없이 솟아나는 달고 맛있는 '샘'(玉泉)이 있다는 것에서 유래했다.

<옥천각>

옥천사는 우리나라의 대표적인 호국사찰로서 임진, 정유왜란때는 구국 승병의 군영(軍營) 역할을 수행함으로써 일본군에 의해 불타는 운명을 맞기도 했다. 임진왜란 때 소실된 대웅전은 1657년(효종 8)에 용성화상이 중창했으며 그 후 여러 차례 중수하였다. 정면 3칸 측면 2칸으로, 팔작지붕의 다포계(多包系)양식 건물이다. 대웅전을 중심으로 좌우측의 건물이 좌청룡과 우백호가 되어 흉풍과 살기를 막아주는 'ㄷ'자 형태의 안정된 구조로 되어 있다. 대웅전 앞마당에는 당간지주가 있는데, 노스님 말씀으로는 행사가 있을 때는 지금도 사용한다고 한다.

<당간지주>

당간지주는 통일신라시대부터 당(幢 · 불화를 그린 旗)을 세우기 위해 사찰 앞과 마당에 설치되었던 건조물로 돌로 만드는 것이 보통이나 철제.금동제.목제인 경우도 있다. 사찰이라는 신성한 영역을 표시하는 구실과 사찰의 행사를 알리는 역할을 했는데, 이런 관점에서 볼 때 비보(裨補 · 흉살과 재앙을 막음)

풍수의 일환인 '솟대(나무나 돌로 만든 새를 장대나 돌기둥 위에 앉혀 마을 수호신으로 믿는 상징물)와도 일맥상통하는 사찰의 비보물이라 볼 수 있다.

\<복두꺼비(옥천사 입구에 있는 비보물)\>

한국의 당간지주와 비슷한 것으로 일본에는 신사의 입구에 도리이가 있다. 도리이의 구조는 두 개의 기둥이 서있고 기둥 꼭대기를 서로 연결하는 가사기로 불리는 가로대가 놓여있는 형태로 대개 주홍색이며 불경한 곳(속세)과 신성한 곳(신사)을 구분 짓는 경계 역할을 한다. 도리이 역시 풍수의 비보물로 볼 수 있으며 비보풍수의 의미를 띄고 있다.

전통적으로 비보를 많이 하는 곳 중에서 사찰을 빼놓을 수 없다. 대웅전은 대부분 주산(主山)에서 가장 후부한 산등성이(용맥)의 길한 기운을 받기위해 그 연장선상에 위치하고 있다. 또한 바람이 세차게 부는 곳이나 살기(殺氣)가 있는 곳에는 사탑을 세우거나 돌탑을 만들어 비보를 하며, 해태석상이나 사자석상, 돼지석상 등을 설치하여 액운을 물리치는 비보물로 삼았다. 사찰로 가는 도로는 마치 뱀이 좌우로 뒤틀면서 가듯이 구불구불한 형상으로 사찰에서 수구(水口·기운이 들고 나는 입구)인 일주문(一柱門)을 볼 수 없도록 되어있다. 풍수에서 '도로는 물이며, 물은 재물'로 보는데 직선 도로로 사찰에서 일주문까지 보이면 장풍(藏風)이 되지 않음으로써 흉풍을 직접 맞게 되고 생기는 즉시 빠져나가며 재물도 들어오면 쌓일 틈도 없이 새어나간다.

　경남 고성군 마암면에 돌로 만든 한 쌍의 석마(石馬)가 마을의 수호신을 받드는 당산(堂山)에 세워져 있다. 대개 동물 형상의 비보물은 마을을 지키기 위해 마을로 들어오는 입구('수구'라고도 함)를 향하도록 하는 것이 보통인데, 이곳의 석마는 마을의 뒷산인 주산을 바라보고 있었다.

<석마(石馬)>

이유인즉, 옛날에 호랑이가 마을에 자주 나타나 피해가 극심하여 마을 사람들이 호랑이로부터 마을을 지키기 위해 석마를 만들어 호랑이가 내려오는 방향인 산을 향해 세워두었다고 한다.

마을사람들이 이 석마를 석신(石神) 혹은 마장군(馬將軍)이라고 부르는 것도 마을의 수호신이라고 생각하기 때문이다. 그런데 마을사람들의 말을 빌면 꽤 오래전에 원래는 석마 한 쌍 사이에 새끼 석마가 있었는데, 도난을 당했다고 말하기에 확인한 결과 놀랍게도 흔적이 뚜렷하게 보이는 것이 아닌가.

<도난당한 새끼 석마 자리>

하루빨리 복원을 하여 마을에 생기(生氣)가 감도는 행복마을, 장수마을이 되길 바란다. 경남 고성군 개천면에 박진사 고가가 있다.

<박진사 고가>

<솟을대문 위 정려(旌閭)를 게시한 문패>

　‘口’자형 건물구조로 기와담장 내에 와가 7동이 있다. 사랑채 앞에는 정원을 조성하여 정원 앞에 있는 우물의 찬 기운을 막아주는 비보역할을 적절히 하고 있었다.

　중문을 지나 안채로 가면 요풍(凹風)이 부는 곳에 비보물로 안채화단을 조성하여 생기가 감도는 ‘생기택’이 되게 했는데 주인의 풍수적 지혜를 엿볼 수 있었다.

3) 경남도청은 도지사의 '휴게소'인가

경남도청은 경상남도의 행정을 맡아 처리하는 지방 관청이다. 청사는 정병산(566.3m)을 주산으로 하며 천주산과 구룡산, 불모산이 감싸고 있는 양택(건물)풍수의 관점에서 볼 때, 지기(地氣)가 뛰어난 곳에 위치하고 있다. 하지만 좋은 터의 기운을 제대로 활용하지 못하고 있는 것이 안타까울 따름이다. 청사는 '행주형(行舟形 · 물위를 가는 선박의 형상)'이지만 바다를 향하지 않고 산으로 올라감으로써 선박(청사) 본연의 역할을 다하지 못하고 있다.

<경상남도청 본관>

도지사(선장)는 존재감이 약할 뿐만 아니라 도민의 믿음과 인정도 받지 못하고 있다. 선출된 도지사들은 도청을 자신들의 정치 야망을 이루기 위해 때를 기다리며, 중앙정치 무대로의 복귀를 위한 '휴게소'로만 여기는 것 같다.

모 전 경남 도지사는 경남 복지를 후퇴시키면서까지 적자 누적과 강성 노조 등을 문제점으로 내세워 2013년 5월 진주의료 원을 폐쇄했으며, 병원건물은 리모델링 공사를 거쳐 2015년 12월 경남도청 서부청사로 개청했다. 관공서는 수익성을 나타내는 지표로만 공과를 판단하면 안 된다.

청사는 본관과 2011년도에 건축한 신관으로 나뉘어져 있으며, 연면적은 본관보다 신관이 더 넓다. 배보다 배꼽이 더 큰 격인데, 주된 건물보다 부속 건물이 더 크면 마치 사랑채보다 문간채가 더 큰 것과 같아서 흉하다. 선장은 선수(船首 · 선박의 앞머리)에서 지휘를 한다. 도청 '본관의 건물 앞부분에 속하는 선수'가 큰감봉우리산(163m)을 주산으로 하는 '정렬공 최윤덕 장군'의 묘를 바라보고 있다. 최윤덕 장군은 나가서는 무관이었으며 안에서는 문관의 업무를 했기에 장수와 재상을 겸했다하여 '장상(將相)'이라고도 한다. 청사 뒤쪽의 국도 25호선은 서서히 끊어진 맥(脈)이 연결될 것이므로 향후 문제될 것은 없다.

<경상남도청 앞 조형물>

선수를 중심으로 본관 우측(우백호·신관)은 튼실하지만 좌측(좌청룡·청사 출입문)은 상당히 허하다. 정문 출입구에 설치된 조형물이 작품성은 높을지 모르지만 날카로운 형상에서 뿜어져 나오는 기운은 해(害)를 더할 뿐이다.

마치 예술성을 인정받은 건물 중에서 풍수적 시각으로 보면 흉한 건물이 많은 것과 같은 맥락이다.

정문 출입구에 비보(裨補·약한 곳을 보완하거나 흉한 기운을 막음)용으로 경남을 상징하는 탑이나 부속건물, 또는 조산(인위적으로 흙을 쌓아 나무를 심음) 등을 조성해 청사의 좌우측 균형을 잡고 '창이대로'에서 사정없이 치는 살기(殺氣)를 막는 것이 좋다. 출입구에서 도청광장을 지나 창원시청까지의 일직선 도로는 도청의 생기(生氣)와 재물(財物)이 빠져나가는 '직거수(直去水)'이다. 하지만 최윤덕 장군의 동상과 동상 앞의 교통섬이 직거수를 막고 있어서 비보물의 역할을 톡톡히 하고 있다.

<최윤덕 장군 동상>

<최윤덕 장군 동상 앞 교통섬>

또한 청사가 진행하는 방향의 앞에 비보물인 최윤덕 장상의 묘가 있음으로써 악화일로의 상황을 저지하기 때문에 크게 걱정할 것은 없다. 경남은 6월에 도지사 권한대행에서 정식 도지사를 선출한다. 누가 되든 도민을 위한 도정(道政)을 펼치며 임기를 채우고 떳떳하게 떠남으로써 '도지사의 휴게소'란 오명을 벗어버리고 거듭나는 관청이 되기를 기대한다. 세종 때, 대표적인 장군으로 대마도 정벌과 여진족을 몰아내고 4군을 설치한 최윤덕과 6진 개척의 주역인 김종서가 있다.

<최윤덕 장군 유허지>

창원시 북면에 위치한 최윤덕 장군의 '유허지(세월은 가도 그 자취가 남아 있는 터)'는 감나무 밭이 되어 그 흔적을 알 수 없을 뿐만 아니라 정확한 위치조차 파악하기 힘들다.

반면 공주시 의당면에 위치한 김종서 장군의 유허지에는 철재담장을 설치해 잔디와 나무를 심어 잘 가꾸고 있으며 '행적비'와 '유허비'를 갖추어 현재까지 의당초등학교 학생들의 역사교육 장소로 활용·관리되고 있다.

<김종서 장군 유허지>

<김종서 장군 유허지>

두 곳 모두 장군들의 생가지인지 유허지인지 아직까지도 명확하지는 않지만, 관리 상태는 천양지차다. 큰감봉우리산에서 뻗어내려 온 용맥은 생룡(生龍)으로 최윤덕 장군의 부인인 성주도씨의 묘 부근(위쪽이 성주도씨의묘, 아래쪽이 최윤덕 장상묘)에서 안착을 한다.

<최윤덕 장군 묘(아래쪽)>

우백호(딸 · 며느리를 뜻함)는 좋으나 좌청룡(아들을 뜻함)은 약하며, 안산(앞산)은 문필사(관운 · 문장가를 뜻함)이다. 좌청룡이 심히 허약하다.

생활 속의 풍수, 그 진리를 탐구하다

4) 바람길과 동선을 제대로 파악하자

비보(裨補·흉한 기운을 막거나 피함)풍수의 일환으로 마을 입구나 사찰 등에 벅수(장승)를 세워둔 것을 볼 수 있다. 통영시 문화동 세병관 입구에 마을의 전염병과 액운을 막고 동남방이 허하여 비보장승을 세웠다. 벅수 뒷면에는 '광무 10년 병오 8월생 동락동립(同樂洞立)'이란 문구가 쓰여 있다. 우리나라 돌장승 중 '유일한 채색장승'으로 높이는 198㎝이고 둘레는 160㎝이며 U자형으로 벌린 입과 입 밖으로 솟아난 두 개의 송곳니가 요사스런 귀신을 막는다고 믿었다.

장승이나 사자석상, 비석, 망주석 등은 반드시 흉풍이 불어 닥치거나 살기를 내뿜는 곳을 향해 세워야만 혈(穴)을 보호하는 역할을 할 수 있다. 경남 통영시 정량동에 선무원종공신(宣武原從功臣) 염언상(1552~1597) 장군의 묘가 그의 일족(一族)의 묘들과 함께 자리하고 있다.

<염언상 묘소>

<우리나라 유일한 채색장승>

생활 속의 풍수, 그 진리를 탐구하다

비석과 망주석은 흉풍이 부는 곳을 향해 적절히 배치되었다. 장군은 전라남도 보성에서 출생하여 1592년 임진왜란이 일어나자 이순신 장군의 휘하로 참전하여 옥포와 한산대첩 등에서 큰 활약을 했다. 이후 도원수 권율 장군의 휘하로 들어가 영남과 호남 등지에서 많은 공을 세우고, 1597년 9월 23일 '추풍령 전투'에서 전사했다. 묘의 배치는 가계의 서열에 따라 위에서 아래로 내려오는 경우가 대다수이지만, 이곳의 묘는 사망한 순서에 따라 배열된 것이 특징이다. 물론 조선시대의 사대부가에서는 손자가 할아버지의 묘 위쪽에 있거나 아들이 아버지 묘 위쪽에 올라가 있는 사례가 더러 있으며 이러한 장법(葬法)이 잘못됐다고 할 수는 없다. 따라서 가계의 서열에 역행하거나 사망한 순서에 의한 배열 또한 자연스런 장법이다.

오히려 현대에 와서 조상의 묘 윗자리에 후손의 묘를 쓰면 역장(逆葬)이나 도장(倒葬)이라 하여 패악(悖惡)으로 간주하며, 그러한 행위를 하게 되면 집안에 큰 사달이 생기는 것으로 믿고 있다. 염언상 장군과 일족의 묘 터는 매우 좋지만 도심에 위치하다보니 주변 상황이 변하면서 묘역의 환경도 바뀌었다.

묘의 바로 뒤쪽에 있는 단독주택은 흉풍과 살기(殺氣)를 막아주어 주산(主山)의 역할을 잘 하고 있었다. 그러나 묘소의 바로 앞에 아파트가 있어서 묘역의 전면을 답답하게 가로막고 있는 것이 아쉬웠지만, 묘 터가 좋고 관리를 잘 하고 있어서 묘지 전면의 답답함을 어느 정도 해소시켰다.

<염언상 묘소 前景>

더구나 주택, 점포, 사무실 등의 사람이 거주하거나 활동하는 곳은 사방에 위해를 가하는 시설이 있으면 비보를 통해 피해를 사전에 방지해야 한다. 갈수록 평지의 전원주택부지는 부족한 상태여서 좋은 터를 구하기가 어렵고, 어렵사리 구입한 터는 해를 끼치는 시설(철탑·송신탑·돌산 등)들로 인해 건축을 망설이거나 되파는 것을 보곤 한다.

그러다보니 부동산 개발업자들이 개발한 산을 매입하게 되는데, 산등성이를 절개하여 도로를 내고 석축을 쌓는 등의 기반시설을 할 때, 장풍(藏風·바람을 순화시킴)과 득수(得水·좋은 물을 얻거나 물로써 땅의 기운을 강화시킴)는 고려하지 않고 가능한 한 많은 필지를 분양하기 위한 수단을 강구한다.

또한 조망이 트여야만 분양이 잘 되기 때문에 계단식으로 부지를 조성할 수밖에 없다. 평지는 '검증이 된 터'지만 산등성이는 땅 아래에 존재하는 암반, 단층 사이의 경계, 빗물(건수·乾水)과 지하수(천수·泉水) 등으로 인해 건강에 해를 입을 소지가 많다.

　예전에 밭으로 사용한 땅이나 산등성이와 조금 떨어진 땅을 매입하되, 돌담을 쌓기보다 기왓장과 흙을 섞은 담장, 잔돌과 흙을 섞은 담장, 점토벽돌 담장, 시멘트벽돌과 흙을 섞은 담장이 좋다. 아파트는 대부분 판상형과 타워형의 구조인데, 앞뒤 발코니의 바람이 불어주는 판상형이 바람길을 잘 만들어 집안의 생기를 북돋우게 한다.

　오늘날 아파트나 단독(전원)주택의 현관문, 거실, 주방, 방, 화장실 등의 배치는 생기가 흐르는 바람길의 파악과 효율적인 동선을 고려하기보다 공간 활용을 최대한 높이기 위한 설계를 한다. 앞으로는 지상과 지하의 기운을 제대로 파악하여 길한 풍수적 배치를 함으로써 거주자가 행복한 삶을 누릴 수 있도록 해야 할 것이다.

5) 천연기념물 1호와 동수비보

지난번 두사충에 대해 언급한 적이 있지만 두사충은 시인 두보(당나라 때 시인으로 중국의 최고 시인)의 후손으로, 두보의 21세손이다. 우리에게는 풍수의 대가로 더 잘 알려져 있으며 충무공 이순신장군의 구묘자리를 소점(所點 · 터를 잡아줌)하였다.

어느 추운 겨울날, 몸져누운 어머니를 지극정성으로 보살피며 간호하던 효성스런 아들이 있었다. 하루는 어머니가 송이버섯죽이 먹고 싶다고 하자 엄동설한에 산이란 산은 다 뒤지면서 헤매는데, 아들의 정성에 하늘이 감복하였는지 눈 덮인 큰 소나무 밑에서 버섯을 발견하게 되었다.

아들은 버섯을 품안에 꼭 넣고 두 손으로 감싸 안은 채 한 걸음에 달려가 어머니께 죽을 끓여드렸다. 버섯죽을 드신 후, 어머니는 기력을 회복하여 병이 완전히 낫게 되었다.

이 아름다운 효행 이야기의 주인공은 두사충의 7대손인 두한필이다. 모명재 서쪽으로 100m 정도 떨어진 곳에 위치한 효자각이 바로 명정각(命旌閣 · 대구광역시 수성구)으로 두한필의 효행을 널리 알리기 위해 조정에서 내린 '정려(旌閭 · 충신, 효자, 열녀 등을 그 동네에 旌門을 세워 표창하던 일)각'이다.

두한필이 세상을 떠난 후, 조정에서는 이 같은 정려와 함께 종3품에 해당하는 '통훈대부 규장각직각(通訓大夫 奎章閣直閣)'이란 벼슬을 증직(贈職 · 충신, 효자, 학식이 높은 사람 등에게 죽은 뒤에 품계, 관명 등을 높여주는 일)하고 그의 효행을 기렸다. 도로변에 위치한 명정각은 흙과 돌로 담장을 하고 상단은 기와로 마감을 하여 소담한 모습을 갖추었다. 앞에는 도로(물)가 있고 뒤는 산의 정기를 이어 내려온 산진처(山盡處·산의 끝부분)로서 지기(地氣)가 좋은 평온한 자리에 있다.

<명정각>

전남 목포시 남농로에 위치한 '갓바위(천연기념물 제500호)'는 과거 화산재가 쌓여서 생성된 응회암과 응회질 퇴적암류들이 오랜 시간동안 암석의 자연적인 풍화작용을 통해 형성되었다. 상단부의 갓 모양과 그 하부에 움푹 패인 풍화혈(風化穴) 등의 모습으로 인해 마치 삿갓을 쓴 사람 같다.

<갓바위(천연기념물 제500호>

옛날에 소금을 팔아 병든 아버지를 모시고 살아가는 아들이 있었는데, 가세가 궁핍하여 아버지의 병환을 치료하기 위해 부잣집에 머슴으로 일을 하러 갔다. 하지만 주인이 품삯을 주지 않아 빈손으로 한 달 만에 집에 와보니 아버지는 이미 싸늘한 육신과 함께 숨이 꺼진 상태였다.

아들은 저승에서나마 편히 쉴 수 있도록 양지바른 곳에 모시려고 바다를 건너다 그만 실수로 깊은 바다에 관을 빠뜨려버렸다. 자신의 불효를 통회하며 하늘을 바로 볼 수 없다 여겨 갓을 쓰고 죽었는데, 훗날 아들이 죽은 그 곳에 두 개의 바위가 솟아올라 사람들은 큰 바위를 '아버지바위'라 하고 작은 바위를 '아들바위'라 불렀다. 아마도 광활하게 펼쳐진 바다를 보면서 효성이 깊은 아들은 더욱 더 슬픈 감정을 주체할 수 없었을지도 모르겠다.

<갓바위 앞에 펼쳐진 바다 전경>

갓바위와 접한 뒤쪽은 산이며 앞쪽은 망망대해인데, 기쁠 때는 끝없이 펼쳐진 바다가 한없이 정다워 보이지만 슬플 때는 오히려 우울한 감정을 증폭시키기 때문에 풍수적으로 바다는

생활 속의 풍수, 그 진리를 탐구하다

굉장히 경계를 해야 하는 대상으로 여긴다. 따라서 감정의 기복이 심한 사람뿐만 아니라 일반인도 마찬가지로 넓게 펼쳐진 바다가 보이는 곳에 집을 짓고 상시 거주하는 것은 매우 좋지 않다. 대구광역시 동구 도동에는 '천연기념물 제1호'로 지정된 '측백나무 숲'이 있다.

<천연기념물 제1호>

조선 초기의 대학자 서거정 선생이 대구의 경치가 좋은 열 곳 중 제6경이라고 한 북벽향림(北壁香林)이다. 천연기념물을 처음 지정할 당시에 측백나무가 집단으로 자라는 곳으로는 가장 남쪽이며, 묘지의 둘레나무로 심는 등 측백나무 쓰임의 귀중함을 감안하여 1962년 제1호로 지정되었다. 현재 1,200여 그루의 측백나무가 굴참나무, 느티나무, 굴피나무, 물푸레나무 등과 같이 자라고 있다.

이 중 일부는 나이가 수백 년에 이르나 대체로 키 4~5m, 줄기지름 10㎝ 전후이며 흙이 별로 없는 바위산 군데군데에 심어져서 마을로 부는 흉풍을 막아주며 바위산의 살기(殺氣)를 차폐시키는 동수비보(洞藪裨補·나무가 흉풍과 살기 등을 막음)로서의 역할을 톡톡히 하고 있다.

10. 묘지풍수

1) 장군대좌형의 명당

사천시 곤명면에 위치한 다솔사(多率寺)는 503년 (신라 지증왕 4)에 연기조사가 창건하여 영악사(靈岳寺)라 불렀으며, 636년(선덕여왕 5)에 부속건물 2동을 건립하고 다솔사로 개칭했다.

<다솔사 적멸보궁>

그 후 자장율사, 의상대사 등 고승들이 머물면서 건물을 더 짓고 영봉사(靈鳳寺)라 불렀으며, 신라 말에 도선국사가 부속건물 4동을 건립하고 다시 다솔사라 개칭했다. 남쪽 바다에 닿아 있는 곤명면은 진산(여기서는 조종산을 뜻함)을 지리산으로 하는데, 수백리를 달려온 용은 곤명 북쪽에 봉우리를 맺은 봉명산 아래 자리를 잡았으며 그곳에 절이 있다. 다솔사는 '많은 군사를 거느린다.'는 뜻으로 풍수적인 표현은 장군이 진영에 위풍당당하게 앉아있는 형상이라 하여 '장군대좌형(將軍臺座形)'이라 한다. 다솔사를 포함한 봉명산(鳳鳴山) 일대에는 많은 인재가 활발히 활동을 한 곳으로도 유명하다.

임진왜란 때, 서산대사와 사명대사가 다솔사를 승병기지로 삼아 의병 활동을 펼쳤으며, 김법린(1899~1964)과 최범술(1904~1979)이 이곳을 기점으로 독립운동과 교육 활동을 했다. 가히 '장군대좌형의 명당'이라 할 만 하다. 장군대좌형의 터가 발복하려면 병사가 반드시 있어야 한다.

대표적인 장군대좌형의 명당인 송시열의 묘 앞쪽에는 청천의 청천 시장을 개설해 장을 보는 사람들을 병사로 대체했으며, 천안의 은석산에 있는 어사 박문수 묘 앞쪽에는 병천 시장을 개설했고 다솔사는 승려들이 병사를 대신했다.

다솔사 입구에는 큰 바위가 하나 있는데, 바위에는 예사롭지 않은 글이 새겨져 있다. 전해지는 이야기에 의하면 세도가 정(鄭)모씨가 경상도 관찰사의 힘을 빌려 선영을 다솔사에 이장할 계획을 세웠는데, 사찰의 존폐가 걸린 문제인지라 절 내의 승려와 신도들이 작성한 다솔사 구원의 탄원서를 네 명의 스님이 임금에게 알리고자 급히 상경 길에 올랐다.

도중에 왕명을 받은 동지사(冬至使 · 조선시대 동지에 명과 청나라에 보내던 사절)를 만나게 되어 탄원서를 올리자 탄원문을 읽은 동지사가 '어금혈 봉표(御禁穴 封標)'라 써 주며 말하기를 "상감께는 이 길로 아뢸 것이니 그대들은 입장(入葬)을 못하도록 서둘러 내려가라"고 지시를 했다. 어금혈 봉표란 어명으로 다솔사 도량에 혈(穴·묏자리)을 금(禁)하게한 표이다. 네 스님의 정신불교(挺身佛教)의 일관된 단심으로 다솔사는 살아남게 되었다. '어금혈 봉표'는 고종 22년(1885) 10월 해월스님의 글씨로 조각됐는데, 그 뒤 1900년 초에 영명(英明)스님이 개각했다고 한다.

<어금혈 봉표(御禁穴 封標)>

부처님께 효를 다한 네 스님이 있다면 효행을 널리 알린 효자이자, 고려 공민왕 때 원나라에 사신으로 갔다가 돌아오면서 우리나라에 처음으로 목화씨를 가져와 백성들에게 무명옷을 입게 한 문익점 선생이 있다.

<도천서원 신안사재(山淸 道川書院 新安思齋)>

선생은 고려 충혜왕 원년(1331) 2월 8일 산청군 단성면 사월리(배양리)에서 충정공 문숙선의 둘째 아들로 태어났다. 휘(諱)는 익점, 자(字)는 일신, 호(號)는 삼우당(三憂堂)인데 삼우당이란 나라가 떨쳐지지 못함을 근심하고 성리학이 제대로 전해지지 못함을 근심하며 자신의 도(道)가 확립되지 못함을 근심한다는 뜻이다.

1376년 선생이 청도군수로 있을 때 어머니 조씨(趙氏)가 세상을 떠나자 벼슬을 사직하고 즉시 고향으로 갔다. 얼마 후 왜구들이 마을에 들이닥쳐 노략질을 하다가 머리를 산발하고 무덤 앞에서 어머니 삼년상을 치르고 있는 선생을 발견했다. 그 효성에 감복한 왜장은 부하들에게 "효자를 해치지 말라"고 명령하고 나무를 쪼개 '물해효자(勿害孝子)'라는 글을 새겨 표지석을 세우고 이 마을에 다시는 들어가지 못하도록 지시를 했다. 선생의 효성 덕분에 인근 마을까지 왜구의 노략질을 피할 수가 있게 되었다. 1383년 고려 우왕 때 명을 받은 안렴사 여극

인과 고성군수인 최복린은 선생이 사는 마을에 '효자리'라는 비석을 세워 "전 중현대부 청도군수 문익점은 모친을 위해 3년 동안 시묘살이를 하면서, 당시 왜구가 침범했으나 뜻을 지켜 변함이 없었다."라는 글을 새겼다.

현재 배양마을로 불리는 마을이 고려 때 '효자리'라는 이름을 하사받은 유서 깊은 마을이다.

2) 용도에 따라 터를 활용하자

어머니가 아기에게 젖을 먹일 때, 아기를 양손으로 품안에 앉고 젖꼭지를 물린다. 이 때, 어머니의 품이 명당(明堂)이 되며 젖무덤이 혈장(穴場), 젖꼭지가 혈처(穴處)가 된다.

'터' 또한 마찬가지이다. 주변의 산과 강에 의해 어머니의 품속처럼 안온하게 조성된 장소가 명당이다. 그 명당 중에서 '터의 기운'이 집중되어 있는 좁은 범위가 혈장이고, 그 중에서 지기(地氣)가 사람 몸에 교류될 수 있는 지점이 혈처가 되는 것이다.

터를 '용도'에 맞게 사용하는 혜안을 가지는 것이 매우 중요한데, 비록 흠결이 있는 터라 해도 용도에 맞게 사용한다면 흉함을 상당히 줄일 수 있다. 여기에 비보(裨補·도와서 모자라는 것을 채움)를 겸하면 더할 나위 없다. 그러나 사람의 체질상 환경적 요인에 의해 어떤 풍토에 다 잘 맞거나, 조화될 수 없는 곳도 있음은 숨길 수 없는 사실이다.

생기(生氣)가 많이 모인 곳에 집을 지어 살거나 점포, 공장 등을 지어서 생활하면 그 밑에 흐르는 좋은 기(氣)의 영향을 받아 부(富)와 건강(健康)을 얻을 수 있다. 또한 좋은 기가 있는 길지(吉地)에서 생활하면 누구 할 것 없이 정도의 차이는 있을 수 있으나 나쁜 일은 생기지 않는다.

대개의 사람들이 오해를 하고 있는 것 중에 하나는 같은 양택(陽宅·산사람이 거주나 생활하는 건물)에서 좋은 기운을 받는 사람도 있지만, 나쁜 기운을 받는 사람도 있다고 생각하는 것이다. 길지위에 있는 건물이라면 어떤 사람이든 반드시 좋은 기운을 받게 된다는 것을 다시 한 번 밝혀두는 바이다. 만일 공장이 경매로 넘어가거나 부도가 나거나 화재, 안전사고가 빈발하다면 사장의 운도 일부 영향을 미칠 수는 있지만, 터의 기운이 흉한 곳에 사무동과 생산동 등을 둔 경우가 대부분이다. 모든 공장 터의 기운이 좋을 수는 없으나 정확한 감정을 통해 흉한 터에는 나무를 심거나 조형물을 설치하는 등의 용도에 맞게끔 활용을 해야 한다.

만일 변화를 주지 않고 인수한 당초 상태로 공장을 경영한다면 뿜어내는 살기(殺氣)에 의한 피해를 전 사장과 동일하게 당할 가능성이 높다. 화재가 난 공장을 인수받은 사장이 부도가 나서 다시 넘겨받은 사장이 재차 부도가 나는 같은 건물에서의 흉사를 간혹 본다.

지기가 흉한 터는 사람이 바뀌어도 결코 길지로 되지 않는다. 풍수지리학이 공간적 측면에서 기(氣)가 좋은 곳을 찾아 발복(發福)을 꾀하고자 한다면, 사주명리학은 태어난 특정 시기에 받은 기로 인해 사람의 운명이 결정된다고 믿는 시간적 측면의 운명론이다. 강릉시 성산면에 신라 명주군왕(溟州郡王)인 김주원(金周元)의 사당(숭의재)과 묘(명주군왕릉)가 있다.

<숭의재>

<명주군왕릉>

<甲坐庚向>

　신라 9주 가운데 하나였던 명주는 오늘날 강릉 지역에 있었던 지명이다. 김주원은 강릉김씨의 시조이며 신라 29대 태종 무열왕의 6세손이다. 그는 37대 선덕왕이 후사가 없이 돌아가자 왕위에 오르기 위해 궁성으로 들어가려 했으나, 때마침 알천(서라벌에 있는 내)이 큰 비로 범람해 궁성으로 들어가지 못함으로써 왕위에 오르지 못하고 대신 상대등(上大等) 김경신(金敬信)이 왕위(38대 원성왕)에 올랐다.

　제때 입궐하지 못한 주원공에 대해, 이는 하늘의 뜻이라 여긴 신하들이 임금의 자리는 잠시도 비울 수 없다 하며 김경신

을 추대한 것은 사주명리학적인 '시간적운명론'으로 생각할 수
도 있을 것이다. 김주원은 원성왕 3년에 명주 일대를 식읍으로
받으면서 명주군왕에 봉해졌다. 명주군왕 김주원의 묘(溟州郡
王金周元之墓)는 산줄기가 기복(起伏ㆍ지세가 높아졌다 낮아
졌다 함)은 약하지만 좌우요동을 치는 생룡(生龍)이다.

<용맥(산줄기)>

유순하게 내려온 용은 직각으로 꺾이어 안착했으며 가장 지기(地氣)가 좋고 편안한 곳에 묘가 있다.

<직각으로 꺾인 용맥>

좌측과 우측 산의 다소 허한 곳은 나무가 빽빽이 심어져 있어 흉풍을 막기에 충분했으며, 안산(앞산)과 조산(안산 뒤의 산)은 가히 군왕의 자리라 불릴 정도로 조화를 이루었는데, 마치 탁상(안산)을 가운데 두고 군왕(묘)에게 신하(조산)가 고개를 조아리는 모습과도 같다.

<안산과 조산>

    살아서 받지 못한 군왕에 대한 영접과 예우를 죽어서는 영
원히 누리고 있으니 한은 없으리라.

3) 세종 왕자 한남군 묘역과 풍수설계

함양군엔 한남군(漢南君) 이어(1429~1459)의 묘가 있다. 세종의 12번째 아들이며, 혜빈양씨(惠嬪楊氏)의 소생이다. 단종 복위 사건인 계유정난에 연루돼 1456년(세조2) 함양으로 유배됐다. 한남군은 휴천 계곡의 새우섬에서 유배 생활 4년 만에 한 많은 생을 마쳤다. 이후 비문에 따르면 무덤은 1557년(명종 12)에 조성됐으며, 1713년(숙종 39)에 후손의 요청으로 예를 갖추어 다시 안장됐다고 한다.

<한남군 묘소>

상하기복과 좌우요동을 거친 용맥(산줄기)은 튼실하고 매끈하며 기품을 갖춘 생룡(生龍)이다. 태조산인 백두산으로부터 천리(千里)를 뻗어 내려온 용맥은 마침내 이곳 한남군 묘역을 최종 안착지점으로 잡았다. 묘역 양쪽은 물길이 지나가는 곳인데, 묘역의 생기가 흩어지지 않도록 하고 있으며 묘소는

생활 속의 풍수, 그 진리를 탐구하다

지기(地氣·땅 기운)가 응집된 곳에 제대로 자리를 잡았다. 본 신용호(本身龍虎·자신에게서 뻗어나간 청룡과 백호)로서 좌청룡(좌측산)은 청룡과 안산(案山·앞산)의 역할을 동시에 하고 있으며 우백호(우측산)는 묘역을 유정하게 감싸고 있다. 하지만 청룡과 백호가 낮아 묘소로 흉풍이 치기 때문에 곡장(曲墻·무덤 뒤에 둘러쌓은 나지막한 담)이 있는 것이 좋겠다. 낮은 안산이 흉풍을 완전히 막기에는 역부족인데, 비보(裨補·흉풍과 살기를 막음)의 일환으로 갓비석과 장명등을 묘소의 앞쪽 중앙에 둠으로써 묘소를 향해 치는 세찬 바람을 막도록 했다.

<한남군 묘역(묘소의 경계를 정한 구역)>

묘역에 세운 문인석, 동자석, 망주석, 상석, 장대석 등은 조선 시대 분묘의 석물 양식 연구에 큰 도움이 될 것이다. 특히 좌측 망주석에 새긴 다람쥐는 위를 보고 우측 망주석에 새긴 다람쥐는 아래를 보고 있는데, 남자는 하늘을 뜻하고 여자는 땅을 뜻한다고 볼 수도 있고, 좌측 다람쥐는 영혼(靈魂)이 묘소를 잘

찾아올 수 있도록 불을 켜러 올라가고 우측 다람쥐는 불을 끄고 내려온다는 뜻으로도 해석한다.

아무튼 망주석의 좌·우측에 새긴 다람쥐 머리 방향을 한남군 묘역처럼 제대로 된 위치에 두어야 한다. 음택(무덤)이 길지(吉地)에 있어야 하듯 양택(집이나 집터) 또한 공기 맑고 지기(地氣·터의 기운)가 좋은 곳에 있어야 한다. 갈수록 미세먼지에 의해 건강을 잃을 수 있다는 불안감이 심해지면서 전원에서 살고자 하는 사람이 늘고 있다.

실제 버스·택시 정류장 인근이나 공업단지 근처에 살면 미세먼지를 포함한 대기 오염 물질이 많이 발생해 폐암 발생 위험이 많게는 두 배 높아진다는 연구 결과도 있다. 최근 합천군 모처에 전원주택 부지를 감정하고 집안의 풍수설계를 한 적이 있었다. 전원에서 부지의 길흉을 감정할 때, 가장 중요한 것은 산등성이의 연장선상에 있어야 한다는 것이다.

이것이 옛말에 '산무조악래(山無祖惡來·근본을 갖춘 산이 아니면 악함이 온다)'를 중요시하는 이유다. 부지는 금성산(592m)을 진산(眞山)으로 하여 좌우로 요동을 치면서 힘차게 내려오는 근본을 갖춘 산이며, 앞쪽의 합천호가 부지에 생기(生氣)를 북돋우는 역할을 하고 있었다.

그러나 좌청룡에서 냉(冷)하고 세찬 바람이 부지를 향해 불어와 생기를 흩트리기에 '조산비보(흙과 돌로 작은 산을 만들어 흉풍과 살기를 막음)'를 하도록 했다. 주택의 향(向·집의 앞쪽 방향)은 높고 험한 암석이 있는 산과 '규봉(窺峰·숨어서 엿보는 앞산)'을 피해 부귀공명을 뜻하는 동남향의 일자문성사(一字 형상의 산)를 택했다.

<필자가 감정한 부지>

　부지의 용도는 주택도 좋지만 펜션, 식당, 암자, 기도원 등으로 사용하면 더 가치가 있을 것으로 보였다. 기실 의뢰인은 주택을 짓고 나서 펜션을 연이어 지을 예정이라고 했다. 부지는 측정 결과, 물이 내려오고 돌이 있는 곳과 좋은 흙이 있는 곳으로 분류됐는데, 돌은 모서리가 그다지 없는 화강암으로 길석(吉石)이어서 '수경시설(분수, 호수, 인공폭포, 벽천, 생태연못)'로 활용하도록 했다.

　부지에서 대문과 현관문 위치는 원활한 동선의 흐름을 파악한 다음 생기가 가장 왕성한 곳에 잡았다. 집 내부는 현관문 옆에 작은방과 화장실을 두게 했고, 안방은 가장 안쪽에 두도록 했으며 거실과 주방은 공기 순환이 잘 되게끔 마주 보도록 해 생기가 감돌도록 했다.

4) 흩어진 무덤을 한 곳에 모으면 흉할까

양택(산 사람이 거주하는 집)이나 음택(陰宅·무덤)이 '명당'이기를 바라는 마음은 누구나 똑같을 것이다. 하지만 그보다 우선하는 것은 '조금 부족한 점이 있는 터'라 할지라도 터의 성정에 맞도록 적절하게 사용한다면 명당 못지않은 복록(福祿)을 누릴 수 있다. 필자는 현장 감정을 하면서 '통계적인 분석'에 의한 최선의 결과물이 될 수 있도록 노력을 다 하지만, 아직까지도 말로 설명을 하지 못하거나 현상적으로 증명하지 못하는 부분도 있음을 부인할 수 없다.

명당에 의한 발복(發福) 또한 산 자나 죽은 자가 적선적덕(積善積德)을 해야만 가능하다고 믿고 있지만, 한편으로는 그렇지 않은 경우의 사례를 더러 보곤 한다. 하지만 자신의 영달만 생각하는 자에게는 흉지임에도 좋은 부분만 보는 우를 범하여 통곡하는 것을 종종 보곤 한다.

조선 중기의 명풍수였던 남사고(1501~1571)가 선친의 유골을 묻고 다음 날 가보면 흉지여서 무려 아홉 번이나 이장을 했다. 마침내 용이 구슬을 희롱하는 '청룡농주형(靑龍弄珠形)'의 명당을 찾아 하관을 하자 산역(山役)을 하던 일꾼 하나가 "오늘 달구소리는 제가 매기겠습니다."하고 달구소리를 매기는데 "남사고야, 남사고야, 청룡농주형으로 알았는데 소해익수형(小孩溺水形)이 웬 말인가. 어린 아이 물에 빠져 담방담방하는 것 모르느냐?" 하는 것이었다.

깜짝 놀란 남사고가 자세히 보니 어린 아이가 정말 물에 빠져 죽는 형국의 자리임을 확인하고는 그 자리에서 통곡을 했다하여 '구천통곡묘(九遷痛哭墓)'라 전해지며 이 또한 하늘의 뜻이라 여긴 남사고는 더 이상 이장을 하지 않았다고 한다. 이를 두고 '구천십장(九遷十葬·아홉 번 이장하고 열 번째 장사 지냄)'이라고도 한다. 일반인들이 묏자리를 구할 때, 열심히 발품을 파는 것도 중요하지만 '터'에 대해 지나친 기대를 하거나 욕심을 부리면 속절없이 시간만 보내면서 결국에는 그저 그런 자리를 택하게 되는 것을 허다하게 보게 된다.

묏자리의 길흉판단은 전문가의 조언을 구하는 것이 좋으나, 사정이 여의치 못하면 무덤이 많이 모여 있는 주변을 택하거나 계곡과 떨어진 산줄기나 그 아래에 안치하면 무해지지(無害之地)의 터는 된다.

<자연을 최대한 보존하여 조성한 공원묘원>

여기저기 '흩어진 조상무덤'을 한 곳에 모아서 정리를 하는 경우, 가장 가까운 촌수의 묏자리가 길하다면 그곳으로 모으는 것이 가장 좋지만 마땅한 곳이 없다면 화장(火葬)을 해서 평장

(平葬)으로 묘역을 조성하는 것이 좋다. 단, 평장을 할 때도 묘역과 연결된 산(鎭山·진산)은 골이 많거나 험한 바위가 있거나 계곡이 가까이 있거나 전순(氈脣·절 하는 자리)이 너무 좁은 곳은 안 된다. 일전에 자손이 없는 의뢰인의 돌아가신 작은 어머니 묏자리가 좋으면 흩어진 무덤들을 그곳으로 모으고 싶다하여 현장을 간적이 있었다. 직계존비속간이라도 자손이 없는 무덤은 방치하는 경우가 다반사인데, 묘역은 정갈했으며 곳곳에 정성을 들인 흔적을 보고 의뢰인과 그 가족의 착한 성품에 마음이 흐뭇했다. '복'은 쉽게 할 수 없는 일도 당연하게 여기면서 하는 사람에게 간다. 하지만 무덤의 상태와는 달리 무덤 위쪽의 '작은 주산(현무정)'은 세찬 바람으로 인해 크고 작은 골이 많았고, 흉풍으로 인해 색이 검게 변한 날카로운 바위가 무덤을 겁박하고 있었으며 작은 돌들은 불안한 상태로 여기저기 흩어져있기에 좋은 자리가 아니라고 했다.

다른 한 곳의 윗대를 모신 자리는 산중턱에 위치하고 있었는데, 바람이 없는 명당이라 해서 현장을 관찰해보니 계곡 주변에 쓴 무덤이어서 그곳 또한 이장해야만 하는 자리였다.

계곡 사이에 있는 무덤의 좌측산과 우측 산으로 인해 바람이 없는 것은 자명한 이치이지만 물이 스며들 수 있는 자리이며 냉기가 스며드는 곳이었다. 마지막으로 감정을 한 밭은 매장(埋葬)을 하기에는 좁은 면적이지만 화장을 하여 평장으로 쓰기에는 적당한 곳이어서 터의 기운이 좋은 곳을 지정해주고 무덤들을 안치하라고 했다. 밭은 흙의 상태가 매우 좋았는데, '흙은 기의 몸'이므로 '지기(地氣)'가 왕성한 터였기에 상석은 대표 상석만 설치하고 흙 둔덕(활개)을 쌓아서 바람을 막게 했다.

5) 친환경 자연장법

임학계의 큰 별이었던 김장수 고려대학교 명예교수는 대학 연습림에서평소 좋아하던 수종인 참나무에 묻혔으며, 법정스님의 분골(粉骨)은 전남 순천 송광사 불일암의 후박나무 아래에 산골(散骨) 했는데 이러한 수목장 실천의 예들은 자연보호림이 망자(亡者)들의 안식처가 될 수 있다는 사실을 국민들이 깨달을 수 있는 신선한 충격의 계기가 되었다.

현재 우리나라의 분묘 수는 2천만 기 정도인데, 한 기당 15평으로 어림잡아 계산하면 전 국토의 1퍼센트를 차지한다. 우리나라의 가용 지 면적이 국토의 4.7퍼센트인 점을 생각한다면 이는 실로 놀라운 면적이 아닐 수 없다.

또한 독자들의 이해를 돕기 위해서 이 면적이 전국 주택 면적의 절반에 해당한다고 하니 우리 조상님들은 우리 주거면적의 50퍼센트에 해당하는 땅을 점유하고 계신 것이다.

현대 수목장의 기원은 죽어서도 친구 곁에 머물고 싶었던 어느 영국인의 우정에서 비롯되었다고 한다. 스위스의 전기 기술자 윌리 자우터는 1993년 봄, 영국인 친구 마이클의 부음을 접하여 화장을 하고 남은 분골을 어디에 뿌려야 할지 고민하던 끝에 나무 밑에 뿌리는 방법을 떠올려 실행을 했으며 나무 한 그루를 심고 그 주변에 분골을 뿌리면 나무뿌리가 이를 양분처럼 빨아들이고 결국 소중한 친구는 나무가 되어 영원히 곁에 머물 것이라고 생각을 하게 되었다.

그 후 자우터는 취리히대학 법의학연구소로부터 주검을 태우고 남은 재에는 나무가 흡수할 수 있는 양분이 함유되어 있다는 사실을 통보를 받았으며 자신의 결정이 옳았음을 확신 했다고 한다.

2008년 5월 문을 연 국내 첫 국유 수목장림인 하늘숲추모원(경기도 양평군)은 55ha 야산에 조성 됐으며 수종으로는 소나무 · 굴참나무 · 잣나무 · 신갈나무 · 산벚나무등 2009그루를 골라 추모목으로 정했다. 수목장은 국유림뿐만 아니라 사유림에도 활성화 할 수 있는 방안을 지금보다는 좀 더 유연하게 강구해야 할뿐만 아니라 정부와 지방자치단체가 전담부서를 만들어서라도 국민들에게 홍보와 행사 및 강연 등을 적극적으로 하여 장례문화를 변화시켜야하며 필요하다면 혜택을 최대한 줄수 있는 제도적 장치도 마련해야만 할 것이다.

필자가 그래도 다행스럽게 생각하는 것은 한때 중국산 화강암으로 된 납골당을 설치하여 산천을 황폐화 시켰던 꼴불견이 뒤늦게나마 사라졌다는 것이다.

<밭에 설치한 대체로 양호한 납골당>

자! 서구처럼 수목장이 활성화 되려면 시간이 더 필요하지만 우리 국민이 어떤 국민인가! 조만간 국민 정서에 맞게끔 정착이 될 것으로 필자는 확신하는 바이다.

최근 필자에게 가장 의뢰를 많이 하는 장법(葬法)은 조상님들의 묘를 화장해서 분골(粉骨)을 일반 납골용기에 넣어 봉분에 모시고 후손들은 그 아래에 평장을 하는 것으로 이 또한 친환경적인 장법으로 가는 단계라고 볼 수 있다.

<모범 평장(平葬) 사례>

다만 일반 납골용기 보다는 옥수수나 밀 등 쉽게 썩는 재질로 만든 유골함을 사용할 것을 적극 추천하고 싶다. 위선(爲先)! 즉 나와 후손의 발복(發福)을 바라기 전에, 조상을 공경하고 지극한 효심으로 모시는 것이 마땅한 도리라고 생각한다.

우리나라의 명당은 과연 얼마나 되는지를 문의하는 사람도 많다. 그리고 명당을 구해달라고 필자에게 부탁하는 사람도 많다. 하지만 그러한 사람들에게 하고 싶은 말이 있다. 물론 명당은 있다.(우리나라의 공식적인 7대 명당 혹은 8대 명당만이 명당의 전부가 아니다.) 그러나 적선(積善)과 음덕(陰德)은 베풀지 못하더라도 위선(爲先.조상을 공경하는 마음)은 하기를 바란다. 최소한 그렇게 했을 때 자신에게 맞는 땅을 찾을 수 있게 될 것이 아니겠는가!

6) 조선의 8대 명당

중국왕조 평균수명이 150년인데 비해 조선왕조는 무려 500년을 이어왔는데, 그 대표적인 힘의 원천이 '선비정신'이라 볼 수 있겠다. 페스트라이쉬 교수는 선비정신이야말로 한국의 정체성을 대표하는 핵심요인이 될 수 있다고 힘주어 말한다.

서울대 규장각 관장을 지낸 정옥자 교수는 '선비정신'이란 자기 수양 위에서 공동체에 헌신하는 수기치인(修己治人)의 자세와 자신에게는 엄격하고 남에게는 관대한 박기후인(薄己厚人)의 태도, 인정과 의리, 이성과 감성의 조화를 이룬 품격이라며 오늘날 리더들에게 더없이 필요한 덕목이라고 했다.

한마디로 말하라면 '맑음의 정신'이라고 했다. '한국의 선비정신'은 오늘날 '강남스타일'과 공존하면서도 한국의 무한한 발전적 요인이 될 수 있는 새로운 각성의 촉매제이자 세계가 공유할 수 있는 선도적인 모델이 될 수 있다고 본다.

선비정신으로 충만한 조선의 8대 명당(明堂)을 살펴보면,
1)강원도 춘천 신숭겸장군 묘
2)경기도 안동김씨 김번 묘
3)충주한씨 한남공의 묘
4)전북 순창(광산김씨) 김극뉴의 묘
5)부산 부산진구(동래정씨 시조)정문도 공묘
6)경북 예천(동래정씨) 정사의 묘
7)경북 영천(광주이씨)이당의 묘
8)경북 고령신씨 시조 묘를 들 수 있다.

<정문도 공묘>

특히 조선의 8대 명당 가운데 제일로 여기는 이른바 '말 명당'으로 유명한 김극뉴선생의 묘소는 말의 머리 형상을 한 용마산이 서서히 내려와 앞으로 쭉 뻗은 능선 위에 위치하고 있다. 마치 말의 콧잔등역할을 하는 능선의 제일 앞부분이다.

이곳이 말의 콧구멍 자리인데, 달리는 말의 씩씩거리는 소리가 콧구멍에서 힘차게 나오므로 기(氣)가 응집된 혈처로 본다. 경남 창원시 북면의 천마산도 대단히 큰 기운을 내 뿜고 있는데 그 위세가 당당하고 웅장하여 상·하천리 마을주민들에게 좋은 기운을 항시 내뿜어 주고 있으며, 더욱이 천마산의 콧구멍부분의 능선 아래에 거주하는 주민들은 더 크고 길한 기운을 받을 것이다.

<경북 예천(동래정씨) 정사의 묘>

<정사 선생 묘비(墓碑)>

그런데 일설에 의하면 김극뉵의 묏자리는 본디 함양박씨 소유였는데, 박씨가 이 자리를 자신의 자리로 쓰려고 했었지만 이 자리가 천하의 명당임을 미리 안 딸이 묘를 쓰기 전날 밤새도록 물을 가득 부어서 마치 미리 판 광중에서 물이 나온 것처럼 보이게 하여 할 수없이 다른 자리를 썼다고 한다.

어쨌든 그 후 이 자리는 광산김씨의 후예인 김극뉵에게 돌아가게 되었고 외손이 복을 받는 조선의 대표적인 외손발복지지(外孫發福之地)로 유명한 곳이 되었으며, 광산김씨의 가문이 대대로 불같이 일어나게 되는 계기가 되었다.

광산김씨 문중을 부흥시킨 근원은 양천허씨(陽川許氏) 할머니인데 부친은 조선조 태종 때의 대사헌 허응(許應)이다. 남편은 고려 말에 문과에 급제, 검열(조선 시대에 예문관에 속하여 사초 꾸미는 일을 맡아보던 정9품 벼슬)을 지낸 김문이며 시아버지는 관찰사를 지낸 김약채이다. 열일곱의 젊은 나이에 남편을 여의자, 친정부모께서 가엾이 여겨 개가(改嫁)시키려 했으나 한사코 마다하며 갖은 구박과 고통을 감내하면서 유복자인 철산을 낳았고 훗날 철산은 좌의정 김국광과 참찬 김겸광 등을 낳으니 사계 김장생(沙溪 金長生)은 국광의 5세손이 된다. 그 후 후손들이 현달하여 광산김씨의 중흥을 이루게 하였으며, 김집, 김반, 김익희, 김만기, 김만중 등 조선조에 수많은 인물을 배출하였으니, 이 모든 것이 양천허씨 할머니로 인해 연유하였다. 조선시대를 거쳐 21C 현대사회는 음택(陰宅·묘지)풍수에서 양택(공동주택·전원주택·상가·공장 등)풍수로 점차 바뀌어가면서 '도시풍수'나 '도시건설에 풍수 입히기' 등의 자연환경을 응용한 풍수적 활용이 점차 늘어가고 있는 추세다.

또한 홍만선의 '산림경제'에서 "복축(卜築·터를 가려 집을 지음)을 계획하고 있는 사람은 경솔하게 살 곳을 결정할 수는 없다"고 하여 '터'의 중요성을 강조하였다. 지금부터라도 '자연과 상생하는 건물' '호흡하는 건물'을 지어서 건강한 삶을 영위해야 한다. 그러려면 바람통로, 물의흐름, 토양오염, 지리형태 등을 고려하여 인간과 자연환경과의 관계개선과 조화를 이룬 풍수건축을 해야만 할 것이다.

7) 살아서는 진천에, 죽어서는 용인에

'생거진천 사거용인(生居鎭川 死居龍仁)'의 대표적인 설화가 있다. 지금으로부터 4백여 년 전, 경기도 용인에서 화전을 일구며 살던 부부가 있었다. 어느 날 남편이 점심을 먹고 낮잠을 자던 중에 갑자기 하늘에서 천둥번개가 치면서 큰 바위가 굴러 떨어져 자고 있던 남편을 덮쳐서 그만 저 세상 사람이 되고 말았다.

혼례를 치른 지 1년도 되지 않은 남편의 시신 앞에서 아내는 '남편을 살려 달라'며 하늘을 향해 대성통곡을 하였다. 죽은 남편은 저승에서 아직 죽을 때가 안됐으니 다시 이승으로 가라 하여 자신의 몸에 접신을 하려하였으나 큰 바위 때문에 접신이 되지 않아 영혼이 떠돌게 되었다.

그 무렵 충청북도 진천에 살던 부잣집 아들이 사십이 안 돼 후사를 잇지 못하고 죽자, 혹시나 아들이 다시 살아날까 하는 마음에 장례를 일주일이 되도록 치르지 않고 있었다.

접신을 못하고 있던 용인 남편은 죽은 진천 남편의 몸에 접신하여 살아났으나 매일같이 진천의 아내와 어머니에게 자신은 '용인에 아내가 있다'는 말만 되풀이 하자 실제 그곳에 가보니 똑같은 사람이 있는 것이었다.

진천의 어머니는 용인의 아내를 데리고 진천으로 가서 진천 아내와 아들과 함께 행복하게 살다가 죽었다. 그런데 죽고 나서 용인아내의 아들과 진천아내의 아들이 서로 아버지의 혼백을 모시겠다고 분쟁이 일어나게 되었다. 명관으로 이름난 진천 군수는 "살아서는 진천에서 행복하게 살았으니 죽어서는 용인에 살라"는 판결을 내리자 용인아들이 혼백을 모셔가게 되었으며 이때부터 '생거진천 사거용인'이라는 말이 생겼다. 경기도 용인시 모현면 능원리에 일명 '쌍유혈(雙乳穴)'이라 불리는 두 묘가 나란히 있다.

<정몽주선생 묘>

고려 말의 충신인 포은 정몽주선생의 묘와 조선조 명재상인 저헌 이석형선생의 묘가 그것이다. 특히 정몽주선생의 나라를 위한 일편단심(一片丹心) 애국충절(愛國忠節)의 단심가(丹心歌)는 오늘날 국민은 안중에도 없고 오직 자신의 출세와 권력만 탐하는 정치가와 권력가에게 꼭 필요한 산 교훈(敎訓)이 되었으면 한다. 두 묘를 '쌍유혈'이라 불리기도 하지만, 후손 발복(發福)으로만 판단한다면 이석형선생의 묘가 단연 좋은 자리라고 볼 수도 있겠다.

이석형선생 집안에서는 조선시대 부원군 3명, 정승 8명, 대제학 6명, 판서 42명, 공신 4명, 청백리 2명, 문과급제자 120명을 배출하였다. 게다가 선조 때에 선생의 신도비를 찬(撰)한 4대손 문충공 월사 이정구 대제학(大提學)을 배출하면서 연안 이씨의 황금기를 맞이하였다. 이석형선생의 직계후손들이 벼슬을 많이 하게 되자 정몽주선생의 묘보다 더 명당이라는 설이 있는 것도 사실이다.

<이석형선생 묘>

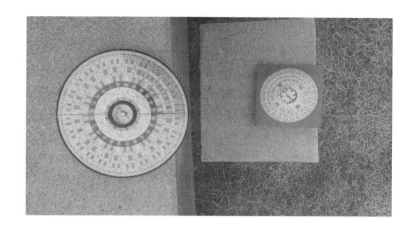

　같은 주산에서 뻗어 내려온 용맥(龍脈·산줄기)은 좌우요
동과 상하굴곡을 하면서 힘차게 전진을 하고 있다. 용맥의 봉
우리와 봉우리 사이의 고갯마루라 불리는 '과협(過峽)'이 뚜렷
하게 형성되어 혈처(穴處)가 있음을 가늠케 하는 증거가 되었
다. 이를 고서에서는 '진룡지과협다(眞龍之過峽多·혈을 형성
하는 참된 용은 과협이 많다)'라 한다. 정몽주선생과 이석형선
생 묘를 포함한 주변은 인작(人作·사람에 의해 꾸밈)으로 조
성한 부분이 많지만, 용맥이 직각으로 방향을 전환하면서 약간
차이를 보이고 있다. 두 묘의 가장 큰 차이점은 정몽주선생 묘
를 향한 용맥은 마지막 혈을 맺기 위해 방향을 틀었으나 튼 지
점 부근은 반발력으로 인해 두툼하게 살이 찌는 현상인 '귀성
(鬼星)'이 뚜렷하지 않는 반면 이석형선생 묘를 향한 용맥은
'귀성'이 뚜렷하다는 점이다.
　또한 정몽주선생 묘는 방향을 튼 후의 용맥이 묘소까지 변
화 없이 뻗어 가는 직룡(直龍)인데 비해 이석형선생 묘까지 도
달하는 용맥은 꽤 변화를 보이고 있다. 하지만 풍수적인 비교

분석에도 불구하고 지근거리에 있는 두 묘는 한 뿌리에서 나온 전형적인 '좋은 자리'임은 부인할 수 없다. 용인시는 빼어난 산세와 함께 맑은 물이 어우러져서 지기(地氣)가 좋은 까닭에 이름 있는 무덤이 많은 고장이지만, 역사가 숨을 쉬는 훌륭한 고장으로 잘 가꾸고 알려서 이제는 '생거용인'이 되는 양택(陽宅·산 사람의 거주 공간)의 명소가 되었으면 한다.

8) 파묘한 터를 다시 쓰다니!

경북 예천군 지보면에는 조선8대명당중의 하나인 동래 정씨 중시조 정사 선생의 묘소가 있다.

<정사 선생 묘소>

3남 정난종의 후손 중에 13명의 정승과 문과급제 123명, 소과 는 부지기수로 나왔다하니 명당임에는 틀림이 없다. 묘소 양옆 에는 작은 봉이 있는데, 자손의 발복(發福)이 적으면 봉분 양쪽 에 작고 둥근 봉을 만들어두면 발복한다고 하여 봉을 만들었을 수도 있고 좌청룡과 우백호의 감싸줌이 부족해서 흉풍을 막기 위한 비보(裨補)라고 볼 수도 있다.

<정사 선생 묘소 앞 전경>

묘소 감정의 정확도는 자연을 얼마나 이해하고 그 속내를 꿰뚫어 알아차리는가에 달려있다. 주산의 용맥(龍脈)인 산줄기는 확연하게 좌우요동을 하는 생룡(生龍)이지만, 계곡풍으로 인해 군데군데 주름이 많으며 산만하면서 결인속기(기운을 묶어서 모음)가 다소 부족했다.

<기복(起伏)하는 용맥>

또한 바깥 청룡 끝부분을 안산(案山·앞산)으로 하여 향(向)을 잡았으나 너무 낮고 요원하여 안산의 역할(흉풍과 살기를 막음)을 제대로 하지 못하였다. 그러나 당판(堂板·묘와 그 주변)은 균형과 조화를 이루었으며 묘소 앞의 전순(절하는 곳과 그 주변)은 넉넉하고 대명당(묘소 앞의 넓은 땅과 전답)은 웅장하기에 길지(吉地)임은 틀림이 없었다.

약포 정탁(청주 정씨) 선생은 명종13년(1558) 문과에 급제하여 6조 중 5조의 판서와 우의정과 좌의정을 역임했으며 시호는 정간공(貞簡公)으로 영의정에 증직되었다.

특히 난중에 충장공(김덕령장군)과 충무공(이순신장군)에 대하여 죄가 없음을 상소하여 구원함으로써 임진왜란을 승리로 이끄는데 큰 역할을 했다.

경북 안동시 풍산읍에 위치한 선생의 묘소는 마치 우뚝 솟은 돌혈(突穴)같았으나 전순도 적절히 갖추었으며 당판은 생기가 똘똘 뭉쳐져 어느 한 곳도 당차지 않은 데가 없었다.

<정탁 선생 묘의 당판>

<정탁 선생 묘>

용맥(산줄기)은 정갈하여 추한 데가 없으며 자신의 최종 목
적지를 향해 결인속기(기운을 모아서 묶음)와 함께 좌우요동
을 치고 상하기복을 하면서 내려가는 활기찬 생룡이었다.

<정탁 선생 묘를 향한 용맥>

묘소 좌측 산인 청룡과 우측 산의 백호가 취약해서 흉풍을
맞는 것과 안산이 다소 멀어서 흠이 되기는 하지만, 그 정도는

생활 속의 풍수, 그 진리를 탐구하다

충분히 극복할 능력을 갖춘 당판이었다.

　얼마 전, 경남 합천군 율곡면 모처의 '파묘 터(구광터)'의 후손들이 복록(福祿)을 누린다는 소문을 듣고 의뢰인의 부친을 '파묘 터'에 이장할 목적으로 감정요청을 받은 적이 있다. 만일 '파묘 터'가 '생자리(손을 대거나 건드린 적이 없는 자리)'보다 좋은 이른바 '명당'이나 '명당에 가까운 자리'라면 다시 쓰더라도 문제될 것은 전혀 없다. 그러나 한번 쓴 자리에서 1자 정도 더 파서 안치해야 '생자리'나 다름없게 되며 이미 팠던 자리가 5자가 넘는다면 더 파서는 안 된다. 만약 5자가 안된다면 5자가 되도록 파서 안치하면 된다. '파묘 터'의 주산(뒷산)에서 뻗어 내려온 용맥(산줄기)은 좌우로 움직임이 있고 지저분한 골이 없으므로 생룡임은 틀림없었다.

<필자가 감정한 터의 좌우요동하는 용맥>

　당판의 기운을 측정한 결과 주산을 바라보는 방향에서 우측의 1/2은 땅속에 수맥과 험한 돌이 많았지만, 좌측 1/2은 '흉한 파'가 전혀 없는 좋은 터였다. 좌측이 상하로 3기의 묘가 있다

가 파광(破壙·구덩이를 팜)한 자리였다. 안산이 너무 요원하여 흉풍이 치는 것이 흠이었으나 지기(地氣)를 손상시키지는 않았다. 또한 안산과 파묘 터 사이에 넓은 폭의 고인 듯이 흐르는 큰물(황강)이 있어서 '가까운 안산'으로서의 역할을 잘 하고 있다.

<황강>

경남 합천군 덕곡면 모처에 있는 무덤 2기를 감결(勘決·잘 조사하여 결정함)한 적이 있었다. 의뢰인의 부모 묘소는 용맥이 퍼져있어서 작은 기운이 힘차게 내려오는 그야말로 '무득무해(無得無害·득도 없고 해도 없음)'한 '터'로써 보통의 자리였는데, 묘소의 좌우로부터 흉풍을 심하게 맞고 있어서 작은 청룡과 백호의 역할을 할 수 있는 나성(羅城·흙둔덕)을 쌓도록 했다. 작은 상석만 있기에 다른 석물을 두어도 전혀 해가 없는 자리라고 했으며 묘소 앞의 여기(餘氣·최종 남아있는 기운)가 있는 전순이 짧아서 앞쪽의 흙을 성토하여 전순을 넓히도록 했다.

9) 장법의 견해는 달라도 효심은 같더라

필자의 부친을 국립대전현충원으로 이장(移葬)한지도 어언 이십년이 지났다. 지난 주말에 현충원에 안치된 부친을 뵙고 나서 매번 하던 대로 최규하 전 대통령묘역을 시작으로 장군, 애국지사, 장교와 사병묘역을 둘러봤다. 참고삼아 말하면 사병과 대령까지의 묘역 면적은 3.3㎡(1평)이며 장군과 애국지사는 26.4㎡(8평), 대통령은 264.4㎡(80평)정도 된다.

<국립대전현충원 사병묘역>

2005년까지 사병과 위관급 이상의 묘역 면적은 같았지만, 비석과 상석의 크기는 약간 차이가 있었으며 2006년부터는 비석의 가로세로의 길이를 30㎝ 76㎝, 상석의 길이를 55㎝ 72㎝로 통일시켰다. 관계자의 말에 의하면 장군과 애국지사의 향후 매장 예정 수는 각각 대략 100여기로 면적이 소진되고나면 사병부터 장군 및 애국지사까지 모두 화장(火葬)해서 3.3㎡(1평)의 면적에 안치한다고 한다.

필자가 그동안 나라를 사랑한 '마음의 무게'는 같은데도 '사병과 장군묘역의 면적에 대한 차별화'를 둔 것에 대해 문제점을 꾸준히 제기했었지만, 조만간 '차별화'가 없어진다고 생각하니 벅찬 감동이 밀려왔다.

<국립대전현충원 장군묘역>

장성급 인사 중에서 최초로 사병묘역에 안치된 故 채명신 장군은 병상에서도 사랑하는 부하들 곁에 묻히고 싶다는 말을

자주 하였다. 장군의 유언에 따라 3.3㎡(1평)의 사병묘역에 함께 안치된 그를 후세의 사람들은 훈훈한 마음으로 기억할 것이다. 서울의 공무원 시험 준비생 중에 형편이 괜찮은 일부는 오피스텔에 머물지만, 대부분은 3.3㎡(1평)짜리 고시원에서 생활한다. 1598년(선조31) 임진왜란이 끝나갈 즈음 조선과 명나라 연합군은 경남 사천시 용현면에 위치한 선진리성을 차지하고 있던 일본군과 격전을 벌였다.

싸움 도중에 아군 진영에서 탄약상자가 폭발하여 전열이 흐트러지자 성안에 주둔한 일본군의 기습을 받고 조·명 연합군은 많은 사상자를 내게 되어 후퇴를 했다. 일본군은 전사한 시체의 귀와 코를 베어 일본으로 보내고 시체의 목을 베어 한데 모아 무덤을 만들었다. 그것이 바로 조선·명나라군의 무덤인 '조·명군총(朝·明軍塚)'이다.

본래 무덤은 선진리성 앞에 있었으나, 심한 악취 때문에 현재의 장소로 옮기게 되었다. 무덤은 사방 36m의 정사각형으로 약 400년 동안 방치된 채로 있다가 1983년에 지역민이 중심이 되어 정비하였다. 전몰(戰歿) 386주기가 되는 이듬해에 위령비를 세우고 매년 음력 10월 1일에 죽은 영혼들을 위로하며 제사를 지내고 있다.

'조·명군총'의 사방은 트였지만, 무덤 뒤와 옆은 곡장(曲墻·무덤 뒤에 둘러쌓은 나지막한 담)을 두르고 앞은 사당(祠堂)을 세워 바람과 흉살을 막으며 숭고한 정신을 기리니 이곳이 '명당'이 아니라고 누가 말할 수 있겠는가.

<조, 명군총>

다만 명나라의 군사가 조선으로 들어올 수밖에 없도록 한, 그리고 왜군으로 하여금 조선의 산천을 '피'로 물들게 하고 '정기'를 끊어버리게 한, 치욕의 역사를 되풀이해서는 안 될 것이다. 최근 경남 사천시 모처의 '묏자리'에 대한 감정의뢰가 있었다.

미리 정한 자리를 감결(勘決·잘 조사하여 결정함)하기에 앞서 주산(묏자리의 뒷산)의 용맥(龍脈·능선)을 확인해보니 '좌우요동'을 치는 생룡(生龍)이었으며 토질은 잔돌이 많이 박혀있지도 않고 고랑도 없는 단정한 형상의 견고한 흙이었다.

이를 가리켜 '견토인강, 약토인유(堅土人强, 弱土人柔·땅이 강하면 후손이 강하고, 땅이 약하면 후손도 약하다)'라 한다. 형제들은 돌아가신 부친이 안치된 공동묘지에 향후 모친을 모셔야할지, 납골당에 모셔야할지, 매입한 터에 모셔야할지 고민을 했으나 감결한 터가 '길지(吉地)'라고 하자 매입한 터에 모시기로 최종 결정을 했다.

필자가 '길지'라고 한 묏자리는 '지처은복, 무유거의(止處隱伏, 無有去意 · 머무는 곳은 차분히 엎드려서 가고자하는 의사가 없어야 한다)'한 곳이었다. 형제들의 의견이 모아져서 평장(平葬)으로 가족묘원을 조성하기로 했는데, 흙이 단단하여 건수(乾水 · 빗물)가 광중(무덤의 구덩이)에 들어가면 빠지지 않으므로 각별히 신경을 쓰라고 했다.

　　상석은 '대표상석'만 하게 했으며 묘역을 향해 바람이 치는 곳에는 '가족묘원'이란 글자를 새긴 '표시석'을 두어 흉풍을 막도록 했다. '좌향(坐向 · 묏자리의 방위)'은 자좌오향(子坐午向 · 남향)으로 하여 노적봉(露積峰 · 쌀가마를 쌓아놓은 것 같다하여 부귀를 뜻함)을 바라보게 했다.

10) 창성부원군 조민수의 묘

　고려 말기의 무신인 조민수(미상~1390년)는 본관이 창녕이다. 고려 말 왜구와 홍건적의 침입을 물리치는 데 큰 공을 세웠으며, 문하시중(門下侍中)을 비롯한 여러 관직을 두루 지내고 '창성부원군'에 봉해졌다. 1388년 이성계와 함께 위화도에서 회군함으로써 우왕을 폐하고 창왕을 세우는 데 중요한 역할을 했다. 하지만 1389년 이성계 일파의 세력에 밀려 창녕으로 유폐되었다.

　묘의 주산(主山·뒷산)은 물결모양의 수형(水刑)산으로 학자를 배출하는 산이다. 주산의 능선을 따라가 보니 꽤 많은 사람(일반인이나 풍수학인)이 다녀간 흔적이 있었으며, 묏자리 풍수를 연구하기에 안성맞춤인 곳이었다. 용맥(龍脈)의 형세가 비루하거나 초라하지 않으며 상하로 움직임이 활발하고 좌우로 요동을 치고 있으니 생룡(生龍)이 틀림없다.

<창성부원군 조민수의 묘>

생룡이란 주변의 바람과 물이 적절하게 능선에 변화를 가하여 형성된 '생기를 머금은 땅'을 말한다. 혈이 맺어지도록 차분히 살을 벗었으며(박환), 이것을 '성필이박환위귀(星必以剝換爲貴 · 산은 반드시 박환 되어야 귀함이다)'라 한다.

봉우리와 봉우리 사이의 고갯마루는 과협(過峽)이라 하는데, 혈처(穴處 · 좋은 묏자리)를 찾기 위해서 과협은 반드시 존재해야 한다. 또한 산은 솟았다 가라앉기를 반복하면서 점차 바뀌어 가는데, 변화되어가는 산의 형상은 한 치만 높아도 산으로 본다.

조민수 묘의 과협은 뚜렷하게 그 존재를 확인 할 수 있었으며 사이사이에 박힌 돌은 용세가 강함을 알 수 있는 증표로 볼 수 있었다. 좌청룡(좌측 산)과 우백호(우측 산)는 대체로 안정된 형세로 '묘'를 향해 부는 바람을 막고 있으며 묘 앞의 안산은 멀리 있는 바깥 백호를 향한 것이 흠이었으나, 대체로 차분하고 안정적인 형상을 취하고 있었다.

묘 아래의 2단까지 둘레돌을 쌓았는데, 둘레돌과 공생하는 '지의류(이끼류)'의 상태로 볼 때 주변 공기가 매우 청정함을 알 수 있었다. 묘는 화려하진 않았으나 차분함을 갖추었고 '고려문하시중'이라고 쓰인 비석은 봉분을 향해 바람이 치는 곳에 적절하게 세워둠으로써 봉분의 피해를 최대한 줄였다. 옛사람들은 석물(비석, 장명등, 문인석 등)을 설치할 때에도 봉분에 해를 끼치는 바람과 물의 방향을 감안하는 지혜가 있었다.

묏자리는 매우 좋으며 좌향은 술좌진향(戌坐辰向·동남향)이다. 참고로 묘 주변의 바람과 빗물의 유입을 막기 위해 심는 나무로는 백일홍나무(배롱나무), 소나무, 회양목, 향나무, (황금)측백나무 등이 무난하다. 얼마 전 경북 김천시 모처에 쌍분(雙墳)을 한 의뢰인의 부모 묏자리에 대한 길흉을 알고자 감결 의뢰를 받은 적이 있다.

묘는 뒤쪽이 산으로 바로 연결된 곳이 아니어서 언뜻 보면 '산의 근본이 없는 곳'으로 볼 수 있는 곳이었다. 하지만 뒤쪽의 주산이 직각으로 꺾이면서 산줄기가 내려온 곳으로써 이와 같은 형태를 횡룡이라 하는데, 묘의 뒤쪽에 방향 전환을 한 증거인 귀성(鬼星)이 있어서 근본을 갖춘 묘소였다. 그러나 뒤에서 부는 바람을 막기에는 역부족이었기에 나무를 심고 흙 둔덕(곡장)을 쌓도록 했다.

'묏자리와 주변'의 지기(地氣·땅의 기운)가 좋은 이유는 묘의 좌우로 물이 내려와서 합수(合水)됨으로 인해 터의 기운을 뭉쳐주기 때문이었다. 비록 좌향은 약간 틀어져있지만, 터의 기운이 좋았기에 '묘를 쓰고 나서 집안이 발복하였다'는 의뢰인의 말에 공감을 표할 수 있었다.

경남 창원시 모처에 부친의 묘에 대한 길흉을 알기 원하는 의뢰인이 만일 자리가 좋다면 차후에 모친을 옆에 모시고자 하였다. 주산은 험하고 가파르며 묘의 바로 뒤에는 뜬 돌(2/3정도가 지면 위에 있는 돌)이 도처에 널려있었다. 좌청룡과 우백호는 없어서 바람에 무방비상태였고 절을 하는 자리인 전순(氈脣)은 너무 좁아서 좌불안석(坐不安席)이었다. 이러한 곳을 '산청인수 산탁인우 자연지리(山淸人秀 山濁人愚 自然之理ㆍ산이 맑으면 사람이 수려하고 산이 탁하면 사람 또한 어리석은 것이니, 이것이 자연의 이치이다)라 한다.

의뢰인에게 최대한 빠른 시일 내에 '이장'을 하거나 마땅한 터가 없다면 화장(火葬)을 해서 평장으로 모셔야 한다고 했다.

11) 성군 세종대왕

조선조 제3대 임금인 태종은 원경왕후(元敬王后)인 민씨와의 사이에 양녕·효령·충녕·성녕의 네 아들을 두었는데, 막내아들 성녕대군은 어려서 세상을 떠났다. 왕위는 응당 양녕대군의 차지였으나 양녕은 왕위에는 뜻이 없고 시서와 풍류만을 즐겼다. 그러자 태종은 학문을 좋아하는 셋째아들 충녕대군에게 왕위를 물려주었다.

이분이 조선개국이래 가장 큰 업적을 남긴 세종대왕이다. 세종대왕보다 두 살이나 많았던 소헌왕후는 세종28년 8대군 2공주를 낳고 52세의 나이로 승하했는데, 세종은 왕비의 능을 헌릉(獻陵·서울시 서초구 내곡동 대모산 아래에 있는 부왕인 태종의 능) 서쪽 언덕에 자리 잡고, 자신의 수릉(壽陵·임금이 늙기 전에 미리 준비해 두는 무덤)으로 삼았다.

신하들이 헌릉 곁은 풍수적으로 흉하다고 반대를 하였으나, 부모 곁에 영면하려는 세종의 주장이 워낙 완강하여, 할 수 없이 하나의 봉분 속에 부부를 합장하되, 석실은 둘로 나누어 조성하는 합장릉의 형식인 동분이실(同墳異室)로 하였다.

세종대왕은 54세에 승하하기까지 소헌왕후 사이에 8남2녀를 두었다. 첫째가 문종이요 둘째가 수양대군(세조)이다. 광평·평원대군은 일찍이 죽고, 안평·임영·금성·영응대군에 딸은 두 명 중 정의공주만이 성장해 혼례를 올렸다. 이어 세종은 신빈 김씨 사이에 6남, 혜빈 양씨와는 3남, 숙원 이씨와는 1여, 상침 송씨와는 1여, 그리고 마지막 궁인 강씨와의 사이에 1남을 두어, 모두 22명의 아들과 딸을 두었다.

<세종대왕과 소헌왕후 합장릉>

<영릉 안산 전경>

낮에는 정사(政事)에 힘써 나라를 부강하게 만들고 밤에는 방사(房事)에 힘써 자손을 번성시켰으니 누가 세종을 성군(聖君)이라 하지 않을 것인가? 1450년 세종이 승하하여 영릉에 안치된 후부터 조선 왕실에는 크고 작은 변고가 연속해서 일어났다.

세종을 이어 용상에 오른 문종은 재위 2년 만에 종기로 승하하고, 단종은 재위 3년 후에 사약을 받아 죽고, 세조는 재위 13년 만에 지병으로 죽고, 예종은 재위 1년 만에 승하했으니 19년 동안 무려 4명의 임금이 바뀌었다.

마침내 1468년 예종은 상지관인 안효례에게 (구)영릉의 터가 흉하니 능을 옮길만한 천릉(遷陵) 장소를 물색토록 하여 (구)영릉을 오늘날 여주에 천장하게 되었다. 대명당인 여주에 천릉을 한 후, 조선의 국운이 100년을 더 하였다고 하여 이를 두고 영릉가백년(英陵加百年)이라 하였다.

왕릉의 경우 외관을 석물로 치장한다. 왕릉은 왕권을 상징하므로 권위를 나타내기 위한 방법이었다. 석물로 외관을 치장할 때, 명심해야 하는 것은 외부의 눈 또는 빗물 등이 광중(壙中·시체가 놓이는 무덤의 구덩이 부분)에 스며들지 않도록 하는 것이다. 현대에 사용하는 둘레석과는 그 크기나 축조방식자체가 다르다. 육중한 돌이 내려앉으면서 외부의 물이 광중으로 흘러드는 것을 방지하기 위하여 왕릉은 첫째, 둘레석의 원을 크게 두른다.

둘째, 돌의 기단부를 설치하여 하중을 분산시킨다. 셋째, 광중 전체에 강회를 사용하여 지반을 견고하게 만든다. 현대의 석물설치 방식은 2~3년만 지나도 금이 가고 허물어지는 것에 반하여 왕릉은 500년이 지나도 그 원형을 그대로 유지하고 있다. 그 이유는 정성과 기술이 다르기 때문이다. 70년대에 둘레석과 석관이 유행하다가 후손들에게 나쁜 영향을 미친다고 하여 대부분 사라졌는데, 석물설치는 장사주관업체가 단지 돈을 벌기 위한 끼워 팔기식의 장사에 불과할 뿐이다. 더군다나 공원묘원의 모든 무덤은 석물로 치장을 해야만 계약이 가능한 곳이 대부분인데, 이러한 병폐는 하루속히 없어져야만 한다.

　석물설치는 묘지조성에 비용이 많이 추가되고 무덤 안으로 물이 스며들 수 있으며, 산이 자연스럽게 원상복구 되지못하게 한다. 또한 놀랍게도 공원묘원의 경우 광중의 깊이를 60㎝정도만 파고 흙을 덮어버리는데, 십중팔구 내부로 물이 스며들어가게 되어 있다. 광중의 깊이는 최소 1m이상 파야만 한다. 이래도 호화찬란한 석물로 치장하고 무덤 안에는 물이 스며드는지도 모른 채, 할 도리를 다했노라고 큰소리를 칠 것인가!

12) 나의 뿌리는 없는가?

도시 근교에 산이나 논 등을 매입하여 아파트를 짓는 곳이 많다. 이른바 친환경적인 공동주택의 건설로 쾌적한 삶을 누리기 위한 목적이다. 그런데 토지보상금액이 마치 로또복권에 1등으로 당첨된 경우처럼 어마어마한 돈을 쥐게 되는 이들이 꽤 많이 생긴다.

소꼴을 마련할 목적으로 헐값에 산 계곡근처의 길도 없는 땅을 엄청난 가격으로 보상을 받는가 하면, 묘를 이장(移葬)하는 조건으로 막대한 돈을 거머쥐면서 인생역전을 하는 사람도 있다. 그러나 자신의 그릇에 넘치는 행운은 자칫 잘못하면 오히려 모든 것을 잃는 시발점이 되기도 한다.

필자의 주변에도 큰돈을 받고서 '고생 끝, 행복시작'이라 생각하면서 기뻐하다가 병으로 갑작스레 운명하는 이들을 보면, 안타까움을 넘어서 화가 나기도 한다. 고생 끝에 낙이 왔으면 좀 누리다가 가도록 하면 좋을 텐데, 하늘은 둘 다를 주지 않으니 화가 난다는 것이다.

요사이는 조상 묘에 대한 보상을 받으면 화장(火葬)을 해서 흩뿌리는 것을 흔하게 본다. 조상으로 인해 복을 받았으면, 화장을 하는 것은 시대 흐름을 감안할 때 수긍이 가지만, 산골(散骨 · 화장 후 산이나 강 등에 뼈를 뿌리는 것)은 진지하게 생각하고 결정해야 한다.

간혹 당시에는 정신이 없는 상태에서 주변의 권유로 산골을 했지만, 두고두고 마음에 걸려 후회하는 것을 보면 안타까움을 금할 수가 없다. 장경의 기감편(氣感篇)에 인수체어부모 본

해득기 유체수음(人受體於父母 本骸得氣 遺體受蔭)이라는 구절이 있다. '조상이나 부모는 자손들의 본원으로서 나무의 뿌리와 같다. 자손들은 뿌리에 근원을 두고 자란 나뭇가지와 같이 부모나 조상으로부터 연유되어왔다.'는 뜻이다. 물론 부모가 산이나 강에 뼈를 뿌려주기 원한다면 문제가 다르지만, 그렇지 않고 묘를 옮겨야 하는 부득이한 사정(도로가 생기거나 아파트 건축 등의 개발행위로 인한 경우)이 생기면 화장을 하여 자연장법으로 묘역을 조성하는 것이 후손의 도리가 아닌가 생각한다.

<정원장>

그러나 좋은 터를 구해 이장을 하거나 화장을 하여 조상을 지극정성으로 모시는 이들도 적지 않다.

그런데 무덤과 관련된 상담을 받은 의뢰인들은 전문가로부터 설명을 듣고 나서도 간혹 이해가 안 되는 부분이 꽤 있을 것이다. 그렇다고 상세하게 설명을 다시 들어도 이해가 안 되는 것은 매일반인 경우가 많을 것이다. 참고로 흉한 시신의 대표적인 상태는 광중(壙中·시신이 놓이는 무덤의 구덩이 부분)에 나무뿌리가 시신을 휘감고 있는 목렴(木廉), 바람을 맞아 시신이 검게 되는 화렴(火廉), 시신이 물에 잠겨 있거나 질퍽한 곳에 있는 수렴(水廉) 등이 있는데, 특히 이 중에서도 수렴이 대부분을 차지한다고 해도 과언이 아니다.

조상의 묘에 물이 있거나 물이 스며들어 와도 고이지는 않지만 광중이 질퍽질퍽한 상태이거나 수맥(水脈)이 있는 것을 알게 되면 후손들의 마음이 불편하리라는 것은 명약관화한 일이다. 광중에 물이 드는 80%정도가 장법(葬法)을 제대로 하지 않음으로 인해 지표수가 침투하는 것이며, 그 나머지는 지하수의 유입으로 볼 수 있다. 과거에는 사람이 직접 땅을 파고 3~4회 달구질을 통해 공극을 줄이며 강회를 사용한 후, 봉분과 광중간의 간격을 넉넉히 두어서 물 스밈을 방지했지만, 오늘날은 굴삭기로 시작해서 굴삭기로 마감을 하다 보니 자칫 실수를 하면 건수(乾水·빗물이나 눈 등)가 들어가게 된다.

건수의 경우 서서히 침투하기 때문에 토질에 따라 차이는 있지만 냉기로 인해 10년이 지나도 육탈이 되지 않을 수도 있고, 토질의 특성에 따라 광중의 흙이 질퍽한 상태로 있거나 물이 차 있을 수도 있다. 또한 수맥(지하 8m~40m 사이의 물길-泉水)의 유무가 반드시 광중에 물이 있는 것을 뜻하는 것은 아니며, 광중 (1m~2m사이)에서 물이 나오는 천수의 경우와 수맥파로 인한 경우의 두 종류로 나누어서 판단해야 함을 유의해야 한다. 간혹 광중에 물이 있음을 빌미로 자신들이 보유한 토지를 명당으로 둔갑시켜 고가로 매입하도록 하여 이장(移葬)을 권하는 후안무치한 짓을 하는 자들을 본다. 자연은 결코 인간을 속이지 않는다.

13) 매장과 평장의 올바른 인식

　종중산에 흩어져 있는 조상 묘를 화장(火葬)하여 자연장의 일종인 평장(平葬)으로 함께 모시는 경향이 날로 늘어가고 있다. 그러나 형제끼리 의견이 맞지 않아 평생 원수지간이 되는 경우도 간혹 볼 수 있다. 함께 모시되, 화장은 절대 불가하며 비록 백골이 진토가 되었지만 흙만이라도 이장(移葬)하기를 고집하는 분들과 현대의 장법 추세에 호응함과 동시에 후손들에게 무거운 짐(봉분과 주변을 관리하는 일)을 넘겨주는 것이 싫어서 화장을 고집하는 분들 간의 다툼이 원인이 되는 경우가 많다.

<사진은 모범 평장으로 참고용임>

　평장을 한다 해도 땅이 있으면 조금 덜 하지만, 그렇지 않은 경우에는 땅 구입과 묘지조성에 드는 비용이 만만치 않기 때문

에 자신들이 죽기 전에 조성을 하고 싶은 마음은 굴뚝같지만 차일피일 미루는 경우가 허다하다. 화장을 고집하는 이들 중에서 어느 누가 조상을 화장하여 모시는 것을 반기겠는가마는 좁은 땅덩어리와 갈수록 고령화되어 가는 추세, 그리고 자신들처럼 후손들이 묘(墓)를 잘 관리할 것이라는 기대를 할 수 없기 때문에 차선책을 선택하는 것이다.

화장을 한 후 평장을 할 때는 제일 상단 왼쪽부터 오른 쪽으로 이동하고, 아래로 내려오면서 안치를 하면 되지만, 일정한 규정은 없기 때문에 혈(穴)을 보호하기위해 좌청룡, 우백호, 전주작, 후 현무가 있는 것과 같이 중앙에 제일 큰 어른을 모시고 그 주변을 둘러가면서 마치 제일 큰 어른을 보호하듯이 안치하는 방식도 무방하다.

석물(石物 · 무덤 주변에 설치하는 돌로 만들어 놓은 여러 가지 물건)은 상석, 와비, 장대석, 걸방석, 북석, 사구석, 망주석, 장명등, 향로석 등 많은 종류가 있지만 모두 갖추려면 비용이 한도 끝도 없이 많이 들기 때문에 꼭 필요한 석물 외에는 설치하지 않는 것이 좋으며 자칫 너무 많은 석물로 인해 땅이 몸살을 할 수도 있음을 알아야 할 것이다.

'산 자'의 만족감과 과시를 위해 '죽은 자'가 피해를 입어서야 되겠는가! 가장 중요한 것은 매장을 하든, 화장을 하든, 조상을 생각하는 마음과 '예'를 다하는 것과 생기(生氣)가 있는 '길지' (吉地)를 선택하는 것이다. 동기감응(同氣感應 · 생기가 있는 터에 조상이 안치되면 후손에게 생기가 그대로 이어져서 복을 받음)의 가능여부는 백골만의 문제가 아니라 혼백까지 고려해야 한다고 봐야 하므로 지기(地氣)를 받을 수 있는 곳이라면 화장을 해도 아무런 문제될 것이 없음을 강조하고 싶다.

14) 어라? 무덤의 멧돼지 퇴치법

매장(埋葬)이든 화장(火葬)이든 자손들의 조상에 대한 예를 다해야함은 장법(葬法)이나 제사(祭祀) 및 묘지관리 등에 모두 해당될 것이다. 그러나 여기저기 묘지를 방치하여 흉물로 둘 바에는 화장을 해서 한 곳에 자연장으로 안치하는 것도 좋을 것이다. 제사를 지내는 것에 대해 '조상(귀신)을 섬긴다.'는 부정적인 측면으로 받아들일 수도 있지만, '나'란 존재가 조상으로부터 연유됨으로 '감사하다'는 의미로 생각하면 어떨까 한다.

화장을 하면 동기감응(同氣感應 · 묘의 좋고 나쁨에 따라 후손들에 미치는 영향))을 주는가에 대한 부분은 앞으로 통계자료의 분석을 통해 밝혀야하는 과제이기도 하지만 '영혼은 존재한다.'는 쪽에 무게를 더 두고 산다면 갈수록 험악해지는 세상에 자그마한 경종을 울릴 수 있지 않을까 한다.

풍수지사가 혈 자리 못지않게 장법(葬法 · 장사를 지내는 방법)을 중요시 하는 것은 광중(壙中 · 무덤구덩이)에 빗물(乾水)이나 녹은 눈 등이 스며들어 물이 차는 것이 대부분 장법의 문제로 인해 발생하기 때문이다. 그래서 당판(堂板 · 묏자리를 포함한 기운이 응결된 주변)을 조성할 때, 평지로 하는 것보다 경사를 줌으로써 빗물이 고이지 않게 하는 것이 현명한 방법이라 하겠다.

하지만 성토(盛土 · 흙을 쌓음)를 하고나서 경사를 주게 되면 토질(土質)이 약해서 의미가 없기 때문에 생토(파헤친 적이 없는 원래 그대로의 땅)일 때 무덤을 포함한 주변 땅의 조성을 잘 해야만 한다. 그리고 석관이나 봉분을 두르는 둘레돌은 광중에 물이 스며들게 하는 원인이 될 수 있으므로 되도록 설치하지 않는 것이 좋으며, 석물(무덤 주변에 돌로 만들어 놓은 여러 가지 물건) 또한 그러하다.

<옛무덤으로 봉분이 넓어 둘레돌을 해도 해(害)가 없음>

요사이는 멧돼지나 두더지 등의 산짐승으로 인한 무덤의 훼손이 워낙 심하다보니 둘레돌을 설치하는 경우가 많다. 둘레돌의 설치가 큰 효과를 볼 수는 없지만 만일 설치하려면 봉분을 광중에서 가능한 한 멀리 떨어지게 하여 넓게 조성해야 한다.

둘레돌을 설치할 경우 봉분의 높이는 문제가 되지 않으나 봉분의 폭이 작으면 십중팔구 광중에 물이 들어간다. 최근 멧돼지를 비롯한 두더지 등의 산짐승을 퇴치하려고 혹자는 전기철조망을 두르는데, 자칫 인명피해가 발생할 수 있으므로 절대 설치해서는 안 된다. 필자의 경험에 의한 최선의 퇴치방법은 무덤 주변에 '좀약'을 뿌리고 가시철조망을 두른 후, 냄비나 플라스틱 용기 등을 걸어두면 좀약의 냄새와 요란한 소리로 인해 멧돼지나 두더지 등의 접근을 막는데 큰 효과를 볼 수 있다.

하지만 무덤을 포함한 주변에 막걸리를 붓거나 과일 등, 음식물을 두고 오면 오히려 산짐승을 부르는 격이 된다. 묘(墓)풍수에서 가장 문의가 많은 것은 화장을 한 후, 유골함의 선택과 안치는 어디에 하는 것이 좋은가와 무덤관련 일에 대한 것이다. 유골함은 도자기나 향나무상자보다는 오동나무상자를 사용하는 것이 가장 좋은데, 빨리 분해되어 자연으로 돌아갈 수 있기 때문이다.

만일 땅속에 안치할 때, 나무상자를 빼고 골분(骨粉 · 뼛가루)만 넣는 경우에는 한지에 골분을 싸서 그 위에 흙을 덮고 하박석(봉분 대신 얹는 돌)을 올려놓거나 사각 봉분을 하면 되며, 단 나무상자에 넣을 경우는 둘레돌은 설치하지 않는 것이 좋다.

지방마다 방식이 다소 차이는 있지만 대체로 골분을 나무상자에 넣는 경우에는 광중 내에 생석회를 사용하여 곽을 만들면 봉분의 꺼짐이 없어 평장묘도 무난하며 회를 사용하지 않을 경우에는 하박석을 올려놓거나 사각봉분을 하면 꺼짐을 방지할 수 있다.

무덤관련일은 동총운(動塚運)이라 하여 이장(移葬)이나 사초(莎草 · 봉분에 흙을 보충하거나 잔디를 입히는 일), 그리고 입석(立石 · 돌을 설치함)등을 하는 시기를 말한다. 직계존비속(조상으로부터 직계로 자기까지 내려오거나 자기로부터 직계로 내려가는 혈족)은 보거나 직접 일을 해도 무방한가와 언제 할 수 있는가 하는 것은 삼재(三災)에 해당하는 가족은 피하는 것이 상책이고 동총운은 현재 묘가 위치한 좌향(坐向)을 기준으로 대리운(大利運), 소리운(小利運), 중상운(重喪運)을 구별하며 중상운만 피하면 된다.

15) 육체적 죽음과 사후세계

풍수사로서 매장(埋葬)·이장(移葬)·자연장(自然葬)(화장 후 평장)의 행사주관을 할 때마다 항상 숙연한 마음을 금할 수가 없다. 요사이는 매장과 화장 중에서 가족 간에 의견이 상충되어 상담을 받으러 오는 경우가 많다. 매장에서 화장으로 전환되는 변화의 정점이기 때문이다.

<필자가 穴을 찾아 주관한 吉地의 埋葬 작업 모습>

그뿐만 아니라 자연장을 한다 해도 역장(逆葬)을 할 것인가의 문제로 인해 집안의 분란이 일어나는 것을 종종 볼 수 있으며, 특히 종중·문중의 역장은 비록 역장이 자연스런 장법의 하나로 이어져오고는 있지만 절대 허용을 하지 않는 것이 오늘날의 현실이다. 최근에 종중의 자연장 터를 정해놓은 뒤에 의견이 일치되지가 않아 서로 분쟁하는 것을 보면서, 망자(亡者·죽은 사람)의 묘지 때문에 살아있는 자의 헛된 상쟁(相爭)

이 욕심과 무지의 소치로만 보기에는 도가 지나치다는 생각이 들었다. 부디 군맹무상(群盲憮象 · 사물을 자기의 좁은 판단으로 그릇 판단함)하지 말고 명철보신(明哲保身 · 총명하고 사리에 밝아 일을 잘 처리함)하기만을 바랄 뿐이다.

아무튼 매장과 화장의 선택 때문에 상담을 하러오는 경우, 필자는 일초의 주저함도 없이 자연장인 평장을 적극 추천한다. 또한 화장을 해도 골분(骨粉)이 완전히 소골(消骨 · 뼛가루가 완전히 없어짐)되어 자연으로 돌아가기까지 3~4년 정도는 소요될 수 있으므로 산이나 강 등에 뿌려버리는 것은 근본을 없애는 것이니, 권하고 싶지 않다.

참고로 '매장'을 할 때에는 '장사 등에 관한 법률시행령 별표 2의 사설묘지의 설치기준에서 분묘의 형태는 봉분 또는 평분으로 하되, 봉분의 높이는 지면으로부터 1미터, 평분의 높이는 50센티미터를 초과하여서는 아니 된다. 또한 묘지는 도로 · 철도 · 하천 또는 그 예정지역으로부터 300미터 이상, 20호 이상의 인가가 밀집한 지역, 그 밖에 공중이 수시 집합하는 시설 또는 장소로부터 500미터 이상 떨어진 곳에 설치하여야 한다. 다만, 토지나 지형의 상황을 감안하여 시장 · 군수 · 구청장이 정하는 경우에는 예외로 한다. 그러나 화장하여 자연장을 하는 경우는 이러한 제약을 받지 않는다.

또한 매장이나 자연장의 평장을 하기 위한 산이나 전 · 답을 매입할 때에 묘지에 접하는 길이 없는 맹지(盲地 · 묘지와 연결되는 도로가 없는 땅)라도 조건에 부합되면 허가를 내어 준다. 그런데 얼마 전에 화장행사를 주관하였는데, 산신제 · 개토제 · 평토제 등의 한문으로 쓴 축문을 읽으면서 참석자들이 알아듣지도 못하는 글을 절차상 읽는다는 것이 의미가 없다는 생각을 하게 되었다. 그래서 향후 독축(讀祝 · 축문을 읽음)은 반드시 한글로 읽음으로써 상주를 포함한 참석자들이 이해할 수 있도록 독축문화를 바꾸어나갈 생각이다. 참고삼아 정성스러우면서도 이해하기 쉽게 적은 어느 집안의 산신제 축문의 일부를 소개하고자 한다. 내용은 "삼가 산신님께 고하나이다. 이제 국가시책과 더불어 자손대대 선조님들의 유업과 덕행을 받들고, 영원히 후손들이 잘 모시고자 하오니 산신님께서는 후손들의 숭고한 마음을 부디 살펴주소서…"이다.

또한 염습(殮襲 · 죽은 사람의 몸을 씻긴 뒤 옷을 입히고 염포로 싸는 일)의식도 간단하게 해야만 한다. 과거에는 발인(發靷 · 빈소를 떠나 묘지로 향하는 절차)때까지 시신에서 진물이 흘러내리거나 그 외 시신훼손의 우려가 있었기 때문에 시신을 꽁꽁 동여매고 절차도 복잡했으나, 지금은 냉장보관을 하니까 발인까지 그러한 염려는 할 필요가 없기 때문에 비용과 시간을 절약하는 의미에서도 필요 없는 절차는 빼고 효율적인 염습을 하도록 관습을 바꾸어야만 한다.

지난날의 구태를 무의미하게 계속 이어 갈 필요는 없다고 본다.

"육체적 죽음 이후에 나는 계속 존재할까?"

"육체적 죽음으로부터 나는 살아남을 수 있을까?"

완전히 말도 안 되는 소리는 아니다. 우리는 "아니오"라고 대답할 수 있다. 그러나 장담할 수는 없다. 이 질문에 대해 나는 항상 일관된 방식으로 설명한다. 정답이 "예"라고도 밝혀질 수 있다. 하지만 여기서 더 중요한 점은, 이 질문에 대한 대답은 우리가 어떤 존재인지에 달려있다는 데 있다.(셸리 케이건 · '죽음이란 무엇인가'에서)

16) 금계포란형의 명당

음택풍수(陰宅風水 · 무덤풍수)와 양택풍수(양택풍수 · 산 사람이 생활하는 곳에 관련된 풍수)의 본질적인 이치는 같아서 음택이 양택이며 양택이 곧 음택이다. 따라서 음택풍수의 천리(天理 · 천지자연의 이치)를 알면 양택풍수의 의미를 알 수 있으므로 음 · 양택이 별개가 아닌 하나임을 깨닫게 된다.

충남 서천군 한산면사무소의 좌측에 고려 중엽에 쓴 대략 1,000년이 된 한산이씨 시조(始祖)인 호장공(戶長公) 이윤경의 묘소가 있다. 호장(戶長)이란 고려와 조선시대에 향리직(鄕吏職)의 우두머리를 칭한다.

당시 풍수지리에 밝았던 한산군수가 관아청사가 금계포란형(金鷄抱卵形 · 닭이 알을 품고 있는 형상)의 명당이라 하였다. 어느 날 호장공에게 계란 3개를 주면서 대청마루 밑에 묻어두면 병아리로 부화될 것이라 하자, 호장공은 속이 곪은 계란으로 바꾸어 묻었다. 이십 여일 후에 썩은 계란을 본 군수는 자신의 지식이 부족함을 탄식하다가 타 군으로 전근을 가게 되었다.

그 후 한산이씨 종중이 한산군의 관아를 지금의 한산면사무소의 터로 이전시켜 주고 그 자리에 호장공의 묘소를 조성하였다.

<이윤경 묘소>

묘소의 앞면 도로와 접한 곳에는 천연적으로 생긴 난봉(卵峯) 세 개가 마치 무덤처럼 나란히 있는데, 금계포란형의 알 3개를 상징한다고 한다. 한산면사무소의 좌측에 조성되어있는 이윤경의 묘는 면사무소보다 20m정도 높은 곳에 조성되어 있는데, 해좌사향(亥坐巳向)으로 동남향이며 묘소 위의 토지지신 석물은 동북북향이었다.

산등성이에 해당하는 용맥(龍脈)은 후부하면서도 위엄을 갖추었으며 좌우요동을 하면서 생기가 있다는 증거를 보여주고 있었다. 묘소의 앞과 좌·우측은 인작(人作·사람의 손으로 조성함)을 한 부분이 있지만 금계포란형의 명당이라고 하기에 조금도 손색이 없었다.

또한 묘소 뒤는 마치 활짝 편 새의 두 날개 같은 형상의 흙 둔덕으로 된 '활개'를 조성하여 비바람을 막아주는 병풍 역할과 작은 주산(主山)인 현무정(玄武頂) 역할을 하고 있었다. 병풍과 같은 형상으로 흉풍과 살기를 막아주는 현무정은 양택에서도 종종 볼 수 있다.

전북 김제시 장화동에 위치한 정구례 가옥은 구례군수를 지냈던 정준섭이 살았던 전통가옥으로 구례군수의 '구례'와 정준섭의 '정'을 따서 정구례 가옥으로 불리고 있다. 병풍 형상의 현무정과 돼지명당으로 알려진 이곳은 현재 외지에서 공무원으로 일하다가 퇴직한 후손인 정종수씨가 살고 있었다.

전북 민속자료 제 11호로 지정된 장화리(長華里) 쌀뒤주는 조선 고종(1863~1907)때 만든 것으로 옛날 정씨집안은 만석꾼으로 불릴 정도로 큰 부호였는데, 70가마가 들어가는 쌀뒤주의 쌀이 한 달 식량이 채 못 될 정도로 많은 손님이 머물렀다고 한다.

<쌀뒤주>

후손인 정종수씨의 말에 의하면 마당 중앙에 큰 돌이 박혀 있었는데, 어느 날 보니 없어졌다고 했다. 박힌 돌은 지기(地氣) 즉, 터의 정기를 모으는 역할을 한다. 그리고 대문과 일직선으로 마주보는 사랑채는 항시 흉풍에 노출되어 있기 때문에 대문의 위치를 옆으로 옮기기를 조언했다. 집 바로 뒤쪽 언덕

에는 노거수(수령이 오래 된 나무)가 있는, 산등성이의 끝나는 곳에 위치한 생기가 있고 기품이 있는 가옥이었다.

최근에 경남 창원의 바닷가 근처에 있는 주택을 감정한 적이 있었다. 넓은 강가나 바닷가 주변의 아파트나 단독주택의 거주자는 감정적 기복의 변화가 심해질 수 있으므로 상시 거주하는 것은 좋지 않다. 그러나 이곳은 산등성이가 끝나는 지점에 있어서 터의 기운이 좋았으며 앞면은 우측 산의 끝부분을 보고 있어서 흉풍에 노출되지 않고 있었다.

또한 집의 좌측면이 바다를 향해 있고 바다가 호수와 같이 적은 면적만 보였으며 좌측과 우측 산이 집을 감싸고 있어서 생기가 흩어지지 않았다. 단, 뒷산에는 해풍을 맞은 돌이 많이 있어서 돌들은 한 곳으로 옮기고 대나무를 심어 땅의 기운을 강화하도록 했으며 정자(亭子)의 위치도 옮기도록 했다. 특히 바다에 직접 노출된 방향에는 쥐똥나무나 사철나무 등을 빽빽하게 심도록 했는데, 바닷가 근처의 집이지만 보기 드물게 생기가 뭉쳐진 길한 집이었다.

생활 속의 풍수, 그 진리를 탐구하다

17) 산을 바로 보자

풍수에서 사격(砂格)이라는 말이 있다. 사(砂)란 오래전에 스승이 제자에게 풍수학을 가르칠 때, 산의 형상을 강가에 있는 모래로 묘사하면서부터 사는 곧 산을 지칭하게 되었다. 따라서 사격이란 무덤 주변에 위치한 주산, 좌청룡, 우백호, 안산과 조산 등의 산에 대한 품격을 뜻하는 말이다. 산이 험상궂게 생겼거나, 주름이 많이 진 형상(현군사)이거나 암석이 많이 드러나 있거나, 산사태 등으로 인해 작은 돌무더기가 많이 있는 곳(포양산)은 사격이 나쁜 곳이다.

특히 석산(石山)이 있는 곳 가까이에 주택이나 공장 등의 건물을 지어서 건강을 해치거나 부도, 화재 등이 나는 경우를 간혹 보곤 하는데 석산의 날카롭거나 뾰쪽한 면이 많으면 많을수록 더 흉하다. 돌은 그냥 단순히 돌이 아니라 금, 은, 동, 철 등과 같은 성분을 포함하고 있으므로 돌에서 뿜어져 나오는 파(波)는 일반사람들에게 좋지 않은 영향을 미치는 경우가 많으며 모서리가 많을수록 미치는 영향은 더욱 더 크다 하겠다.

계곡이 있는 곳에는 돌이 있게 마련이고 이러한 주변에는 기도원, 암자, 무당이 굿이나 기도하는 곳 등을 많이 볼 수 있는데 그 이유는 돌과 세찬 물소리가 '기도발'을 잘 받게 하기 때문이며 그러한 곳은 '터'가 세다는 뜻이기도 하다. 미국 남서부에 있는 애리조나 주의 세도나란 지방에는 전 세계의 심령술사나 심리학자 등이 자주 찾는 기도발이 잘 받기로 유명한 곳인데, 석산이 주변을 에워싼 이곳은 지구상에서 가장 강력한 에너지를 내뿜는 볼텍스(Vortex) 21군데 중 무려 5군데기 밀집되어 있는 곳이다. 1960년대 중반 미 항공 우주국(NASA)은 우주 비행 중 비행사들에게 발생하는 신진대사 관련 질환을 치료하기 위해 지구에서 발생하는 전자기파 발생장치를 우주선에 탑재했다고 한다.

이러한 전자기파가 강력하게 분출되는 곳을 볼텍스라고 하는데 볼텍스 지역에서는 치유효과가 뛰어나고 전자기파로 인한 기도발이 잘 받는다고 알려져 있다. 전 세계적으로 21군데의 볼텍스가 있는데 세도나에만 5군데의 볼텍스가 있다고 한다.

일반적으로 '사격이 좋다'고 하는 것은 '국세가 좋다' 또는 '산세가 좋다'는 뜻으로도 해석할 수 있는데, 무덤이나 살아있는 사람이 생활하는 터의 주변으로 산들이 수려하고 유정하며 따뜻하게 다가오는 느낌이 드는 사(砂) 즉, 산을 풍수적으로 표현한 것이다. 산의 형상에 따라 혈(穴·무덤이나 건물 등)의 생기를 북돋우기도 하고 감소시키거나 소멸시키기도 한다.

혈을 향하여 공손하고 혈을 받들고 호위하는 형상이면 대단히 좋지만 혈을 외면하거나 겁박하거나 무정한 형상이면 좋은 사격을 갖추었다고 말할 수 없다. 그래서 고서에는 산에 대해 '상산역이상인'(相山亦以相人·산을 보는 것은 사람의 관상을 보는 것과 같다)이라 표현한다.

주산(主山)이란 혈(무덤이나 건물)의 뒤쪽에 우뚝 선 산으로서 주된 역할은 혈의 뒤쪽으로부터 불어오는 살풍(煞風)을 막아주고 백두산에서 뻗어온 용맥(龍脈)을 혈까지 연결시켜 생기를 주입시키는데 결정적인 역할을 하는 산이다. 전원주택 부지나 무덤 터를 선정할 때 혈의 좌·우측에 있는 산이나 앞에 있는 산과 물을 먼저 살펴볼 것이 아니라 뒤쪽의 주산이 정이 가고 얌전하며 공손한 형태를 취하고 있는지와 혈까지 산등성으로 연결되어 있는지를 우선하여 봐야 할 것이다. 계곡이나 계곡과 접하다시피 가까운 곳을 산등성으로 착각하거나 계곡이지만 평상시 물이 없어서 마치 양옆의 산이 좌청룡과 우백호로 보이며 바람이 잠잠하여 안온한 느낌이 들어 덥석 매입하면 큰 낭패를 보게 되므로 주의해야 한다.

지관으로 활동하던 사람들 중에 평소엔 물이 없는 계곡의 좌우측에 있는 산을 좌청룡과 우백호로 보고 뒤쪽에는 주산도 있고 바람도 불지 않으니까 마치 명당인양 착각하여 묏자리로 쓴 후, 관에 물이 들어가거나 시신이 떠내려가는 경우가 많았음을 우리는 생각해 볼 필요가 있다. 묘나 건물 뒤쪽의 주산의 좋고 나쁨은 매우 신중하게 판단해야만 한다.

<'현무불수자거시'(玄武不垂者拒屍·주산이 머리를 공손히 드리우지 않으면 시신을 거부하는 것이다.)>

18) 자신의 묘를 직접 조성한 노인의 심정

팔순을 바라보는 노인과 함께 그가 상속받은 산의 한 자리에 자신과 아내의 신후지지(身後之地·살아있을 때에 미리 잡아 두는 묏자리)로 정해둔 곳을 간 적이 있다. 신후지지는 수의(壽衣·염습할 때에 시신에 입히는 옷)와 함께 살아있을 때 미리 준비해두면 장수(長壽)한다는 풍습의 일환이기도 하거니와 막상 큰일을 당했을 때, 당황하여 서둘러 처리하다가 낭패를 보지 않도록 후손을 배려하는 의미도 있다.

노인 또한 그러한 생각으로 부모의 봉분 아래에 자신들의 신후지지를 마련하고 후손이 벌초하는 것조차 힘들 것을 우려해 화장(火葬)해서 뼛가루만 넣으면 될 수 있게 해두었다. 광중(무덤구덩이)에 석관(石棺)을 두르고 장대석과 하박석 및 비석(사망일자란만 남겨둠)까지 설치해 두어 평장(平葬)을 할 수 있는 모든 채비를 다 해둔 것이다.

요즘에는 조상들의 무덤을 모으거나 자신의 묏자리뿐만 아니라 묘역 정비와 제반 시설까지 모두 갖추어서 후손의 걱정을 덜어주려는 노인들을 종종 보게 된다. 노인은 매장(埋葬)을 한 부모 묘와 자신들의 터에 대한 감결(勘決·잘 조사하여 결정함)을 원했다. 부모 묘는 득도 없고 해도 없는 터여서 후손의 노력여하에 따라 성공할 수 있는 곳에 안치돼 있었다. 다만 모친의 묘에 생기가 뭉쳐있어 쌍분(雙墳)보다는 합장(合葬)을 하면 좋은 터였다. 나성(羅城·봉분 위에 두른 둔덕)은 없었지만 경사진 곳을 'ㄴ'자로 절개했기에 별도의 나성이 필요 없는 곳이었다. 나성은 외부의 흉풍과 물이 봉분으로 침입하는 것을 막기 위해 봉분 외곽에 쌓는다. 봉분 앞면에 둘레돌을 했으나 멧돼지가 파헤친 흔적이 있기에 '나프탈렌'을 묻어두고 얇은 알루미늄 조각을 여러 개 달아두도록 일렀다.

　부친 묘는 이끼가 많이 있었는데, 광중 내부에 물이 있지는 않았으며 건수(乾水·빗물)와 주변의 잡목에 의한 것이어서 배수로를 만들고 잡목은 반드시 제거하라고 했다. 안산(앞산) 은 알맞은 높이에 자리하고 있어서 묘를 향해 부는 흉풍과 살 기를 막는 역할을 잘 하고 있었다. 노인 부부의 신후지지도 부 모 묘의 좌향(坐向·방향)과 같이 했으며 평장의 간격은 20㎝ 정도였다. 평장한 곳은 여자 쪽의 터에 생기가 있어서 남자의 자리를 옮기는 것이 더 좋지만 이미 조성을 한 곳이었고, 남자 의 터도 보통의 자리는 되기에 그대로 둬도 무방하다고 했다.

　다만 평장을 한 노인 부부의 광중에 석관을 해둔 것은 차후 뼈를 묻을 때는 반드시 빼도록 일렀는데, 석관이 있으면 삼투 압 현상으로 광중에 물이 스며들어 자연으로 속히 돌아가는 것 을 방해하기 때문이다. 마지막으로 좁은 순전(脣前·무덤 앞에 닦아 놓은 평평한 땅의 앞)은 후손(특히 말자를 지칭함)의 복 록(福祿)을 줄이므로 성토를 해 넓은 순전을 확보하도록 주문 했다. 산에서 내려오는데 노인의 얼굴이 더없이 편안하고 밝은 표정으로 변해있는 모습을 볼 수 있었다.

　여주시 산북면에는 고려의 신하로서 성종 12년(993)에 거란 의 80만 대군을 피 한 방울 흘리지 않고 대화로써 물러가게 한 서희(942~998) 장군의 묘가 있다.

\<서희 장군 묘\>

　서희의 묘는 부인 묘와 쌍분을 이루고 있으며 직사각형 돌로 2단의 둘레돌을 두른 직사각형 봉분이다. 상석과 장명등이 있으며 묘의 좌우에는 문신이자 무신인 장군답게 문인석과 무인석이 한 쌍씩 있다. 산봉우리 끝부분을 'ㄴ'자로 절개했기에 특별히 조성한 나성은 없으며 용맥은 좌우로 요동을 치며 힘차게 내려왔고, 상하로 기복도 왕성해 생룡(生龍)임을 확인할 수 있었다. 토질도 양호하고 지기(地氣)도 좋으며 측정 결과 생기를 머금은 자리에 봉분이 자리하고 있었다. 장군의 묘에서 보이진 않지만 아래로 내려가면 부친인 서필의 묘가 있는데, 이런 형태를 역장(逆葬ㆍ조상의 묘 윗자리에 후손의 묘를 씀)이라 한다.

　필자는 서필의 묘에서 한참동안 많은 생각을 했다.

<서희 장군 묘 앞 전경(아래 보이지 않는 곳에 서필의 묘가 있음)>

<'서필'의 묘>

비록 역장이 당시에 크게 흠이 되진 않았지만 백성도 선망하던 장법은 아니었다. 장군의 묘 바로 앞도 아닌 끝부분에 부친 묘가 있다는 것과 장군 묘 주변의 지기를 측정한 결과 더 나은 자리가 있는데도 부친의 묘를 멀리 둔 까닭은 무엇이었을까!

참고문헌

지종학(2010), <풍수지리 형세론>, 다사랑

최창조(2007), <도시풍수>, 판미동

최창조 역(1992), <좋은 땅이란 어디를 말함인가>, 서해문집

콜린 엘러드 지음/문희경 옮김, <공간이 사람을 움직인다>, 더퀘스트

정갑수(2012), <세상을 움직이는 물리>, 다른

최원석(2004), <한국의 풍수와 비보>, 민속원

무라야마 지준(1931), 최길성 옮김, (조선의 풍수>, 민음사

조인철(2008), <부동산 생활풍수>, 평단

김동규 역(2008), <인자수지>, 명문당

오상익 주해(2002), <장경>, 동학사

김종철(1991), <명당요결>, 꿈이 있는 집

김종철(1995), <명당 백문백답>, 오성

김인석 역저(1999), <환경과 자기장>, 인터비젼

고제희, <21C 신지식 풍수지리학>

김두규(2008), <김두규 교수의 풍수강의>, 비봉

김호년(1989), <한국의 명당>, 민음사

이문호(2001), <공학박사가 말하는 풍수과학이야기>, 청양

남경홍(2013), <허공의 놀라운 비밀>, 지식과 감성

박재갑 · 고재석 · 전철, <조상과 후손의 만남에 대한 동서양
다원적 패러다임 연구>, 충남대학교 유학연구소

정동근(2003), <생기가 샘솟는 집>, 북하우스

서유구(1983), <임원경제지>, 보경

임상훈 · 이시웅 · 박철민(2002), <자연친화건축>, 고원

홍만선(1989), <산림경제>, 민족문화사

번역자 미상, 중국 풍수고전, <황제택경>

백현기(2015), <색채 마음을 치유하다>, 마음인문학 학술총서

김규순((2014), <서초매거진>, 서울동인풍수아카데미

미상, <정감록>, 한국민족문화대백과

생활 속의 풍수, 그 진리를 탐구하다

초판 발행일 / 2019년 4월 10일

지 은 이 / 주재민

발 행 처 / 뱅크북

출 판 등 록 / 제2017-000055호

주   소 / 서울시 금천구 가산동 시흥대로 123 다길

전   화 / 02-866-9410

팩   스 / 02-855-9411

전 자 우 편 / san2315@naver.com

ISBN 979-11-90046-01-5 (03180)